Das Heil des Menschen als Gnade

Schriften der
Philosophisch-Theologischen Hochschule St. Pölten

Herausgegeben von
Josef Kreiml
und Michael Stickelbroeck

Band 6

Michael Stickelbroeck

Das Heil des Menschen als Gnade

Verlag Friedrich Pustet
Regensburg

Gedruckt mit Unterstützung von:

Verein der „Freunde der
Philosophisch-Theologischen Hochschule St. Pölten"

***

Bibliografische Information der Deutschen Nationalbibliothek
Die Deutsche Nationalbibliothek verzeichnet diese Publikation
in der Deutschen Nationalbibliografie;
detaillierte bibliografische Daten sind im Internet
über http://dnb.d-nb.de abrufbar.

ISBN 978-3-7917-2586-4
© 2014 by Verlag Friedrich Pustet, Regensburg
Umschlaggestaltung: Martin Veicht, Regensburg
Druck und Bindung: Friedrich Pustet, Regensburg
Printed in Germany 2014

Diese Publikation ist auch als eBook erhältlich:
eISBN 978-3-7917-7041-3 (PDF)

Weitere Publikationen aus unserem Programm finden Sie unter
www.verlag-pustet.de

Inhalt

Vorwort

Wer sich von den neuen Studienplänen, die aus der Bologna-Reform hervorgegangen sind, bestimmen lassen wollte, würde wohl kaum eine neue Version der Gnadenlehre anbieten. Es scheint so, als sei Gnade für den gegenwärtigen theologischen Diskurs keine entscheidende Kategorie mehr. Die Gnadenlehre, wiewohl sie das Ganze der Theologie reflektiert, scheint sich – infolge der Studienreform – zu deren Stiefkind entwickelt zu haben, sind doch viele ihrer Themen in die „Theologische Anthropologie" oder in die „Pneumatologie" abgewandert. Dies verwundert umso mehr, als ja die Theologie eine Reflexion des Glaubens sein will, der es von Anfang an mit der freien Zuwendung Gottes zu den Menschen, d. h. mit „Gnade", zu tun hat.

Da das Thema durch alle anderen theologischen Traktate läuft, scheint es mir von der Sache her geboten, die Gnadenlehre als eigenen „transzendentalen" Gegenstand aufzufassen, der eine selbständige Behandlung verdient. Aus diesem Grund habe ich mich entschlossen, diesen Band zu präsentieren, in dem das mit dem – inzwischen ungeläufigen – Wort „Gnade" Bezeichnete neu in den Focus der Aufmerksamkeit gestellt werden soll. Da der alte Gnadenstreit abgeschlossen ist, ohne je entschieden worden zu sein, werden Themen, die damit in Verbindung stehen, nur aus historischem Interesse kurz gestreift.

Inhaltlich wird der Schwerpunkt auf die überragende Bedeutung der patristischen Vergöttlichungslehre, das natürliche Verlangen nach der Gnade (desiderium naturale), den Primat der ungeschaffenen vor der – nicht minder notwendigen – geschaffenen Gnade und das rechte Zueinander von Natur und Gnade gelegt. Es muss aber auch die freie Antwort des Menschen auf das Gnadenangebot Gottes bedacht werden. Als unbedingt geboten schien es auch, auf das von Paulus und Luther nahegelegte Thema „Rechtfertigung" des Menschen einzugehen, und das nicht nur aus ökumenischem Interesse. Die Frage, ob der Mensch sich denn selbst rechtfertigen könne und wie sich der Mangel an Rechtfertigung als ein zentrales Lebensproblem bemerkbar macht, wird heute – auch in der Literatur – mit einiger Sensibilität neu gestellt. Die Behandlung der Themen erfolgt im Gespräch mit der zeitgenössischen Theologie, orientiert sich jedoch oftmals an Grundintuitionen des – authentisch gelesenen – Thomas von Aquin (nicht an dessen neuscholastischer Verfremdung), und steht in weiten Strecken unter der systematischen, obwohl nicht expliziten, Inspiration Matthias Joseph Scheebens. Der Leser möge es mir nachsehen, dass manche Passagen durch die begriffliche Anlehnung an Thomas eine etwas scholastisch anmutende Diktion aufweisen. Manche Kapitel dienen mehr der Einführung in die Theologie der Gnade, andere der Vertiefung.

Großen Dank schulde ich meinen Hörern an der Philosophisch-Theologischen Hochschule St. Pölten für die Rückfragen zum Thema und die wertvollen Diskussionen, außerdem Herrn Oliver Schnitzler (Chicago), Herrn Prof. Dr. Josef Kreiml und Herrn Dr. Robert Friedrich Schmidt für die kritische Lektüre des Manuskripts. Die von Herrn Andreas Wagner übernommene Erstellung des Drucksatzes und des Autorenverzeichnisses hat die Fertigstellung der Arbeit in nicht geringem Maße beschleunigt. Aufrichtiger Dank gilt ebenso Herrn Dr. Rudolf Zwank, dem Lektor des Pustet-Verlages, für die bewährt kompetente Zusammenarbeit, auch dem Verein der St. Pöltener Hochschulfreunde und der Steuerberatungsgesellschaft Schebesta u. Holzinger & Grüner (Neulengbach) für die Gewährung eines erheblichen Druckkostenzuschusses.

St. Pölten, am Fest des hl. Johannes vom Kreuz,
14. Dezember 2013

Michael Stickelbroeck

A. Einleitung

1. Aufriss des Problem- und Methodenbewusstseins

Wer Theologie treibt, hat es mit der sich offenbarenden Wirklichkeit Gottes zu tun. Da diese Offenbarung für den glaubenden Menschen im Medium der Sprache zugänglich wird, geht es auch um Begriffe, die in der Theologie im Lauf der Geschichte geboren worden sind. So muss eine Lehre über die Gnade darauf bedacht sein, den Begriffsinhalt von „Gnade" zu erschließen und zu erhellen. Dabei muss man aber wissen, dass die Theologie nur ein Versuch sein kann, da sie es mit Geheimnissen und Wirklichkeiten zu tun hat, die den Horizont unseres begrifflichen Denkens übersteigen und die wir deshalb nicht mit unserem beschränkten Verstand adäquat erfassen können.

1.1. Der Schwerpunkt des Anfangs: das Mühen um das Absolute

In der Theologie nimmt die Reflexion ihren Anfang bei dem Gott, der sich in der Geschichte geoffenbart hat. Dieser Gott ist das Absolute schlechthin. Ihm gegenüber hat die innerweltliche Erfahrungswirklichkeit einen nur relativen Status. Der Anspruch der Theologie geht nun auf die Erkenntnis des Absoluten im Horizont des Seins (nicht des Seienden). Dabei sind der menschlichen Reflexion Grenzen gesetzt: Wir selbst stehen im Sein; wir werden von ihm umgriffen. Das Sein ist sowohl in dem, der sich auf die Wirklichkeit bezieht, als auch über ihm. Es verfügt über ihn. Die Vernunft des Menschen ist wesentlich auf das Sein hin offen; sie ist darauf ausgerichtet. Sie geht jedoch über (griech.: *meta*) das empirisch-positive Sein hinaus; sie ist empfänglich für das gründende, das metaphysische Sein.

1.2. Der sprachliche Aspekt

Ist die Betrachtung des Seins als des letzten Absoluten Aufgabe der Philosophie, so geht es der Theologie um die Reflexion auf das Absolute, insofern es sich selbst dem Menschen in der Geschichte personal zuwendet. Die Gnadenlehre hat es mit dem Absoluten als Absoluten, insofern es sich offenbart, zu tun. Sie betrachtet Gott, wie er sich der menschlichen Erfahrungswelt mitteilt, d. h. als Gnade. Gott selbst ist Gnade, insofern er sich für uns ins Wort fasst und so „verstanden" werden kann. Gnade ist daher zunächst ein Element, ein Mittel der menschlichen Sprache. Gnade ist zunächst ein „Wort". Gnade gibt es, weil es das Wort „Gnade" gibt, weil Menschen davon sprechen, dass Gott uns nahe kommt, für uns da ist – durch Menschen, die von ihm sprechen, nach ihm leben, von ihm ergriffen sind.[1] Folglich löst sich Gott in der Welt auf, wenn über ihn nicht mehr gesprochen wird. Er entrinnt dann gewissermaßen der Erfahrungswelt des Menschen. Heute besteht das große Problem darin, dass der Mensch in einer Welt und Gesellschaft lebt, in denen Gott nicht mehr vorkommt; insofern zeigen sie sich ihm immer auswegloser.

Gott ist eine übergreifende Wirklichkeit, die aber nur als Realität erfahren wird, sofern sie in der Erfahrung des Menschen gegenwärtig ist. So hat denn die Literatur vielfach die Abwesenheit Gottes thematisiert.[2]

---

1   Dies ist hier vor allem in erkenntnis-psychologischer Hinsicht zu verstehen. Damit soll nicht geleugnet werden, dass die Realität der Gnade schon vor dem menschlichen Wort existiert. Begriffe und Worte, die diese bezeichnen, sind deshalb gebildet worden, um eine Wirklichkeit, die ihnen vorangeht, auszudrücken. Sofern der Mensch aber Mitglied einer Sprachgemeinschaft ist, wird vieles für ihn zunächst nur über die Worte, die von etwas reden, indem sie sich auf das Gemeinte beziehen, fassbar.

2   Vgl. J.-H. Tück, Die Angst zu vergessen, 314–327.

1.2.1. Bedeutungsvielfalt des Wortes „Gnade"

Das Wort „Gnade" weist auf das Absolute hin, ohne jedoch das Absolute zu sein. Es erweist sich als geschichtlich bedingter und gewachsener Ausdruck für Gottes Heilshandeln am Menschen. Was versteht man heute unter „Gnade"? Was ist ihre innere Wahrheit? Die Beantwortung dieser Frage führt zu der Einsicht, dass das Wort „Gnade" eine *Pluralität* an Bedeutungen hat: Gnade als künstlerische Begabung, als etwas, worauf man keinen Anspruch hat, Begnadigung als Strafnachlass, heiligmachende Gnade. Für viele Zeitgenossen hat „Gnade" – im theologischen Sinn – überhaupt keine Bedeutung. Sie sagen, es handle sich dabei um eine Worthülse. Worin liegt der Grund für diese Pluralität?

Wenn man die verschiedenen Bedeutungen von „Gnade" betrachtet, wird man entdecken, dass sie sich auf den jeweiligen Kontext dessen beziehen, der von dieser oder jener Bedeutung des Wortes ausgeht: der Richter hat seinen juridischen Kontext, der Katechet spricht bei der Taufe von der heiligmachenden Gnade. Der Bedeutungsinhalt von „Gnade" variiert also mit dem Verstehenshorizont des jeweiligen Menschen.

1.2.2. Sprachspiel

Bekanntlich hat Ludwig Wittgenstein den engen Zusammenhang zwischen Sprache und der konkreten Situation des Menschen „Sprachspiel" genannt.[3] Dabei unterschied er zwei Ebenen: 1) die Einbettung des Wortlautes in einen Handlungskontext (Zeichenverwendungssituation) und 2) das Wort und Handlungsgeschehen im Kontext der Sprachgemeinschaft.

Ein Wort wird verwendet in einem Kontext, in einer Situation. Diese erst gibt dem Wort seinen tatsächlichen Sinn. Der Gebrauch des Wortes wird von der Sprachgemeinschaft festgelegt. Die jeweilige

---

3   Vgl. L. Wittgenstein, Philosophische Untersuchungen, Frankfurt a. M. 2001, § 23.

Situation, in der man steht, entscheidet über den Bedeutungsgehalt eines Wortes oder Begriffes: Die Theologie etwa verwendet „Gnade" anders als der Dichter. Die Sprachwelten entstehen deshalb, weil es Menschen einer bestimmten Lebenswelt sind, die die Sprache sprechen. Jeder Mensch lebt in einer bestimmten Daseinserfahrung, deren Produkt die Sprachwelt ist. Durch die Wandlung der Daseinserfahrung verändert sich auch die Sprachwelt. Sprache ist gleichsam eine Projektion der inneren Welt des Menschen. Hierin liegt die Wandlung im Gnadenbegriff begründet.

Erst ein Wort hebt eine Realität in die Gegenwart, gibt ihr Gegenwartsbedeutung. Doch ein Wort ist nicht selten ohne Bedeutung, weil die notwendige Lebensform fehlt. So verliert das Wort „Gehorsam" z. B. kirchlich seine Bedeutung, wenn der Glaube als die ihm gemäße Lebensform verdunstet. So geht es auch Begriffen, die in der katechetischen Mystagogie gebraucht werden, wenn die entsprechende Lebensform der Liturgie, das Erleben der Liturgie, fehlt. Wenn das Opfern aus der Mode gekommen ist, dann verschwindet konsequenterweise auch die Bedeutung von „Opfer".

Wenn in den 70er-Jahren gesagt wurde, Gott sei tot, so war dies nicht unbedingt ontologisch zu verstehen. Er kann aber aufhören, für die Menschen eine Rolle zu spielen, weil er für viele nicht in ihrem Erfahrungshorizont anzutreffen ist. Beim Sprechen über Gnade bleibt festzuhalten: Begriffe können das Bewusstsein des Menschen verändern und damit auch die Sicht auf die Wirklichkeit.

1.2.3. Erfahrung und Interpretation

Man spricht gerne von Erfahrung, wenn es darum geht, etwas durch unmittelbaren Kontakt mit der Wirklichkeit zu lernen. Erfahrung ist verarbeitete Wahrnehmung. Diese kommt zustande durch die Begegnung mit den Dingen *(phainómena)*. Erfahrung ist damit ein Zusammenspiel zwischen dem Menschen und den begegnenden Zentren von Wirklichkeit (Dingen und Personen). Doch das je neu Erfahrene wird erfasst, indem es in schon Bekanntes eingeordnet wird. Unsere schon erlangte Erschließung der Wirklichkeit eröffnet die Möglichkeit neuer Erfahrungen. Durch das, was wir als Subjekte immer schon mitbringen, wird uns das Objekt und seine Wahrnehmung eröffnet. Daher vollzieht sich Erfahrung dialektisch, im Austausch zwischen Objekt und Subjekt, das aufgrund seiner rationalen Veranlagung auf das Sein und auf die Wesenheiten der materiellen Dinge als seinem eigentümlichen Objekt ausgerichtet ist. Man könnte hier von der Finalität der menschlichen Ratio sprechen.

Objekterfahrung ist nicht nur die Erfahrung des Objektes in seinem An-sich-Sein, sondern auch stets interpretierte Erfahrung im Raum des Subjektes. In der Subjekt-Objekt-Begegnung findet denn auch eine Assimilation statt, insofern das Objekt unserem Seinshorizont angeglichen wird. Als Beispiel ließe sich hier anführen, dass der Erwachsene und das Kind beim Hören von Musik objektiv das Gleiche vernehmen; doch vom Standpunkt beider Subjekte aus hat die Musikerfahrung eine andere Bedeutung. Jedes der Subjekte empfängt oder erfährt die Musik anders, d. h. im Horizont seines Seins. Mit anderen Worten: Das Subjekt vermag das Objekt nicht in seiner reinen Faktizität aufzunehmen; immer schon geht es um interpretierte Aufnahme, um Assimilation. Dieser Anteil der Subjektivität im Erkenntnisprozess muss nicht als kantisches „Setzen" von Realität aufgefasst werden; vielmehr geht es um ein Rezipieren der Wirklichkeit durch die Subjektivität, die durch Erkenntnisprinzipien und bisherige Erfahrungen vorgeprägt ist.

Der Glaube könnte dafür als Beispiel dienen. Er ist ein Apriori in diesem Sinne. Der religiöse Mensch sieht die Dinge der Wirklichkeit und die Ereignisse der Geschichte von Gott her und deutet sie im Horizont des Glaubens. Die Erfahrungen werden in eine sprachliche Form gebracht. Dadurch kommt es zu einem Interpretament.

Mittels der Sprache ist unsere Subjektivität geprägt worden; sie verbindet uns mit der Tradition. Dabei verdeckt der subjektive Anteil im Erkenntnisprozess das Objekt nicht, sondern entdeckt es. Wir antizipieren zwar die Wirklichkeit, aber durch unsere Intentionalität richten wir uns stets auf das objektiv Wahre.

1.2.4. Hermeneutik

Wo es um die Deutung von geschichtlich Überkommenem geht, spricht man von „Hermeneutik" (griech.: *hermeneúein*: deuten, erklären, auslegen). Die Hermeneutik hat ihren Ort im Vorgang der Interpretation dessen, was objektiv begegnet. Jede gute Hermeneutik ist eine Synthese von Tradition und Situation. Dabei versteht man unter Tradition den breiten Strom der Überlieferung, die das Ursprüngliche bewahrt, um es bleibend gegenwärtig zu setzen, d. h. in die Gegenwart zu vermitteln oder zu tradieren. Innerhalb dieser Spannung von Tradition und Situation bewegt sich die Dogmatik, die ja die Dogmen der Tradition in das *Verstehen* von Heute zu übersetzen hat.

Schon das Kerygma, die apostolische Verkündigung, ist die Umsetzung des objektiv von Jesus Vollbrachten und an ihm Geschehenen in das „Für uns", in dem es immer neu bedeutsam wird. Alle dogmatischen Aussagen über Jesus sind nur von Bedeutung in ihrer soteriologischen Relevanz, in ihrem „pro nobis" (griech.: *hypèr hemōn*). Jesus als historische Person an sich, als jemand, der vor zweitausend Jahren gelebt hat, wäre für uns eigentlich unbedeutend, wenn wir ihm nicht im Heute unseres Glaubens begegnen könnten.[4]

Das Wort, das Gott zu uns spricht, wird von der Subjektivität des Menschen rezipiert. Dessen Aussagen über Gott aufgrund der Offenbarung sind daher immer schon von subjektiver Interpretation a priori eingefangen. Mit anderen Worten: Gott begegnet uns nicht mit seiner Stimme; er spricht zu uns nur vermittelt, indem er in Jesus Christus in unser weltliches Dasein eintritt. Das Wort Gottes erreicht uns durch Jesus, sofern er Mensch ist. Genau das meinen wir ja, wenn wir von „Inkarnation" reden. Und so bedient sich Gott der Geschichte des menschlichen Bewusstseins, das durch vorauslaufende Vorbereitung gewachsen ist – einer von ihm selbst inszenierten Vermittlung durch die Thora und die Propheten –, und

---

4   Natürlich ist das objektive Heilswerk Christi auch in sich bedeutsam, selbst für jene, die ihn zeit ihres Lebens ignorieren wollten oder der Person Jesu nie begegnen konnten, weil sie nie von ihm gehört haben.

schließlich der Verkündigung Jesu. Ferner bedient er sich der Kirche, durch deren Verkündigung das Wort Gottes uns erreicht.

Gottes Wort muss so zur Sprache gebracht werden, dass es im Horizont des heutigen Menschen verstanden wird. Von daher ist die Hermeneutik ein unentbehrliches Moment in der dogmatischen Vermittlung der Heilswahrheit. Aufgabe der Hermeneutik ist es, die *Relevanz* der dogmatischen Glaubensaussage zu sichern, ohne damit jedoch ihre *Identität* preiszugeben. Gerade indem sich Offenbarung Gottes im Horizont menschlicher Glaubenserfahrung, menschlichen Verstehens und Bewusstseins vollzieht und Gnade stets erfahren wird im Apriori unserer Subjektivität, wird die Hermeneutik auf den Plan gerufen.

Die Zeitgenossen Jesu – etwa die Jünger und das Volk – erleben die Wirklichkeit Jesu Christi als historisches Faktum. Diese Erfahrung war aber immer schon subjektive, interpretierte Erfahrung, insofern sie im Kontext der entsprechenden, höchst eigenen Heilserwartungen stand, wie sie in dieser Zeit lebendig waren. Gottes Offenbarung, sein Wort, ist der geschichtlichen Entwicklung unterworfen, weil es nur vermittelt – in der Schale der menschlichen Sprache – zu uns kommt. Der eigentliche Inhalt der Botschaft gelangt zu uns nur im Medium einer Schale, durch eine Sprachform, die wieder abhängig ist von einer bestimmten Denkweise. Als Menschen, als Geist-Leib-Personen, haben wir Zugang zum Wesen, zum Inhalt durch die Vermittlung einer Form, eines Symbols, der Sprache.

2. Erfahrung und Gnade

Wenn Gott in der Sprache eine wirksame Gegenwart in der Welt besitzt, wenn er der Sinn ist, der unser Dasein erhellt, dann darf es nicht schwer fallen, von „Erfahrung der Gnade" zu sprechen.

2.1. Die ontologische Voraussetzung

Die ontologische Voraussetzung ist die vom Wesen des Menschen her bestimmte grundsätzliche Offenheit (Potentialität) für die Gnade, die sogenannte *potentia oboedientialis*. Der Mensch ist in seinem Wesen für Gott bestimmt; Gott kann in seiner Freiheit zum Menschen hintreten und für diesen Gnade sein. Wenn dem aber so ist, dann sind alle existentiellen Situationen des Menschen grundsätzlich offen für die Gnade Gottes, weil sie den Menschen als Menschen erreichen soll – unabhängig von seiner jeweiligen geschichtlichen Verfasstheit. Diese Potentialität des Menschen hängt mit seinem bleibenden, alle existentiellen Situationen transzendierenden Wesen zusammen.

2.2. Die psychologischen Voraussetzungen

Die Gotteserfahrung hängt auch von psychologischen Erlebnissen ab. So ist etwa die Vater-Beziehung des Kindes mit maßgebend für sein Gottesbild. Dies soll aber nicht heißen, dass die Vorstellung, die wir als Menschen von Gott haben, durch psychologische Erfahrungen determiniert ist. Schlechte Erfahrungen mit Menschen, die Repräsentanten Gottes sein sollten, wie z. B. der eigene Vater, können durch andere Erfahrungen oder durch eigenes Nachdenken überwunden werden, weil diese Menschen weder die einzigen Repräsentanten Gottes und noch weniger Gott selber sind. Gott bleibt ja immer der je größere. Die Abwesenheit des Vaters in den Familien erschwert zweifellos den Zugang zu einem Gott, der dem Menschen nicht alles durchgehen lässt, sondern Pflichten auferlegt: die Befolgung sittlicher Gebote, das persönliche Gebet, die Teilnahme am Kult etc.

2.3. Die Dialektik der Gnadenerfahrung

In der Befreiungstheologie wurde behauptet, dass Gnade im Kontext sozial-ökonomischer Fakten konkret erfahrbar sein müsse. Gnade wird dabei reduziert auf ein System und Programm. Sie wird identisch mit sozialer Gerechtigkeit und irdischem Wohlergehen. Gnade ist aber bei weitem mehr: Gnadenerfahrung heißt Gott erfahren. Hier im Diesseits können sich Glaube und Erfahrung nur zum Teil decken; es gibt keine absolute Identität zwischen beiden. Zu unterscheiden ist zwischen dem zu vermittelnden Inhalt und der Art seiner Vermittlung. Dabei gilt es, stets die unsagbare Differenz zwischen beidem vor Augen zu haben.

2.4. „Erfahrung" von Gnade in einer säkularisierten Welt

Die Problematik der Befreiungstheologie findet sich wieder bei Karl Rahner und Edward Schillebeeckx. Beide gehen von einem anthropozentrischen Denken aus. Schillebeeckx meint, Gott offenbare sich selbst, indem er dem Menschen sage, wer der Mensch sei. Gottesoffenbarung sei Offenbarung des Menschen.[5] Die Gottesoffenbarung deckt sich mit der Selbsterfahrung des Menschen, mit seiner irdischen Vollendung. Gotteserfahrung ist für ihn letztendlich Reflexion des Menschseins. Für Schillebeeckx wird Gott da erfahren, wo der Mensch seine Vollendung als gesellschaftliches Subjekt erfährt. Gotteserfahrung, Gnade ist dann die höchste Aktualisierung des Menschseins. Gott wird bei ihm undifferenziert identifiziert mit der Wirklichkeit des Humanum, mit dem Menschen als Brennpunkt aller Wirklichkeit.[6] Diese Auffassung steht jedoch in krassem Widerspruch zur traditionellen Theologie, für die Gott *nicht* in seinem

---

5 Zur Gnadentheologie Karl Rahners vgl. R. Schenk, Die Gnade vollendeter Endlichkeit: zur transzendentaltheologischen Auslegung der thomanischen Anthropologie (FThS 135), Freiburg 1989.

6 Vgl. E. Schillebeeckx, Erfahrung und Glaube, 76ff.; auch R. J. Schreiter (Hg.), Edward-Schillbeeckx-Lesebuch, Freiburg 1984, 93–107.

Selbst in unserer Wirklichkeit erscheint, da er nur *causa efficiens* (Wirkursache) der Gesamtwirklichkeit ist. Nur in Jesus Christus offenbart sich Gott ontologisch als er selbst. Für Schillebeeckx wie auch für Rahner ist Jesus Christus der Inbegriff des Menschseins.[7] In Jesu Menschlichkeit wird zugleich Gott erfahren.

Man kann indes Gott – so wie er in sich selbst ist – nicht erkennen, indem man den Menschen erkennt.[8] Man kann Gott nur durch Gott erkennen; im Glauben wird er zum prägenden Moment in unserem Bewusstsein. Gott macht uns fähig, ihn selbst zu erkennen. Gnaden- bzw. Gotteserfahrung ist zwar immer eingebettet in unsere Erfahrungswelt, aber sie geht nicht darin auf. Die letzte Vollendung des Menschen kann niemals innerweltlich geschehen. Zur „Definition" Gottes wird die Welt erst, wenn er alles in allem sein wird. Bis dahin aber besteht eine nicht hintergehbare Spannung von Gotteserfahrung und Menschenerfahrung. In diese Spannung hinein ist der Glaube gesetzt, der freilich die Erfahrung auf Gott selbst hin transzendiert.

2.5. Neuzeitliche Mentalität: Chancen und Ansätze

Die mangelnde Vertrautheit mit dem liturgischen Gebet der Kirche aufgrund der schwindenden Glaubenspraxis führt zu einer Abstraktheit der Sprache kirchlicher Verkündigung, deren Inhalte durch die fehlende liturgische Sozialisation nicht mehr verstanden werden. Die Sprache des Glaubens bedarf aber einer „Erdung" in einer christlichen Lebenskultur, zu der auch die regelmäßige Präsenz im Raum des kirchlichen Betens gehört. Die katechetische Glaubensvermittlung kann sich heute weitgehend nicht mehr auf den gelebten Vollzug des Glaubens stützen. So verlieren die sprachlichen Ausdrucksmittel ihre inhaltliche Resonanz, ganz gleich, ob von „Gott", „Bund", „Erwählung", „Heil", „Erlösung" oder „Gnade" gesprochen wird.

---

7   Vgl. K. Rahner, Grundkurs, 311–312.

8   Die Konstitution des Menschen ist nur Teil der natürlichen Offenbarung Gottes, sofern er ja den Menschen nach seinem Bild und Gleichnis erschaffen hat.

Obwohl das Wort „Gnade" für viele zu einer Art Worthülse geworden zu sein scheint, kann man fragen: Gibt es Daseinsstrukturen, Ansatzpunkte für die Gnadenbotschaft in einer säkularisierten Welt?

Aus der Neuzeit überkommen ist für den Zeitgenossen die starke Subjektivität, der Zug zur Selbstsetzung, Selbstgestaltung (Selbstinszenierung) und das Bedürfnis nach Autonomie, und das, obwohl das autonome Subjekt der Moderne bereits viele Brüche erfahren hat.

Dazu kommt noch ein Weiteres: Die Menschen wollen heute nicht mehr angewiesen sein auf die Gnade eines anderen. Sie wollen Rechte haben. Das Wort „Gnade" lebt darum nur noch in einer ironischen Reminiszenz dessen, was einmal gegolten hat. Die Geisteshaltung der Moderne hatte bereits das Charakteristikum, sich im Gegensatz zu dem zu verstehen, was „Gnade" meint. Der Mensch ist geneigt, nur sich selbst als Norm und Maßstab für seine Lebensgestaltung gelten zu lassen. Daneben tritt das Leistungsprinzip: Das Selber-Machen wird ganz hoch angesetzt. Daher rührt es, dass das Wort „Gnade" im heutigen Bewusstsein negativ besetzt ist.

Was der Mensch bei der Durchschreitung der Welt findet, sind letztlich immer Spuren seiner selbst oder dessen, was er gemacht hat (Technik). Hier stellt sich die Frage, ob der Mensch, der seinem Dasein selbst Sinn und Richtung verleiht (Existentialismus) oder verleihen zu können meint, sein Sein selbst gestalten kann. Oder sind das Sein und das Wesen des Seins ihm vorgegeben? Gehören Sinn, Bedeutung und Wesen zu den Artefakten? Sind sie machbar? Die Philosophie sagt uns, dass bei der Frage nach dem Sinn der Blick auf das Absolute gerichtet ist.

Einen Ansatz für die Gnadenbotschaft gewinnt man dort, wo man die Aufmerksamkeit auf das Nicht-Selbstverständliche inmitten des vermeintlich Selbstverständlichen richtet. So macht der Mensch in den Augenblicken, wo ihm Freundschaft geschenkt wird, wo er eine absolute Güte erfährt, wo er sich geliebt weiß, Teilerfahrungen von Gnade.

2.6. Warum es bei der Gnade um das Ganze geht

Auch in der Theologie ist Gnade vieldeutig; so sprechen wir von „habitueller" Gnade, „aktueller" Gnade, „heilender" Gnade etc. Gibt es hier eine gemeinsame Bedeutung, die allen in der Theologie als „Gnade" bezeichneten Dingen zugrunde liegt – ein *analogatum principale*? Kann man die Pluralität von Bedeutungen auf eine Einheit zurückführen?

a) Das material-kategoriale Totum des christlichen Glaubens

Gott will sich als der dreifaltige selbst mitteilen, seine Liebe, die er selbst ist, verschenken. Darauf ist alle welthafte Wirklichkeit, die er ins Dasein rief, ausgerichtet. Die Mitteilung dieser Liebe, die das Leben Gottes ausmacht, ist das Wozu von Welt und Mensch. Und der Mensch ist so geschaffen, dass er auf das Gnadenangebot Gottes eingehen und seine Liebe empfangen kann.

Der christlich glaubende Mensch darf sich in und trotz seiner Geschöpflichkeit, und obwohl er Sünder ist und als Sünder Gottes Gnade zum Geschenk erhält, von Gott geliebt wissen als jemand, der mit der göttlichen Selbstmitteilung (K. Rahner) begabt ist. Wenn wir dies festhalten, so tritt darin das Spezifische von Gnade in den Vordergrund: Trotz der Sündhaftigkeit wird der Mensch unverdient von Gott (d. h. *gratis*) geliebt. Gnade ist die unverdiente Zuwendung Gottes, der den Menschen in seine Heilsgemeinschaft führt.

So ist die Gnadenlehre das material-kategoriale Gesamt der Theologie; in der Gnadenlehre ist das Gesamt der Theologie impliziert. In allen anderen theologischen Traktaten werden wesentliche Momente der Gnadenlehre absorbiert.

b) Das formal-transzendentale Totum
des christlichen Glaubens

Das formale Moment bei der Gnade ist die *gratuitas*. Gnade ist unverdiente Neuschöpfung Gottes. Gott muss den Menschen so schaffen,
dass ihm seine Liebe und sein inneres Leben aus seiner Freiheit
heraus und ungeschuldet zugewendet werden – als unableitbares,
ungeschuldetes Geschenk. Die Gratuität ist das Bestimmende und
Einheitstiftende in der Pluralität des Gnadenbegriffs. Alle Traktate
sind nur verständlich durch diesen Aspekt der Gratuität, d. h. von
der souveränen Freiheit Gottes her. Die Gnadenlehre erst eröffnet
den Zugang zur gesamten Theologie. Darum nennt man sie auch einen „transzendentalen Traktat". Diese Gratuität ist der alle Traktate
umfassende Gesichtspunkt; sie ist das *Totum* der Theologie bzw. des
Glaubens – das verbindende Einheitsband.

B. Geschichtliche Grundlegung

I. Der biblische Sinn von Gnade

Es soll hier zunächst darum gehen, das Wesen von Gnade zu erforschen, insofern es sich uns vermittelt in dem semantischen Spektrum von „Gnade". Sodann wird von der Theologie des NT her zu erschließen sein, inwiefern die Zuwendung Gottes zum Menschen Gnade ist.

1. Semantischer Aspekt: Frage nach der Bedeutung von „Gnade"

Das Wort „Gnade" ist ein Grundwort in der Theologie. Es ist *terminus technicus* für eine Fülle von Inhalten. Insofern handelt es sich um einen gewordenen, entwickelten Begriff, der dem jeweiligen geschichtlichen Kontext entsprechend verschiedene Akzente hat. So reflektiert *„χάρις"* im antiken und neutestamentlichen Griechisch, *gratia* hingegen in der lateinischen Tradition das, was wir mit „Gnade" meinen.

„Gnade" ist die Wiedergabe von „gratia", das sich als Addition von Aspekten, die im Griechischen verschiedene Bezeichnungen kennen, aber alle auf den Stamm χαρ-ε zurückgehen, erweist. Sodann verweist χάρις auf das alttestamentliche Umfeld. Es diente dazu, alttestamentliche Ausdrücke in ein griechisches Verständnis zu übersetzen – ein hermeneutischer Vorgang ersten Ranges. Man kann den neutestamentlich paulinischen Begriff von „χάρις" nicht ohne Rückgang in den Ursprung erfassen.

1.1. Semitische Äquivalente im Alten Testament: *raḥ^amīm / ḥēn / ḥesed*

Die Septuaginta (LXX) übersetzt *χάρις* aus dem Hebräischen.[9] Das NT übernimmt diese Übersetzung der LXX. Die neutestamentlich-paulinische Bedeutungsfülle von *χάρις* ist im AT in drei Wortstämmen, die primär ein Gottesverhältnis andeuten, präfiguriert:

raḥ^amīm: Dieses Wort kommt von *reḥem*, was so viel wie „Mutterschoß" bedeutet. Die Wurzel von *raḥ^amīm (reḥem)* gibt an, dass hier der Aspekt der Geborgenheit dominiert. Es geht um die gefühlsbetonte Innigkeit, die aus der Blutsverwandtschaft hervorgeht. Ferner steckt in *raḥ^amīm* Mitleid, Erbarmen, Vergebung von Schuld, aber unter Absehung von der Würdigkeit dessen, dem vergeben wird.

ḥēn: Bei diesem Wort gibt es eine Diskrepanz zwischen der Etymologie und der Semantik. Was die Etymologie betrifft, so leitet es sich ab von *ḥanan*. *ḥanan* meint ein grundloses Gutsein, das nicht erweckt wird durch irgendeinen Liebreiz und daher völlig grundlos ist. *ḥanan* wäre das Wort dafür, dass sich jemand einem Bedürftigen gnädig zuwendet. Die LXX übersetzt *ḥanan* mit *ἔλεος* (Erbarmen), nicht mit *χάρις*. *ḥēn* hingegen löst sich semantisch, d. h. in Sinn und Bedeutung, von „ḥanan". Es meint die Fülle, den Liebreiz, den Charme, der herausfordert zum Gunsterweis. Die psychische Bewegung geht vom Empfänger der Gunst aus, während sie bei „ḥanan" beim Geber ansetzt. Im NT wird *ḥēn* mit „agape" wiedergegeben. So bringt Paulus an zentralen Stellen seiner Briefe das Heilshandeln Gottes (Röm 5,5.8; 8,39; 9,13.25; 11,2) und Jesu Christi (2 Kor 5,14f.; Gal 2,20; Röm 8,35ff.) auf den Begriff der *agape*.

Die Diskrepanz von Etymologie und Semantik ist verantwortlich für das Übersetzungsverhalten der LXX. Sie übersetzt *ḥēn* mit *χάρις*[10]

---

9 Vgl. dazu F. Diedrich, Gnade, 763–765.

10 Dies hat seinen Grund in der griechisch-antiken Bedeutung von *χάρις*. Die LXX benutzt *χάρις* als Wiedergabe von *ḥēn* relativ selten, so z. B. Gen 6,8; 18,3, Sach 12,10; Spr 3,34.

und gibt ḥanan mit „ἔλεος" wieder (z. B. Ex 34,6: „Jahwe ist ein gnädiger und barmherziger Gott, langmütig und reich an Huld und Treue.")

ḥesed: Auch hier steht die Blickrichtung vom Gunsterweisenden her im Vordergrund. Auslöser ist der Gewährende. Der Unterschied zu „ḥanan" liegt darin, dass „ḥesed" Gegenseitigkeit hervorruft. Es findet sich daher zumeist innerhalb von Aussagen sozialer Gefüge. Es besteht ḥesed zwischen Verwandten, Verbündeten, zwischen Gastherr und Gast, ohne dass es sich dabei um einen rein sozial-technischen Terminus handeln würde. Die Beziehung des Gnädig-Seins wird weiter qualifiziert: Das Unerwartete, gratuite Moment, das überraschend und plötzlich eintritt, wird mitgemeint. Gottes ḥesed bleibt auch im Bund freie, aber verlässliche Huld und Gnade. Es geht um eine göttliche Gnadenzuwendung auf Grund einer göttlichen Selbstbindung (vgl. Jer 3,13; Jes 54,10; 55,3; 61,8). Sie hat ihren Grund allein in Gott selbst. Die Exegeten meinen, hier einen superlativischen Charakter feststellen zu können. Der Aspekt des Für-den-Anderen, des *hyper* (= für), liegt hierbei zugrunde, wobei die Erwartung mitschwingt, dass der Andere die Großmut erwidert. Es steht dem paulinischen χάρις am nächsten.[11]

Gottes ḥesed kann auch den Bundesbruch überdauern und ein neues, ewiges Gnadenverhältnis begründen. Daher nähert sich „ḥesed" in jüngeren Texten stark an „raḥªmīm" an, worauf dann die LXX Rücksicht nimmt (z. B. Hos 2,21; Jer 16,5; Jes 54,7–10; 63,7; Pss 25,6f; 51,3).

---

11 Vgl. F. Diedrich, Gnade, 764.

1.2. Das griechische χάρις

1.2.1. Χάρις im Hellenismus

Die Juden der hellenistischen Diaspora sahen sich vor die Aufgabe gestellt, den hebräischen Denkhorizont in das griechische Denken, d. h. in die griechische Sprache zu übersetzen. Sie bilden eine Zwischenstufe zwischen dem AT und Paulus. Dabei wurde „ḥesed" von ihnen mit ἔλεος und ḥēn mit χάρις übersetzt.[12] Χάρις ordnen die Diasporajuden demnach ḥēn zu, denn unter „χάρις" verstand man etwas, das gefällig erscheint, das man als angenehm empfand. Daraus ergaben sich alsdann drei Bedeutungsrichtungen von „χάρις":

- das, was Freude bringt, was anmutet (typisch griechische Bedeutung): das Blinkende, Glänzende, Glitzernde, das erfreut
- die Huld oder Gunst, das Wohlwollen, sowohl im aktiven wie im passiven Sinn
- die Gegenantwort, die Erwiderung der Gunst, das, was Dankbarkeit gegenüber dem Geber verlangt (vgl. „ḥesed")

Die profanen Bedeutungen haben im Griechischen auch eine religiöse Bedeutung; diese spielt aber keine große Rolle. „Χάρις" ist kein zentraler religiöser Begriff wie „ḥesed", das seinerseits „ἔλεος" nahesteht.

1.2.2. Χάρις in der LXX und der frühchristlichen Literatur[13]

Wenn das neutestamentlich-paulinische Griechisch „ḥanan" und „ḥesed" mit χάρις wiedergibt, so bedeutet dies, dass das NT „χάρις" anders auffasst als die LXX, die das Wort „ḥanan" mit „ἔλεος" übersetzt und damit ein anderes Sprachempfinden als das NT aufweist.

---

12 Vgl. G. Stemberger, Gnade, 764.
13 Vgl. M. Theobald, Gnade, 766–771.

Wie kam es zu dieser Verschiebung im Sprachgefühl? Der Grund ist
wohl die semantische Entwicklung in dieser Zeit. Vergleichen wir
nämlich den Sprachgebrauch der früheren LXX mit späteren Texten
(etwa Esra, Sirach), dann stellen wir fest, dass letztere „ḥanan" nicht
mit „ἔλεος" (wie die LXX) wiedergeben, sondern auch mit χάρις.
Gleiches konstatieren wir in der Aquila, einer griechischen Übersetzung der hebräischen Bibel, und bei Philo. Das neutestamentliche
Bedeutungsspektrum vom „χάρις" deckt auch das ab, was die LXX
mit „ἔλεος" meint.

Die jüngere Weisheitsliteratur hatte χάρις im Sinne des göttlichen Lohnes verwendet und „ἔλεος" als eschatologische Heilsgabe
verstanden (vgl. Hos 6,6; Ps 103,17). In der apokalyptisch-jüdischen
Literatur ist χάρις der Inbegriff des kommenden Heils, letztlich Gott
selbst (χάρις = σωτηρία, εἰρήνη). Somit können wir eine *Sinnanrei-
cherung* von χάρις in der griechisch-jüdischen Literatur konstatieren.

Während der Exilszeit mussten die Diaspora-Juden ihren Glauben verteidigen und plausibel machen. Dabei geriet χάρις in das
Bedeutungsfeld von „gnosis". Die höhere Weisheit bleibt dem Menschen an und für sich verborgen. Sie ist aber auffindbar für den, der
Gott sucht. Die spätjüdische Weisheit will diese höhere Weisheit
vermitteln. So erhält χάρις in der Weisheitsliteratur die Bedeutung
der unverdient geschenkten Zuweisung der göttlichen „gnosis".[14]

Im Hellenismus nähert sich die spätjüdische Weisheit immer
mehr dem stoisch-kosmischen Denken der Griechen. Damit wird
die Weisheit zur schöpferischen Weisheit. Das Gesetz wird zum
Vermittler dieser schöpferisch-göttlichen Weisheit. Das Gesetz, die
Tora, wird identisch mit χάρις.[15]

Auf diesem hellenistischen Hintergrund bekommt χάρις (ḥēn)
die Bedeutung eines Gnadengeschehens auch an den Nichtjuden,
den Heiden (vgl. Röm 6,14f; Gal 5,18). Auch sie erhalten gnadenhaft
Erkenntnis von der Gnade Gottes und werden so dem jüdischen Israel
assoziiert (vgl. Gal 2,21; 5,4). Damit wird offenbar, dass „χάρις"

---

14   Vgl. C. Breytenbach, „Charis" und „eleos", 247–277;
15   Vgl. U. Wilckens, in: ThWbNT, Bd. 7, 498ff; auch M. Hengel, Judentum
       und Hellenismus, 275ff.

bereits in vorpaulinischer Zeit die Bedeutung der Rechtfertigung hat: Die Heiden werden auserwählt, ebenfalls an Gottes Gesetz (Weisheit) Anteil zu haben (vgl. Röm 11,13–26).

Die neutestamentliche Version des frühjüdischen Gesetzes ist später in der paulinischen Theologie Christus selber. Das Gesetz personalisiert sich gleichsam in Christus. Die χάρις des Herrn Jesus (2 Kor 8,9; Gal 1,6; Röm 5,15) steht für das Heilsgut schlechthin, für die Gerechtigkeit, die aufgrund des Sühnetods Jesu und seiner Auferweckung den Menschen zugewendet wird. Χάρις wird zum Äquivalent für die Bekehrung zu Jahwe, sie bedeutet echte Erkenntnis der Weisheit. Das NT reflektiert damit das weiterentwickelte Judentum, das es aufgenommen hat.

2. Die Sachbedeutung von Gnade

Der Gnadenbegriff, sofern er sich in anderen Begriffen äußert, besitzt eine Sachbedeutung, die später in den Terminus technicus „χάρις" eingeflossen ist, der vom bloßen Begriff zum In-Begriff geworden ist.[16]

2.1. Im Alten Testament

Im AT ist „berit" (Bund) der Inbegriff der Theologie. Der Gott des Bundes ist der Gott der Güte, der Liebe und der Treue. Hier wird schon die Wirklichkeit der *gratia increata* spürbar. Gott ist die ewige, unerschaffene Gnade (vgl. Ex 34,6f; Hos 2,21f: Bund als Ehebund zwischen Jahwe und Israel). Im griechisch-platonischen Denken wäre diese Deszendenz Gottes undenkbar. Der griechische Gott besitzt im Grunde deistische Züge, denn er ist fern der Welt. Er stellt etwas dar, dem die Menschen zustreben müssen. Im Gegensatz zu Jahwe, dem Gott der Juden, hat der griechische Gott keinerlei Relationalität zur Welt.

---

16 Vgl. J. Luis Lorda, La Gracia de Dios, 30.

Die Zuwendung Jahwes ist allein motiviert aus freier Liebe (ḥanan / ḥesed), nicht durch eine bestimmte Eigenschaft oder Leistung des Volkes Israel (vgl. Dtn 7,6–8). Diese Liebe ist dann Ursache von Gnadengütern, die aus Gott kommen *(gratia creata)*. Das Gnadenerlebnis Israels par excellence ist das Exodusereignis. Gott zeigt sich in der Geschichte, nicht im Kosmos oder in der Physis. Die Gratuität, die Nichtnotwendigkeit der göttlichen Zuwendung, konkretisiert sich im Medium der Geschichte. Im Mittelpunkt der Gott-Mensch-Beziehung steht *berit*.

2.2. Normative Gnadenerfahrung im Neuen Testament

2.2.1. Allgemein

Gott hat von Anbeginn den Plan, sich selbst der sündigen Welt zu schenken in Jesus Christus, dem inkarnierten Logos. Gott schenkt sich ihr in seinem Selbst, in seinem Personsein. Durch diese Selbsteröffnung kann Gott kategorial erfahren werden. Kategorialität und Transzendentalität fallen in eins. Christus ist die erste innerweltliche eschatologische, weil definitive Selbstschenkung (Gnade) Gottes – freilich noch in der Dunkelheit des Glaubens. Die Gnade hat noch Glaubensgestalt, ist aber hingeordnet auf die Vollendungsgestalt in der beseligenden Gottesschau.

2.2.2. Die Synoptiker

Im Zentrum der synoptischen Evangelien steht die Botschaft Jesu vom Reich Gottes. Die Synoptiker stellen den verkündenden Jesus dar, der sich selbst – wie exegetisch feststeht – zum Inhalt seiner Botschaft machte. Die *„ basileia tou theou"* ist das Totum der Botschaft Jesu. Sie ist Ausdruck des in ihm von Gott uns bereiteten Heils. Gnade ist dabei die Innenseite der *„ basileia"*.

Ein weiterer Aspekt der Botschaft (neben der Personalisierung) ist ihre Universalität: Alle Menschen sind eingeschlossen. Diese

Universalität der Gnade Gottes in Jesus Christus fordert auf der Seite des Menschen ein entsprechenden ethisches Verhalten, das sich darin äußert, sich ganz auf Gott einlassen zu wollen. Man muss alles opfern wollen um des Himmelreiches willen (1. Seligpreisung). In Jesus Christus ist das Reich Gottes zu den Menschen gekommen. Höhepunkt dieser Wirklichkeit ist die Todeshingabe Jesu am Kreuz. Im soteriologischen „Für" *(hyper)* ist alles eingefangen, was später in die paulinische Gnadentheologie einfließen soll. Der Gott der Gnade ist der Gott, der sich in Jesus Christus für uns offenbart und zugeneigt hat. So erfüllt sich im NT das, was im AT in Form des „berit" präfiguriert war. In Christus wird der Bund Gottes mit den Menschen personalisiert und damit Gottes Liebe konkret bzw. kategorial.

2.2.3. Die Gnade bei Paulus[17]

Paulus ist geradezu das Paradebeispiel für die Vorgaben unserer Erfahrung. Er greift alles vom Apriori seines Denkhorizontes her auf, aber nicht, ohne es zugleich zu korrigieren.[18] In seinen Briefen wird das Wort „χάρις" zum Inbegriff christlichen Denkens oder zum Terminus technicus. Was Paulus unter χάρις versteht, wird offengelegt durch den Begriff der *dikaiosyne* (lat.: *iustificatio*). Gnade ist der Status des Gerechtseins vor dem allmächtigen Gott. „Χάρις" und

---

17 Vgl. zu diesem Abschnitt F. Mußner, Die neutestamentliche Gnadentheologie, 615ff; auch R. Harrison, Paul's Language of Grace in its Graeco-Roman Context (WUNT 2, Nr. 172), Tübingen 2003; M. Theobald, Die überströmende Gnade (FzB 22), Würzburg 1982.

18 Es dürfte deutlich sein, dass das paulinische Denken vor allem vom jüdischen Denkhorizont bestimmt ist. Dieses Übergewicht zu registrieren, heißt Paulus vor allem auf dem Hintergrund des Diasporajudentums zu begreifen, nicht primär von einem hellenistischen Hintergrund her. Wenn Paulus auch nicht unbeeindruckt von der Bildung und dem Geist seiner Zeit war, maßgeblich geprägt war er davon nicht. Die zentralen Themen der paulinischen Theologie sind vom jüdischen Denken seiner Zeit geprägt und z.T. vorgegeben (Gesetz / Thora).

„dikaiosyne" sind geradezu Synonyme (vgl. Röm 5,2.9; 3,24). Sie enthalten die Substanz der paulinischen Theologie. Χάρις ist bei Paulus unser Rechtsein und Bestehen-Können vor dem Gerechtigkeit fordernden Gott aufgrund der Liebe, die Gott uns zuwendet in Jesus Christus. Gerade das Übermaß der Sünde, bei deren Aufdeckung das Gesetz eine konstitutive Rolle spielt (vgl. Röm 3,10ff; 4,15), erweist dann die Übermacht der Gnade Gottes in Christus (Röm 5,12– 21). Nur durch diese gnädige, rechtfertigende Liebe können wir vor Gott bestehen. In Röm 3,21−24 finden wir das ganze theologische Feld dessen, was bei Paulus Gnade heißt:

> „Jetzt aber ist unabhängig vom Gesetz Gottes Gerechtigkeit, die vom Gesetz und von den Propheten bezeugt wird, offenbar geworden, Gottes Gerechtigkeit aber aus dem Glauben an Jesus Christus für alle Glaubenden; es gibt ja keinen Unterschied. Denn alle haben gesündigt und ermangeln der Herrlichkeit Gottes. Sie werden nun durch seine Gnade auf Grund der Erlösung in Christus Jesus geschenkweise gerechtfertigt."

Und in Röm 4,25 gibt Paulus eine alte Formel wieder, mit eindeutigem Bezug auf das Lied vom Gottesknecht in Jes 53: „Er wurde dahingegeben wegen unserer Übertretungen und auferweckt wegen unserer Rechtfertigung." Hier wird deutlich, dass Gnade stets im Zusammenhang mit der Rechtfertigung gesehen wird. Der Inhalt der χάρις ist das Kreuz, die objektive Erlösung. Die paulinische Gnadentheologie ist zutiefst soteriologisch.

a) Die soteriologische Note

Χάρις ist Erlösung vom Zustand der Sündhaftigkeit des Menschen durch das Kreuz. Der Gerechtigkeitsforderung Gottes steht die Sündhaftigkeit des Menschen gegenüber. Das Gesetz drückt die Forderung an den Menschen aus, gerecht zu sein. Das Gesetz ist „nomos dikaiosynes". Der Mensch aber erfährt sein Ungenügen, der Weisung des *nomos* zu folgen. Im Kreuz Jesu Christi wird dem Menschen von Gottes Seite, also gnadenhaft, das Vermögen geschenkt, gemäß dem *nomos dikaiosynes* vor Gott zu leben. Als Gerechtfertigter ist der Mensch sündlos.

Der Rechtsgedanke hat in Israel enormen Einfluss gehabt und das theologische Denken der Juden bestimmt.[19] Das griechisch-antike Rechtsdenken ist weitgehend von Platon geprägt, der einerseits das Recht ontologisiert und andererseits als Grundlage der Ethik formuliert hat. Durch das ontologische Recht hat alles im Kosmos seine Ordnung und seinen Platz.[20]

Auf diesem griechisch-jüdischen Hintergrund rückt Paulus den Rechtsbegriff in das Licht der Offenbarung. Der Mensch steht in dem Zwiespalt von Gottes Gerechtigkeitsforderung und dem Unvermögen, der Forderung Gottes nachzukommen. Gott aber befreit den Menschen aus dieser Schwäche durch die Gnade, die in Jesus Christus Person wird. Das Versagen des Menschen lässt sich nach Paulus nicht durch äußere Gesetzesfrömmigkeit kompensieren. Im Status der Sünde ist der Mensch unfähig, das Gesetz zu erfüllen. Nur der Gerechte kann vor Gott würdig leben. Nicht die Erfüllung des Gesetzes verschafft dem Menschen Gerechtigkeit vor Gott, sondern allein Gott kann ihm die notwendige Gerechtigkeit zuwenden. Dies ist gewissermaßen das *euangelion* des Paulus. Ihm gelingt die Vermählung von Gerechtigkeitsforderung und Gnade.

Gottes Heilstat muss sich notwendig in einem Gnadengericht vollziehen; dieses ist die notwendige Bedingung für die Erlösung des Menschen, denn Gott vollzieht die Erlösung nicht an einem Objekt, sondern an dem freien Subjekt Mensch, der als mit Verantwortung begabte Person das Kreuz annehmen muss, will er der rechtfertigenden Gnade teilhaftig werden.

---

19 Vgl. G. Quell, Der Rechtsgedanke, 176–180.
20 Vgl. A. Kaufmann, Die ontologische Struktur des Rechts, 104–124.

b) Das Kreuz als Brennpunkt

Das Kreuz ist in der paulinischen Gnadentheologie der Brennpunkt. Hier ist der Ort, an dem Gott sich in seiner Gerechtigkeitsforderung und in seiner Wahrheit offenbart. Gottes gnädige Zuwendung, die Rechtfertigung des Menschen, erfolgt einzig und allein auf dem Weg über das Kreuz. Rechtfertigung kann es nicht geben ohne die Versöhnungstat Christi (vgl. Röm 3,25f; 2 Kor 5,21). Vergebung geht nicht am Kreuz und somit an der Sühne vorbei. Das „Für uns" wird bei Paulus zur Formel, um die Stellvertretung durch Christus auszudrücken. Durch seinen Tod hat sich etwas an unserem Verhältnis zu Gott geändert, nämlich dass wir „für die Sünde tot sind, aber für Gott leben in Christus Jesus" (Röm 6,11). Für Paulus steht fest, dass die Sünde aller Menschen in Jesus stellvertretend ausgelitten wurde, so dass „durch den Gehorsam des einen" (Röm 5,19) alle mit Gott versöhnt worden sind. In diesem Sinne spricht er auch von Christus als dem „hilasterion", der Sühneplatte (Röm 3,25a). Sie ist von Gott aufgestellt, um den gerecht zu machen, „der an Jesus glaubt" (Röm 3,25b–26).[21]

Alles konzentriert sich bei Paulus auf das Kreuz. Es ist der Ort, an dem Gott sich offenbart, und zwar in seiner Wahrheit und seiner Gerechtigkeit. Gott sieht von seiner Gerechtigkeit nicht ab; dadurch kommt es wegen der Sünde zum Kreuz. Im Kreuz vollzieht sich das Gericht über die Sünde (vgl. Röm 8,3). Für die Zeit nach Ostern geht kein Weg an den Sakramenten der Kirche vorbei.[22] Sie sind die subjektive Applikation der am Kreuz objektiv und universal geschenkten und erworbenen Gnadenfülle. Dies ist bei Paulus in der Tauftheologie grundgelegt. Durch die Taufe sind wir mit Christus in sein Sterben und in seinen Tod hineingenommen, aber auch in seine Auferstehung. Wenn er von der Taufe spricht, unterscheidet Paulus

---

21 Deshalb sagt im zweiten Jahrhundert Irenäus, „Gott hat es gefallen, seinen eingeborenen und geliebten Sohn zu unserer Erlösung als Opfer darzubringen." Vgl. Adv. haer. IV,5,4.

22 Vgl. KKK, Nr. 1992; auch Konzil von Trient, Rechtfertigungsdekret, cap. 7 (DH 1529).

zwei Aspekte: Einmal sieht er die Taufe als punktuelles Geschehen, wo alles schon in einem einzigen Augenblick geschieht, so dass der Täufling mit der Taufe den „Tod" schon hinter sich hat: „Ihr seid mit Christus gestorben [...]" (Röm 6,2–6). Auf der anderen Seite sieht er die Taufe als einen Prozess an, der sich erst nach und nach in der ganzen Glaubensgeschichte vollziehen muss, indem der Mensch das einholt, was in der Taufe geschehen ist (vgl. 2 Kor 4,16).[23]

2.2.4. Die christologische Grundlegung der Gnade bei Johannes

14.3

Der Kernbegriff der johanneischen Theologie ist „Leben" *(ζωη)*. Diesem sind die Begriffe „Wahrheit" *(ἀληθεία)* und „Licht" *(φως)* zugeordnet. Dieses Leben kommt für Johannes „von oben", weil es göttliches Leben ist.

Christus ist für Joh gleichsam die Personifizierung des Lebens (vgl. Joh 11,26; 14,6; 1,1f.). Jesus empfängt das Leben vom Vater (trinitarische Dimension), um es an die Menschen weiterzugeben (vgl. Joh 5,21; 6,38). Unsere Abhängigkeit von diesem Leben in Jesus Christus drückt Joh in Bildern aus: Jesus als das „Brot des Lebens", das „lebendige Wasser" oder „das Licht".

Im Vergleich mit der paulinischen Christologie gibt es bei Johannes eine fundamentale Akzentverschiebung. Stand bei Paulus das Paschamysterium im Vordergrund, und hatte die Inkarnation nur vorbereitenden Charakter im Hinblick auf Ostern, so betont Joh die Inkarnation, von der aus Licht auf das Leidens- und Auferstehungsgeheimnis fällt. Trotzdem verkennt Joh die Bedeutung des Kreuzes nicht. Aber dominierend bleibt das fleischgewordene Wort, dessen Herrlichkeit so sehr progressiv entfaltet wird, dass selbst das Kreuz im Lichte der Erhöhung aufgefasst wird, während bei Paulus das Kreuz letzte „kenosis", „exinanitio" (Erniedrigung: Phil 2,5–11) bedeutet. Für Joh ist der Lebensweg Christi keine fortschreitende

Für Paulus = Kreuz
Für Johannes = Aus dem Licht auf Auferstehung

23 Vgl. K. Berger, Ist mit dem Tod alles aus? Gütersloh 1999, 33f.

Erniedrigung, sondern steigender Glanz im himmlischen Lichte (vgl. Joh 1,1; 8,12; 9, 39).

Ein weiterer Charakterzug johanneischer Christologie ist das Phänomen der präsentischen Eschatologie. Wie in Christus die Herrlichkeit zeit seines ganzen Erdenlebens aufstrahlt, so hat auch der, der an ihn glaubt, jetzt schon das Leben. Der Glaubende lebt jetzt schon dieses neue Leben, sofern er es im Glauben empfangen hat (vgl. 17,3). Folglich bedeutet der Glaube Übergang vom Tod zum Leben und damit bereits Auferstehung (von der Sünde), ohne dass die eschatologische Dimension und Wirklichkeit geleugnet würde. Bei Joh findet sich somit eine Enteschatologisierung des (synoptischen) Reiches Gottes. Johannes versteht dieses „Leben" durchaus als eine Gabe von oben; durch das menschgewordene Wort Gottes wird uns im Heiligen Geist das neue Leben geschenkt. Damit zieht der Evangelist eine Trennungslinie zwischen dem natürlichen und übernatürlichen Leben. Durch Vermittlung des Heiligen Geistes gewinnt der Glaubende Anteil am innertrinitarischen Leben Gottes. Darin besteht die Wiedergeburt. Wer wiedergeboren wird aus Gott im Heiligen Geist, lebt aus dem Sein Gottes. Joh besteht damit auf einer ontologischen Teilhabe am Leben Gottes, vermöge derer wir dem Bereich der Sünde enthoben sind. Paulinisch formuliert, würde man sagen, diese Teilhabe am göttlichen Sein bringt den Status des Gerechtfertigtseins mit sich, ja ist mit ihm identisch. Weil wir am trinitarischen Sein teilhaben, ist die Zeugung aus Gott beständig. Vermittelt wird uns das neue Sein durch den Heiligen Geist (als *principium quo*). Christus dagegen ist der Inhalt *(principium quod)* solcher Vermittlung.

2.2.5. Der zweite Petrusbrief

Für die Gnadentheologie ist der zweite Petrusbrief von großer Bedeutung. Dieser zählt zu den spätesten Schriften des NT. In ihm wird spürbar, wie christliches Glaubensgut von einem bestimmten (griechisch geprägten) Apriori umfasst und in eminent griechisches Denken gegossen wird. Spezifisch christliche Inhalte werden mit

Christl. Inhalte werden bereichert, verlieren nicht ihre Heilung

I. Der biblische Sinn von Gnade 39

griechisch-philosophischen Termini formuliert. Gnadentheologisch relevant ist Vers 1,4. Begriffe wie „physis", „theios" oder „koinonos" verweisen auf einen metaphysischen Hintergrund. Die „physis" steht hier synonym für Gnade, die dann Teilhabe an der göttlichen Natur besagt. Der Terminus „koinonos" wird in der Antike für die Gemeinschaft mit den Göttern verwendet. Wir müssen daher die Schlussfolgerung ziehen, dass in 2 Petr eine deutliche Hellenisierung christlichen Denkens vorliegt, die natürlich erst später – im Verlauf des zweiten und dritten Jahrhunderts – in voller Schärfe einsetzt. In dieser neutestamentlichen Schrift liegt eigentlich kein auf geschichtliche Vorgänge fokussiertes Denken mehr vor, wie es hebräischer Mentalität entsprechen würde. Vielmehr haben wir es mit einer typischen Rezeption griechisch-ontologischen Denkens zu tun. Der Verfasser verwendet spezifische hellenistisch-griechische Termini als Gefäß für christliche Inhalte. „Physis" meint hier das Wesen, die Lebenssphäre Gottes, in die wir einbezogen werden. So sehr aber metaphysische Ausdrücke vorherrschen, so stehen dennoch heilshistorische Aussagen im Mittelpunkt: Wir sind der göttlichen *„physis"* teilhaftig geworden, indem wir der Begierde der Welt entfliehen.

Der Teilhabegedanke ist schon bei Platon bekannt. Paulus und der Verfasser von 2 Petr übertragen die *„koinonia"* (eigentlich „Gemeinschaft") auf christliches Denken. Hier bedeutet sie eine Teilhabe (!) am pneumatischen Wesen Christi, mithin keine seinsmäßige Einheit mit Christus. Man wird sich davor hüten müssen, in 2 Petr 1,4 eine heidnisch-mythische Vergottungslehre hineinzuinterpretieren. Im Sinne des Verfassers kann höchstens von einer Vergöttlichung, die uns als Geschenk zuteil wird, die Rede sein. Es geht nicht um eine Verwandlung des menschlichen Seins in das göttliche, um eine Identifikation, sondern lediglich um eine Teilhabe, die Verähnlichung und Gemeinschaft bedeutet. 2 Petr 1,4 ist die biblische Bezugsstelle für die spätere *theiosis*-Lehre der Väter.

werden Gott ähnlich
Gott wurde Mensch, damit oder M Gott werde

II. Die Gnadenauffassung der Kirchenväter

1. Die Bedeutung der Väter im Allgemeinen: Kanon / regula fidei / liturgisches Leben in seinen Grundformen / Evangelium und ratio

Den Zusammenhang zwischen der Schrift und den Vätern hebt J. Ratzinger hervor, wenn er darauf hinweist, dass beides sich verhält wie Wort und Antwort, die freilich beide nicht dasselbe sind, auch wenn man sie nicht voneinander trennen kann.[24] Das Wort ist erst voll konstituiert in seinem Bezug zur Antwort. Beides, Wort und Antwort, bilden ein enges Beziehungsgefüge. Das Wort ist erst vollkommen aktuell in der hörenden Antwort. Es ist von seinem Wesen her ausgerichtet auf seine Verwirklichung, Befolgung, die es in der Antwort erfährt. Die Väter sind die Antwort auf das Wort der Schrift; sie führen das Schriftwort in die Sphäre deutlichen Verständnisses. In ihren antwortenden Schriften geben sie eigentlich dem Schriftwort erst Gestalt, ohne dass sie damit über die Schrift verfügten, denn das schriftliche Offenbarungszeugnis liegt ihnen schon voraus. Es erhält aber eine neue Bedeutungsdimension. Die Bedeutung der Väterzeit lässt sich kurz in vier Punkten zusammenfassen:

1) In der Väterzeit findet die für die Kirche so entscheidende Unterscheidung statt, in der der „Kanon der Schriften" entstand. Die kanonischen Schriften mussten genauestens von den häretisch-gnostischen Schriften unterschieden werden.[25]

---

24   Vgl. J. Ratzinger, Theologische Prinzipienlehre, 139–159, bes. 154: „Das Wort überschreitet jede Antwort, und deswegen wird das Bemühen von Theologie und Kirche um das Verstehen des Ursprungs immer neu sein müssen, auf keinem Stadium mumifiziert werden können. Aber zugleich gilt die Untrennbarkeit von Wort und Antwort, gilt, daß wir das Wort nicht lesen und hören können an der Antwort vorbei, die es zuerst empfangen hat und die für sein Bestehen mit konstitutiv wurde."

25   Bei der Festlegung des Kanons, die sich in einem komplexen Prozess von Überlieferungen und Aussonderungen vollzog, kreieren die Väter aber

2) Voraussetzung dieser Unterscheidung in authentische und apokryphe Schriften war die *regula fidei*.[26] ~~Glaubensregel~~ X

3) Die Väterzeit hat die Grundformen des liturgischen Lebens geschaffen.

4) Die Väter haben den Glauben erst zur Theologie weitergebildet, weil sie aus dem Glauben heraus im Horizont der antiken Philosophie diesen Glauben „begriffen" haben. Glaube wurde als eine Art Philosophie verstanden. Sie stellten in ihrer Sorge, dass der Glaube rational verantwortet werden muss, den Glauben unter das Programm des „credo ut intellegam". Der Glaube konnte in der heidnischen Welt nur in der rationellen Rechtfertigung der Wahrheit des Evangeliums bestehen.

Während die Apostolischen Väter noch ganz auf dem Boden der Heiligen Schrift stehen und insofern stark biblisch argumentieren, sind es die Apologeten, die allererst den Durchstoß zur eigentlichen Theologie vollziehen. Sie treten über den Kirchenraum hinaus in die Verteidigung *(apologia)* des christlichen Glaubensgutes, als sich die Kirche wachsenden Angriffen von Seiten der heidnischen Welt gegenübergestellt sah. Die Apologie stand in der Spannung von Assoziation, d. h. der Übernahme griechischer Denkkategorien, und Dissoziation, d. h. der Füllung griechischer Formen mit christlichen Inhalten. Die Apologeten waren davon überzeugt, dass eine rein biblische Argumentation zur Verteidigung und Rechtfertigung des Glaubens nicht ausreichte. Andere Aussageformen waren in einem neuen Ambiente notwendig. Das aber heißt, dass das biblische Wort erst da effektiv wird, wo es von dem jeweiligen geschichtlichen Denkhorizont her neu gelesen wird *(relecture)*.

nicht das Bibelwort, denn es muss gelten: „Die ‚Schrift' ist jünger als ‚die Schriften', aus denen sie sich zusammensetzt." Vgl. J. Ratzinger, Primat Petri und Einheit der Kirche, 625.

26 Vgl. M. Fiedrowicz, Kirchenväter, 179–195; 278f. Wie Fiedrowicz zeigt, waren Glaubensregel und Symbolum nach der Bildung des Kanons eine zentrale Auslegungsinstanz der Schrift.

Wenn es stimmt, dass eine Wahrheit sich erst im Laufe der Geschichte entfaltet, dann kann man behaupten, dass in der Väterzeit der christliche Glaube zu seiner ersten maßgeblichen Gestalt kommt; das Wort der Heiligen Schrift gelangt zu seinem Effekt. Die Apologeten vollbringen den für das Überleben der christlichen Glaubenswahrheit entscheidenden Akt der Übersetzung in hellenistische Denkkategorien. Durch diese Übersetzung wird die *Relevanz* des Glaubensgutes gewährleistet unter gleichzeitiger Wahrung seiner *Identität*.

2. Typik der östlichen und westlichen Gnadenlehre

Ost und West drücken das Biblische in einer eigenen charakteristischen Weise aus. Dabei zeigt sich, dass die östliche Theologie eher johanneisch, die westliche dagegen mehr paulinisch gefärbt ist. In einer idealtypischen Klassifizierung könnte man sagen: Der griechische Osten ist ontologisch, mystisch und inkarnatorisch orientiert, während der lateinische Westen an der soteriologischen, anthropologischen und heilshistorischen Bedeutung des Christusmysteriums interessiert ist. Gnade wird hier vor allem in ihrem ethischen Bezug gesehen.

Hauptrepräsentant der lateinischen Gnadentheologie ist Augustinus. Dieser ist auf dem Hintergrund seiner manichäischen Vergangenheit zu verstehen. Die Manichäer leugneten die Willensfreiheit des Menschen. Daher sind Gnade und Freiheit die großen Themen des Augustinus. Im Streit mit Pelagius wird er zum Verteidiger der Heilsnotwendigkeit der Gnade. Für Pelagius ist der Mensch an sich frei und selbst fähig, das Heil zu erlangen. Gnade ist bei ihm nur ein Hilfsmittel, keine Notwendigkeit. Damit verkennt Pelagius die Dimension der Erbsünde. Demgegenüber betont der Kirchenvater, dass der Mensch durch die Verwundung der Erbsünde zu keinen reinen Heilshandlungen fähig ist. Der Mensch ist nicht frei, sondern versklavt. Deshalb bedarf er einer übernatürlichen Wirklichkeit, der Gnade, die freilich beim freien Willen des Menschen ansetzt. Gnade wird jedoch bei Augustinus nicht mehr als das Ganze des göttlichen

Heilswirkens, sondern als inneres, im einzelnen Subjekt wirkendes Heilshandeln Gottes gesehen.

Wenn wir die östliche Theologie näher betrachten, so fällt uns direkt die ihr eigene Modalität des Sehens als Grundstruktur auf – das Gegenüber von Auge und Objekt. Da Gott von seinem Wesen her unsichtbar ist, kann er nur in der Repräsentation durch ein Anderes gesehen werden. Von daher erklären sich die Zwischenwesen. Erst in der *visio Dei beatifica* vermögen wir Gott von Angesicht zu Angesicht zu sehen. Wer Gott dann schaut, muss auf irgendeine Weise selber wie Gott sein. Die Gottesschau wird so zu einer Weise der Vergöttlichung, sofern der Schauende vom Geschauten erfüllt wird. Gott nimmt nämlich beim Schauen die Stellung des Erkenntnisbildes *(forma impressa)* ein; er identifiziert sich mit unserem Bewusstsein.

Im Gegensatz zur Kirche des Ostens ist die Kirche des Westens die des Hörens. Sie betont die Dimension der Leiblichkeit, die eine Vermittlung notwendig macht. Der Mensch ist verwiesen auf die Welt. Instrument der Vermittlung ist die Kirche. In diesem Zusammenhang spielt die Mission eine große Rolle. In der Kirche verleiblicht sich die Mitteilung des göttlichen Wortes. So ist sie notwendig organisatorisch strukturiert und eine geschichtliche Größe.

Während die Kirche des Ostens pneumatischer Natur ist und bereits in einem neuen Äon beheimatet ist, befindet sich die lateinische Kirche auf der Pilgerschaft in der Welt, im Dunkel des Glaubens. So wie jene der Gefahr der Entfremdung und Entfernung ausgesetzt ist, so droht dieser die Verweltlichung.

Der lateinische Westen fasst Christentum und Glauben als ein Wortgeschehen auf und betont stark die *fides qua*: den subjektiv-personalen Aspekt des Glaubens, die Entscheidungssituation des Menschen[27], den Sinn für das Sinnlich-Fassbare; es besteht ein Hang zur Verbalisierung und Ethisierung der Liturgie.[28] Es fehlt der Sinn

---

27 Hier lauert die ständige Gefahr des Voluntarismus.

28 Auf die damit einhergehende Verflachung hat zuletzt K.-H. Menke aufmerksam gemacht. Vgl. ders., Sakramentalität, 294–308. Menke weist darauf hin, dass man eine falsch verstandene „participatio actuosa" zum

pastoraler Aktivismus – Wozu?

für das Mysterium. Ein reiner Aktualismus, dem es darum geht, die Effektivität des göttlichen Wortes für das Heute zu sichern, läuft Gefahr, im Dienst an der Sendung aufzugehen, ohne noch das Woher dieser Sendung im Auge zu haben.

Man sieht nur noch das Wozu. Gott und Jesus Christus sind dann nicht mehr um ihrer selbst willen interessant, sondern nur noch im Hinblick auf das Funktionieren des Menschseins. Der personale Bezug zu Gott droht auszufallen. Das Korrektiv dieser westlichen Gnadentheologie wäre eine Offenheit für im Sehen liegende Transzendierung, ein Sich-Wenden zum metaphysischen Verständnis des Persongeheimnisses Jesu, denn erst aus der lebendigen Verbindung mit Gott als dem ganz Anderen erwächst der wahre Dienst an der Welt.

Resümierend lässt sich festhalten: Aufgrund seines platonisch geprägten Denkens fasst der griechische Osten die Gnade als eine geistig-ideelle Gestalt kosmischer Art auf. Gnade ist identisch mit der kosmischen Ökonomie. Der Blick konzentriert sich bei den Griechen auf das Allgemeine und wendet sich dabei vom Individuell-Konkreten ab. Das Einzelne geht im Allgemeinen auf. Die individuelle Dimension der Gnadenwirklichkeit fällt außer Betracht.

Der lateinische Westen hingegen ist – gemäß der römischen Kultur- und Lebensauffassung – mehr auf das Konkrete und Praktische orientiert. Ihm geht es daher um die praktisch-konkrete Verwirklichung alles Ideellen. So ist auch seine Theologie auf die anthropologisch-soziologische Fragestellung gerichtet. Die Bedeutung des Einzelnen, des Individuums steht im Vordergrund und ist ebenso prägend für die Gnadenwirklichkeit. Die Problematik von Natur und Gnade, Freiheit und Gnade, sind zentrale Themen der westlichen Gnadentheologie. Zwar betont auch der Osten die Freiheit des Subjektes, aber sie ist eingeboren in das größere Ganze der kosmisch-göttlichen Determination: Es gibt nur eine kosmisch-

„zentralen Topos der Liturgiekonstitution des Zweiten Vatikanischen Konzil hochstilisiert" habe, um dann die Liturgie „ihrem Formtypus wie der geistigen Haltung nach in die Nachbarschaft der Party" rücken zu lassen. Vgl. ebd., 298.

universale Gnade, die alle Individuen einbezieht. Die individuelle Fragestellung wird von der kosmisch-heilsgeschichtlichen aufgefangen.[29]

2.1. Augustinus: Freiheit – Sünde – Gnade

Augustinus markiert die entscheidende personale Wende von der östlichen zur westlichen Denkweise. Schon bei Tertullian kündigt sich diese Wende zum Subjekt und seiner Freiheit in der Gnadentheologie an. Er fasst jedoch die Gnade noch als ein äußeres Geschehen (Gesetz etc.) auf. Bei Augustinus hingegen findet endgültig die Verinnerlichung der Gnade statt. Gegen die Manichäer verteidigt er die Willensfreiheit des Menschen, im Kampf gegen die Pelagianer legt er den Akzent auf die Notwendigkeit der inneren Gnade. Bei seiner Überbewertung der menschlichen Freiheit hatte Pelagius die Notwendigkeit der Gnade geleugnet. Für ihn ist der Mensch aus sich fähig, Heilsakte zu setzen. Als Gnade wird nur das *exemplum Christi* verstanden. Es ist ein Beispiel, dem man bloß nachzufolgen braucht, um gerechtfertigt vor Gott zu leben. Das Heil ist nur eine Sache des freien Willens. Damit wird Gnade nur als etwas Äußeres, Empirisches aufgefasst. Pelagius schätzt somit die menschliche Freiheit zu hoch ein und verkennt dabei, dass der Mensch durch die Erbsünde in seinem freien Handeln behindert ist. Um zu freien Heilsakten fähig zu sein, bedarf der Mensch einer übernatürlichen Seinswirklichkeit: der Gnade. Gott muss – so betont Augustinus – im Inneren des Menschen auf seine durch die Sünde befleckte Seele gnadenhaft einwirken.

Im Kampf gegen den Pelagianismus entwickelt sich Augustinus zum Vater der lateinischen Gnadentheologie. Nicht mehr die kosmische Dimension von Gnade steht im Vordergrund, sondern ihre Bedeutung für den einzelnen. Gnade ist nicht mehr der Inbegriff des Heils, sondern wird zu einem partikulären Thema der Frage,

---

29 Vgl. L. Weimer, Die Lust an Gott, 365; 434–438.

wie Gott handeln muss, damit das Individuum Heil findet. Die theologische Fragestellung richtet sich nicht mehr darauf, wie Gott an der Welt das Heil wirkt; vielmehr geht es um die Frage nach der Applikation des Heilswerkes im einzelnen Individuum.

Ende 14.3

2.2. Der griechische Osten: Athanasius – Irenäus – Origenes und die Aktualität der Theiosis-Lehre

Kernbegriff der östlichen Gnadenlehre ist die „theiosis". Sie gibt den Inhalt der griechischen Gnadenauffassung wieder. Exemplarisch sollen in diesem Zusammenhang drei Textzeugen angeführt werden:

> *Athanasius*: „Christus ist Mensch geworden, damit wir Gott werden."[30]

> *Irenäus*: „Christus ist Mensch geworden, damit er uns zu dem mache, was er ist."[31]

> *Origenes* „Christus ist Mensch geworden, auf dass die menschliche Natur göttlich werde durch die Gemeinschaft mit der göttlichen Natur."[32]

Manche Theologen wie Hans Küng haben gesagt, Vergöttlichung sei unnötig; es gehe doch beim Heilsmysterium um die Vermenschlichung des Menschen. Dem hat schon Karl Rahner widersprochen. Für ihn ist die *theiosis* die Zentralaussage nicht nur der Väter, sondern auch des NT. Nach Rahner verkennt Küng die Bedeutung des Menschseins, insofern er die Notwendigkeit der Gnade für die Vermenschlichung leugnet. Küng fragt, was der Mensch ist, was den Menschen zum Menschen macht. Ist der Mensch dadurch Mensch, dass er von seinem Wesen her auf Gott bezogen ist? Ist er darum ein transzendentes Wesen? Wenn dem so ist, meint dann Transzendenz

---

30 Athanasius, Contra Arianos I, 39; 2, 47; IV, 2, 59.
31 Irenäus, Adv. haer. V,1,1.
32 Origenes, Contra Celsum 3, 28 (FC 50/2, 561f.).

nur ein Hinausschreiten in eine bessere Zukunft, also Horizontalität? Oder meint sie Vertikalität in Richtung auf ein ganz Anderes? Gibt es eine ontologische Struktur des Menschen, die ihn auf eine natürliche Weise transzendiert?

Theologie hat Wert zu legen auf die anthropologische Frage; doch sie wird der Anthropologie nur dann gerecht, wenn sie Theologie bleibt, d. h. Gott im Auge behält, und nicht aufgeht in Anthropologie. Mit der Theologie der Kirchenväter sollte sie von einem geheimnisvollen Sehnen im Menschen ausgehen, das allein in der eschatologischen Vollendung zur Stillung kommt.

Auch nicht-christliche Autoren betonen die göttliche Bestimmung des Menschen. Jean Paul Sartre sagt, Menschsein ziele darauf ab, Gott zu werden. Und schon Karl Marx hatte konstatiert, dass die Religion die Projektion des unausrottbaren Verlangens nach Heil sei.

2.3. Die außerchristlichen Wurzeln der griechischen Vergöttlichungslehre

Wenn man danach fragt, wo sich die Wurzel der Vergöttlichungslehre außerhalb des Christentums finde, wird man vor allem zwei Aspekte des griechischen Denkens herausgreifen müssen: den metaphysischen Dualismus und den Dualismus in der Anthropologie. Nach der platonischen Philosophie ist das Sein in seinem Ursprung gespalten; es fehlt ihm die letzte Einheit. Die Natur des absoluten Seins gibt es nur in einem anderen Sein (Gott). Die Materie, die Welt des kontingenten Seins, ist der Ursprung des Bösen.

Der Mensch besteht aus Geist und Leib, wobei die Seele dem Bereich des Göttlichen zugehört, während der Leib davon abgespalten ist. Für Thomas von Aquin wird sich dies später ganz anders darstellen: Für ihn ist die Seele *forma corporis*. Als Form ist die Seele wesentlich auf den Körper bezogen, ja, sie erhält erst in Verbindung mit ihm ihre Vervollkommnung, und dies, ohne sich mit dem Körper zu identifizieren. Thomas lässt den Leib an der Seinswirklichkeit der Seele partizipieren.

2.4. Die Voraussetzung der östlichen Theiosis-Lehre

Die Grunddifferenz der griechischen Väter zur heidnischen Philosophie wird durch die Schöpfungstheologie markiert. Die Materie ist nicht aus sich, sondern aus Gott. Es kann mithin keinen extremen Dualismus geben, so wie die Platoniker in ihrer Sicht der Seinswirklichkeit meinten. Die Väter lehnen daher auch eine Abwertung des Leibes als Folge der Sündhaftigkeit der Seele entschieden ab.

Die theologische Denkvoraussetzung ist die göttliche Transzendenz. Das göttliche Wesen überragt das ganze Sein, so dass zwischen Gott und Mensch eine unermesslich große ontologische Kluft besteht. Deswegen ist Gott von seiner Natur her dem menschlichen Verstand unzugänglich und unbegreifbar. Man hat daher die Vätertheologie „negative" oder „apophatische" Theologie genannt. Im Gegensatz hierzu steht die positive oder kataphatische Theologie. Eine Versöhnung beider Extreme ist die scholastische Analogielehre. Sie ist jedoch bei den Vätern bereits grundgelegt, insofern diese eine natürliche Gotteslehre kannten.[33]

Der Osten neigt wegen seiner Sensibilität für die Schau Gottes, die letztendlich nur in der *visio Dei beatifica* möglich ist, zur Extremisierung. In der *visio* als einem Seinsgeschehen sind Schau und Vergöttlichung identisch.[34] Wie kann aber eine Vergöttlichung des Menschen möglich sein, wenn dessen ontologisches Anderssein ihn notwendig trennen muss von Gott? Aus diesem Dilemma herauszukommen war die große Aufgabe, der die Väter gegenüber standen. Wie kann Vergöttlichung des Menschen verwirklicht werden, wenn Gott doch letztlich immer unerreichbar bleibt?

Eine Möglichkeit, aus dem Dilemma herauszukommen, sah Gregor Palamas (14. Jh.) in der markanten Unterscheidung von *ousia* und *energeia*. Während erstere unerreichbar ist, meint *energeia* die Sphäre Gottes, seine Ausstrahlungen in die Schöpfung. Die ungeschaffenen Energien spiegeln sich wider im Taborlicht, das der fromme Beter in seiner Erfahrung wahrnimmt. Allein in letzteren sei

---

33 Vgl. M. Fiedrowicz, Kirchenväter, 432ff.
34 Vgl. A. Hilary Armstrong, „Gottesschau", in: RAC Bd. 11, 1–18.

Vergöttlichung möglich. Damit bietet Palamas eine denkmögliche Lösung, um unter Wahrung der Transzendenz Gottes das Göttliche dennoch zu erreichen.[35]

2.5. Die kosmisch-anthropologischen Voraussetzungen

2.5.1. Die Finalität der Schöpfung

Schöpfung und Mensch gehen aus dem göttlich-urheberischen Wirken hervor – als *vestigium* und *imago Dei*. Sie sind der Anfang der Vollendung. Der Mensch ist von Gott her und auf ihn hin bestimmt. Darum ist er durch vertikale Transzendenz geprägt. Die Schöpfung trägt als Sinnziel die Verähnlichung mit Gott in sich, d. h. die ganze Schöpfung ist dazu da und darauf angelegt, dass es einmal zu dieser Vereinigung von Gott und Mensch kommt. Welt ist geschaffen auf die Geschichte Gottes mit den Menschen hin, aber diese Geschichte zielt letztlich auf den einen Menschen, in dem Gott und Mensch eins werden – auf Jesus Christus. Christus ist das Ziel des Kosmos; auf ihm steht das All, um seinetwillen ist es gemacht. Die ganze Welt ist geschaffen auf diesen Konvergenzpunkt hin.

2.5.2. Die seinshafte Verwandtschaft mit Gott: die suggeneia

Weil der Mensch seinsmäßig Bild Gottes ist, strebt er auch nach Gott. Die Natur des Menschen trägt das Verlangen nach übernatürlicher Vollendung. Dies macht die übernatürliche Transzendenz des Menschen als Bild Gottes aus. Die Vollendung der Natur ist die Übernatur. In der irdischen Wirklichkeit besteht jedoch eine wesentliche Unterscheidung zwischen Natur und Übernatur, insofern

---

35 Vgl. K. Savvidis, Die Lehre von der Vergöttlichung des Menschen bei Maximus dem Bekenner und ihre Rezeption durch Gregor Palamas, St. Ottilien 1997.

die Natur der Menschen durch die Erbsünde verletzt ist. Das „Bild"
Gottes im Menschen ist beschädigt. Eine Einheit von Natur und
Übernatur führt zum Cäsaropapismus, d. h. der Lehre, dass Kirche
und Reich, Kaiser und Papst aufgrund der ontologischen Mono-
biose von Natürlichem und Übernatürlichem in *einer* Wirklichkeit
verschmelzen. Wenn auch die Natur die Voraussetzung für die Übernatur ist, so geht letztere doch nicht in ihr auf, sondern verbleibt
in ihrer Eigenständigkeit, um so die Natur seinsmäßig erheben zu
können.

a) Die hamartiologische Deutung

Durch die Erbsünde wird das Bild Gottes nicht zerstört, sondern nur
entstellt. Doch diese Entstellung des Bildes Gottes im Menschen
führt dazu, dass der Mensch in einer Unordnung lebt – und dies
sowohl in Bezug auf seinen Schöpfer als auch zu der Schöpfung. Die
Väter fassen nun die Erlösung von dieser Entstellung, von der Sünde,
als eine Vergöttlichung auf. Sie besteht in der Wiederherstellung
des ursprünglichen Bildes Gottes im Menschen; sie macht uns Gott
wieder ähnlich. Außerdem gibt sie dem Menschen mit der heiligmachenden Gnade die Ähnlichkeit oder *similitudo* mit Gott zurück, die
durch die Erbsünde verlorenging. Mithin ist Erlösung nicht das Eintreten in eine natürlich-moralische Lebenssphäre, sondern vielmehr
das Eintreten in die Vergöttlichung, in der die Ursprünglichkeit des
Bildes Gottes wiedergefunden wird.

b) Die christologische Konsequenz

Bedeutet die *theiosis* des Menschen also Erlösung, dann wird Soteriologie identisch mit Christologie. Konsequenterweise steht in der
östlichen Gnadenlehre und Christologie die Inkarnation im Zentrum
theologischer Reflexion. Christus ist Mensch geworden, damit wir
vergöttlicht oder erlöst werden. Vergöttlichung ist der Zustand des
Erlöstseins, des Gerechtfertigtseins.

In den christologischen Auseinandersetzungen der ersten nach-
christlichen Jahrhunderte kommt die griechische Vätertheologie zur
tieferen Reflexion über Gnade. Wenn man mit der Hypostatischen
Union nicht ernst macht, verliert die Soteriologie ihr eigentliches
Fundament, denn das Menschsein Christi ist der Ort, wo sich Gnade
zuerst und vor allem entfaltet.

2.6. Die Phasen der Vergöttlichung

2.6.1. Die Hypostatische Union

Die Verbindung von Gott und Mensch in Christus (Hypostatische
Union) ist ein Grundgeheimnis, an dem man sieht, wie die Welt
grundsätzlich schon vergöttlicht ist. Wie aber das Erz im Feuer
verwandelt wird und dennoch Erz bleibt, so wird auch die menschliche Natur (Christi) durch die göttliche verwandelt, ohne dabei
jedoch ihre substantielle Eigenart aufzugeben. Es findet hier keine
Transsubstantiation statt.

2.6.2. Der Übergriff auf das Menschengeschlecht

Die Vergöttlichung der Menschennatur in Christus schließt die Vergöttlichung aller Menschen ein, die die heiligmachende Gnade empfangen, zuerst in der Taufe und dann in den übrigen Sakramenten.
Alle Menschen können die heiligmachende Gnade empfangen dank
der Menschwerdung und der dieser folgenden objektiven Erlösung
durch dass Erlösungswerk Christi, da die gesamte Menschheit zu
einer metaphysischen Einheit verbunden ist. Athanasius spricht vom
menschlichen Wesen als einer „universalen Einheit". Biblisch wird
dieser stark platonisch gefärbte Gedanke noch intensiviert durch
die paulinische Theologie des Leibes Christi. Ohne die Wirklichkeit
eines solchen ontologischen Einheitsbandes wäre die Tatsache einer
Erbsünde sowie der universalen Wirksamkeit der Erlösung nicht
denkbar.

Folglich ist durch die Inkarnation des Logos das Sein des Menschen prinzipiell geheiligt: Die Inkarnation hat schon kosmische Bedeutung. Es ist das Wirken des Heiligen Geistes, der diese Vergöttlichung jeweils aktualisiert auf das Individuum hin. So wird der Geist zur *causa formalis* unserer Gnade, insofern er uns in das innertrinitarische Leben einführt. Potentiell ist die Schöpfung damit schon geheiligt. Die Aktualisierung dieser Heiligung ist Aufgabe des Heiligen Geistes.

2.6.3. Die Apokatastasis

Vergöttlichung bedeutet Wiederherstellung, *apokatastasis*, des ursprünglichen Zustandes. In diese Wiederherstellung ist die ganze Schöpfung miteinbezogen. Ihre Verwirklichung steht freilich noch aus, denn der Jetztzustand ist von den Folgen der Erbsünde geprägt, die es verhindern, dass die Schöpfung zu ihrem paradiesischen heilen Anfang zurückkehrte. Wenn die Vergöttlichung sich einst bis in die leibliche Verklärung hinein durchsetzt, wird der Urstand noch übertroffen. Doch es muss klar sein, dass es nicht nur um die Vergöttlichung des menschlichen Geistes geht; auch der Leib findet in der apokatastischen *theiosis* seine Vollendung.

2.7. *Ansätze zur Gnade als Habitus bei den griechischen Vätern*

In der arianischen Krisis kommen alle darin überein, dass die Vergöttlichung des Menschen das Ziel von Gottes Heilsplan[36] und des Heilswerkes Christi (und des Geistes) ist, genauso wie das größte Verlangen des Menschen. So kann Basilius etwa sagen:

„Wie die Sonne läßt der Geist ein reines Auge zu sich und wird dir in sich das Bild des Unsichtbaren zeigen. In der glückseligen

---

36   Vgl. Irenäus, Ad haer. IV,33,4; V,9,1.

Schau dieses Bildes wird dem Blick die unaussprechliche Schönheit des Urbildes zuteil [...] Von daher kommt die Vorausschau
des Zukünftigen, das Begreifen der Geheimnisse, das Erfassen
des Verborgenen, die Austeilung der Gnadengaben, der Wandel
im Himmel [...] das Bleiben in Gott, die Verähnlichung mit Gott
und das höchste alles Erstrebten: selber Gott zu werden."[37]

Gott allein kann vergöttlichen und so die Sehnsucht des Menschen
erfüllen. Wenn der Sohn und der Geist uns retten und vergöttlichen
und uns das göttliche Leben mitteilen konnten, dann darum, weil
sie Gott sind.[38] Der Mensch kann die Vergöttlichung nur als ein
Geschenk Gottes annehmen. Sie besitzt einen ungeschuldeten Charakter und führt nicht zu einer wesenhaften Identifikation mit Gott,
stellt sie doch nur eine geschenkte Teilnahme am innergöttlichen
Leben Gottes dar – Teilnahme, deretwegen der Mensch als Bild und
Gleichnis Gottes geschaffen wurde.[39]

2.7.1. Irenäus

Einige Väter entfalten die Lehre von der Gnade als eingegossenen
übernatürlichen *Habitus* im Rahmen der Vergöttlichungslehre.

Irenäus benutzt dazu einige Bilder, die in der einen Bedeutung
zusammenkommen, die man später eingegossenen und dynamischen
Habitus nennt. Er unterscheidet zwischen dem Heiligen Geist und der
Gnade. Dabei geht er von der paulinischen Unterscheidung zwischen
dem Geist und dem Angeld des Geistes aus, das der Christ als Gnade
empfängt, um „bruchstückhaft und wie im Spiegel das zu erkennen,
was Christus versprochen hat" (vgl. 1 Kor 13,12). Dieses Angeld ist
eine Partizipation des Geistes, die uns zuteil wird, um uns auf die
Unvergänglichkeit vorzubereiten und uns daran zu gewöhnen, Gott
selbst aufzunehmen. Das Angeld des Geistes wohnt in uns, macht

37 Vgl. Basilius, De spiritu sancto, cap. 9, n. 23 (FC 12, 141f).
38 Athanasius, Contra Arianos II, 67–70.
39 Vgl. Maximus Conf., Ad Thal. 60 (PG 91, 621A).

uns geistlich und empfänglich, um die ganze Gnade des Geistes aufzunehmen, damit wir in vollkommener Weise einmal Gott durch die Glorie ähnlich sein können.[40] Der Geist umfängt den Menschen von innen und außen.

Die Neubekleidung des Menschen durch den Geist muss notwendig fortschreitend sein. Der Mensch muss auf seinem Weg zur göttlichen Vollkommenheit dem Wachstum der Gnade zustimmen. Es ist nötig, dass der Geist den Geist des Menschen innerlich durch die Gnade neu bekleidet, damit dieser ihn selbst immer mehr empfange, fasse und bis zur Vollkommenheit des göttlichen Lebens festhalte.[41] Erst allmählich wird der Mensch Bild und Gleichnis des ungeschaffenen Gottes; zunächst ist er Mensch und muss sein Wachstum abwarten.

Es handelt sich um eine neue innere Disposition des Willens für das göttliche Leben, die durch die Gnade bewirkt wird. Irenäus illustriert dies mit der Analogie der Arche des Bundes[42] und der Einpflanzung des Ölbaums in die Hausolive (Veredelung).[43] Das Wirken des Geistes verändert nicht die menschliche Natur als solche, sondern vervollkommnet sie durch die Gnade, die seinem Leben eine neue Qualität verleiht, die sich in seinen Werken zeigt. Die durch die Gnade des Geistes gewirkte Transformation ist eine Partizipation an der Heiligkeit der Menschheit Christi.[44] Sie kommuniziert die Adoptivkindschaft[45] und die Gleichförmigkeit mit dem Sohn.[46]

40 Irenäus, Adv. haer. V,8,1.
41 Adv. haer. IV,38,2.
42 Adv. haer. IV,39,2.
43 Adv. haer. V,10,2.
44 Adv. haer. III,24,1.
45 Adv. haer. IV,1,1.
46 Adv. haer. IV,9,3.

2.7.2. Basilius der Große

Basilius geht in der Bestimmung der Gnade als eines eingegossenen
und dynamischen *Habitus* einen Schritt weiter. Um die Einwohnung
des Geistes im Menschen zu erklären, greift er auf aristotelische
Kategorien zurück. Die Basis für die Erklärung der Einheit und
Unterscheidung dieser Präsenz bilden der innere und dynamische
Habitus und die aktuellen Anregungen und Hilfen, die der Mensch
darüber hinaus erfährt.

> „Man sagt, dass die Form in der Materie sei, dass die Potenz
> in dem sei, was ein Empfangsvermögen hat, dass der *Habitus*
> (δύναμις) in dem von ihm betroffenen Subjekt sei, dass […]
> der Geist, sofern er die vernunftbegabten Wesen zur höchsten
> Vollkommenheit führt, die Weise der Form *(εἶδος)* annimmt."[47]

Er sagt damit nicht, dass der Geist die Form sei, die das Geistgeschöpf vergöttlicht, was eine Art von Pantheismus implizieren würde,
sondern dass er in dem Vergöttlichungswerk, das er im Glaubenden
verwirklicht, nach Weise einer Form wirkt. Konkreter: Der Heilige
Geist besitzt die *ratio formae*, sofern er im Glaubenden das Bild
des Sohnes Gottes konfiguriert, d. h. in ihm durch die Gnade die
Ähnlichkeit hervorbringt, die der einzige Sohn des Vaters von Natur
her hat.[48]

Basilius spricht auch vom Wirken des Geistes und vom Werk
der Gnade, die in der Seele wirkt: Das Wirken des Geistes ist in
der Seele wie das Sehvermögen in einem gesunden Auge, sofern
es in ihr die Reinigung bewirkt. Wenn er zum Glaubenden kommt,
bewirkt er in ihm die Gnade, die es erlaubt, ihn zu empfangen:

> „Wenn wir die dem Geist eigene Würde bedenken, wird er zusam-
> men mit dem Vater und dem Sohn betrachtet. Wenn man aber an

---

47 Basilius, De Spiritu Sancto, c. 26, n. 61 FC 12, 260).
48 De Spiritu Sancto, c. 8, n. 21 (FC 12, 132f.).

die Gnade denkt, die er in jenen bewirkt, die an ihm teilhaben, dann sagt man, dass der Geist in uns sei".[49]

Die Gnade erlaubt es dem gerechtfertigten Menschen, ihn aufzunehmen:

> „Die Gnade, die vom Geist ausgeht, der in denen wohnt, die würdig sind, und in ihnen ihre Werke vollbringt, befindet sich – so kann man genauer sagen – in denen, die ihn aufnehmen."[50]

Der Geist und nicht der Mensch ist der Urheber der Gnade. Ihm kommt immer die Initiative zu:

> „Wie sich die Kunst in dem befindet, der sie erlernt hat, so befindet sich auch die Gnade des Geistes in dem, der ihn empfangen hat; sie ist ihm immer gegenwärtig, ohne jedoch fortwährend zu wirken. Und wie auch die Kunst potentiell im Künstler ist, aktuell jedoch nur, wenn der Künstler ihr entsprechend etwas tut, so auch der Geist: er ist immer präsent in denen, die würdig sind, aber er wirkt nur gemäß der Notwendigkeit (wenn es nötig ist)".[51]

11.4.2016

2.7.3. Maximus Confessor

griechisch – keine deutsche Üt Zehmen – französisch gibts

Nach dem III. Konzil von Konstantinopel wurde klar, dass die Union in der Person des Wortes in Christus nicht die metaphysische Dualität der beiden Naturen und auch nicht deren entsprechenden Willen und Akte aufhebt, und trotzdem höher und inniger ist als eine bloß naturhafte Einigung. Sie ist Bild und Prolongation der höchsten Einheit, die es gibt: jener der drei Personen in ihrer Gemeinschaft des Seins, der Erkenntnis und der Liebe in Gott. Das Konzil erklärt diese

---

49 De Spiritu Sancto, c. 26, n. 63 (FC 12, 260).
50 De Spiritu Sancto, c. 26, n. 63 (FC 12, 266)
51 De Spiritu Sancto, c. 26, n. 61.9 (FC 12, 260f.).

X Monotheledismus verworfen

Einheit mit den Worten Christi selbst: „Ich bin nicht gekommen, meinen Willen zu erfüllen, sondern den Willen dessen, der mich gesandt hat" (Joh 6,38).[52] ¶ = *Ursprung seiner Sache*

Maximus hebt hervor, dass die Vergöttlichung nicht in einer Transformation unserer Natur in die göttliche bestehen könne. Dies würde eine Negation des Schöpfungswerkes implizieren. Es muss um eine persönliche Umwandlung gehen, bei der der Mensch loskommt von jener Unordnung in der Relation zu Gott, die durch den Teufel eingeführt wurde: nicht eine Befreiung von der Schöpfungsordnung (vom Logos unserer Natur), sondern nur von der Weise zu existieren und zu handeln, die von der Sünde kommt. Anders gesagt: Die Vergöttlichung muss als eine persönliche Erneuerung unseres Seins und unseres Handelns in Relation zu Gott verstanden werden. Es versteht sich von selbst, dass die Vergöttlichung Frucht der Gnade ist, d. h. einer übernatürlichen Intervention Gottes, die die Kapazität der menschlichen Natur überschreitet, auch wenn sie der natürlichen und kreatürlichen Bildhaftigkeit im Hinblick auf Gott konform und deren Fülle ist.[53]

Indem er die umwandelnde Dimension der Erlösung im Lebensweg Jesu auf die Wahrheit und die Freiheit der Berufung des Vaters hin situiert und mit der neutestamentlichen Kategorie der „neuen Geburt" ausdrückt, meidet Maximus die monophysitische Konzeption, in der die menschliche Natur durch das Wort mit seiner göttlichen Natur absorbiert wird. Das inkarnierte Wort befreit die menschliche Natur in einer Weise, dass es voll und ganz deren wesenhafte Bestimmtheit und Natur respektiert. Die Erlösung in Christus bringt eine radikale Erneuerung des Menschen, der zu einem neuen Leben Gottes geboren wird, ohne zu einer anderen Natur zu gelangen.

Maximus insistiert auf der unveränderlichen Stabilität der Naturordnung. Diese Stabilität schließt nicht aus, dass die *Energeia* der geschaffenen Natur teleologisch auf das letzte Ziel hin dynamisiert wird. Von der Heilsordnung ausgehend, ist die Ordnung der personalen Freiheit nicht mehr nur ein Moment in der Hinordnung

---

52 DH 343.
53 Vgl. Maximus, Opuscula Theologica et Polemica 1 (PG 91,33C).

der Natur auf Gott, sondern unterliegt der permanenten Erneuerung
der naturhaften *Energeia*, die sich im freien Handeln des Menschen
auswirkt. *Mensch muss aus selbstverfolgen Handlungen inviere*

Christologisch führt die Vergöttlichung der Menschheit Christi
nicht zu einer unbegrenzten Partizipation der Gottheit, sondern zu
einer Einprägung und vervollkommnenden Information des menschlichen Seins und Wirkens, entsprechend der ursprünglichen Weise,
in der die Person des ewigen Sohnes ständig ihr Sein, Erkennen
und Wollen vom Vater empfängt. Christus ist Sohn Gottes, sofern
er Mensch ist. Maximus erklärt das vergöttlichte Menschsein Jesu
Christi als eine göttliche Sohnschaft, die auf menschliche Weise
gelebt wird.

Der Gehorsam Christi ist die Weise, wie sich sein ganzes Personsein vollzieht. In Jesus findet das Drama der Begegnung des
unendlichen göttlichen Willens und des endlichen Willens des Menschen sein Zentrum, und darum liegt hier auch das Zentrum der Welt-
und Heilsgeschichte.

Dies ist nur möglich aufgrund einer doppelten Bewegung: des
Endlichen auf das Unendliche und des Unendlichen auf das Endliche
hin, d. h. eine Vergeistigung und Inkarnation. Wir haben es bei der
Vergöttlichung mit der höchsten Verwirklichung des Menschlichen
zu tun, in der das Menschliche in das Göttliche und das Göttliche
in das Menschliche dringt. Maximus vergleicht dieses Geheimnis
mit dem Eisen, das durch das Feuer glühend wird: Im Austausch
der Eigentümlichkeiten zwischen der göttlichen und menschlichen
Natur in Christus passiert das Gleiche wie mit dem Eisen: Durch
seine Fusion mit dem Feuer verliert es nicht seine Eigentümlichkeit,
sondern empfängt zugleich jene des Feuers.[54]

Maximus erweitert und entfaltet die Lehre von der Gnade als
übernatürlichem *Habitus* mit Hilfe bestimmter aristotelischer Kategorien.[55] Die Gnade existiert schon in den Engeln und in Adam
als eine Partizipation am göttlichen Leben, die sie in Stand setzte,

---

54 Maximus, Epistola 19 (PG 91,573).
55 Vgl. P. G. Rences, Agir de Dieu, 215–216.

sich mit Gott durch die Liebe zu vereinigen.[56] Adam hat sie durch die Sünde verloren, und Gott hat sie ihm in seiner Barmherzigkeit durch die Inkarnation zurückgeben wollen.[57] Das inkarnierte Wort hat die erlöserische Liebe seiner Menschheit zum Mittel gemacht, durch das er den Menschen seine Gnade zuteilte:

> „Er hat den Weg der Liebe, die wahrhaft göttlich und vergöttlichend ist, da sie zu Gott führt und Gott genannt wird, aufgezeigt […]. Indem er die Leiden um unseretwillen auf sich nahm, hat er ihn als von allen Hindernissen frei erwiesen."[58]

D. h. die Liebe ist göttlich und vergöttlichend und wurde zuerst seiner Menschheit eingeprägt, um dann durch sie uns allen als Gnade mitgeteilt zu werden. Christus hat diese Liebe in seinem Gehorsamsakt an den Vater in Gethsemani vollendet:

> „[...] nicht, dass er den natürlichen Willen (θέλημα) in dem Erlöser absondere. Und insofern er auch in dem natürlichen und menschlichen Willen mit dem väterlichen und göttlichen einhergeht – und daher keinerlei aus der Widersetzlichkeit (ἀντίπραξε) rührende Verschiedenheit (διαφορά) zu ihm besitzt –, hat er sich für uns als Vorbild erwiesen und hat den eigenen Willen freiwillig untergeordnet."[59]

Die Liebe, die Christus uns durch seinen erlösenden Gehorsam einprägt, ist der *Habitus*, den seine Existenz und sein Wirken als Sohn Gottes seiner von ihm angenommen Menschheit mitteilen.[60] Der *Habitus* der Liebe ist die Einprägung seiner Gemeinschaft mit

---

56 Maximus, Ambigua ad Ioannem (PG 91,1308B).
57 Maximus, Epistulae, 2 (PG 91,397B).
58 Maximus, Epistulae, 2 (PG 91,404C).
59 Maximus, Opuscula theologica, 29 (PG 91,241C).
60 Maximus, Opuscula theologica, 3 (PG 91,48C).

dem Vater in seine Menschheit. Diese Gemeinschaft mit dem Vater
will Christus durch die Erlösungsgnade für die Menschen bewirken.[61]

Das ewige Wort macht sich in seiner Menschheit empfänglich
für den Heiligen Geist und seine Wirkungen, um sie der Kirche,
deren Haupt er ist, mitzuteilen. Das inkarnierte Wort wurde für
uns archetypischer Quell und Mittler derselben Gabe (Gnade).[62]
Maximus erklärt die Seinsweise des eingegossenen *Habitus*, der
in der Mitteilung des Geistes zustande kommt – in Rückbezug auf
Sach 4,2ff. (sieben Schnauzen für die Flammen)[63] – so:

> „In einem anagogischen Sinn werden ‚Schnauzen‘ der sieben
> Flammen des Leuchters die *Habitus* und Dispositionen genannt,
> die die Worte aufnehmen – die Seinsweisen und Gewohnheiten,
> die die 7 Flammen nähren und erhalten, d. h. die verschiede-
> nen Operationen des Geistes jener, die in der Kirche über die
> Austeilung der Gaben (des Geistes) verfügen. So wie es ohne
> Öl unmöglich ist, eine Lampe am Leuchten zu halten, so ist es
> ohne eingegossene Dispositionen, die die Worte nähren, ohne
> Seinsweisen, Gewohnheiten, Einsichten und passende Überle-
> gungen auch nicht möglich, das Licht der Charismen leuchtend
> zu halten. Daher benötigt jede geistliche Gabe beständig einen
> inneren *Habitus*, der – wie das Öl – die Nahrung für die Erkennt-
> nis eingießt, damit sie fest in dem bleibt, der sie empfangen hat.
> Die Schnauzen der sieben Flammen des Kerzenleuchters sind
> daher die *Habitus*, die den Gaben angemessen sind.“[64]

Maximus rekurriert auf diese Weise auf die Notion des *Habitus*,
wenn er die Eingießung des göttlichen Lebens in den Menschen
durch den Sohn und den Geist erklärt. Dieser *Habitus* ist das Prinzip

---

61   Maximus, Epistulae, 11 (PG 91,453–454).
62   Maximus, Quaestiones ad Thalassium, 63 (PG 90,672B/D).
63   Sach 4,2ff: „Siehe, da ist ein Leuchter ganz aus Gold und auf seiner Spitze
     ein Aufsatz, und sieben Schnauzen sind an den Lampen, die sich auf ihm
     befinden.“
64   Maximus, Quaestiones ad Thalassium, 63 (PG 90,676A/C).

seines guten Wirkens in der personalen Kommunikation mit dem trinitarischen Gott. Die vom Sohn ausgehenden und den Gläubigen durch die Gnade des Geistes eingegossenen *Habitus* bilden den Ansatzpunkt für den Kontakt und die lebendige Gemeinschaft des Menschen mit Gott.

Der *Habitus*, den Christus durch den Geist in uns eingießt, kann nicht wie eine Potenz im Menschen sein, auch nicht passiv, denn in diesem Fall würde das Handeln Christi eine bloße Aktualisierung einer natürlichen Potenz beinhalten.[65] Keine Gabe des Geistes ist ohne *Habitus* und ohne eine *göttliche* Potenz, die Gott dieser Gabe anpasst.[66] Auf seiten des empfangenden Menschen ist der *Habitus* das Prinzip der bewirkten Vergöttlichung, das umsonst von Gott in ihn hineingelegt wurde.[67] Er führt zur Angleichung des Menschen an Gott durch die Ausübung der Liebe.[68] Diese ist möglich durch das Zusammenwirken der vergöttlichten Aktion des Menschen und der vergöttlichenden Aktion Gottes.[69]

Vergöttlichung führt nicht zur Aufhebung der Endlichkeit des Menschen, sondern zur Vollendung seiner in der Schöpfung grundgelegten Gottebenbildlichkeit. Die vergöttlichende Gnade bewirkt nicht einfach nur eine neue Relation zu Gott, sondern bringt auch eine Überformung der natürlichen menschlichen Vermögen durch neue Habitus mit sich, die es dem Menschen ermöglichen, sein Wirken auf Gott auszurichten.

65 Maximus, Ambigua ad Ioannem, 20 (PG 91,1237A/B).
66 Maximus, Quaestiones ad Thalassium, 59 (PG 90,605–606B).
67 Maximus, Ambigua ad Ioannem, 20 (PG 91,1237A).
68 Maximus, Ambigua, 20 (PG 91,1241B/C).
69 Maximus, Quaestiones ad Thalassium, 59 (PG 90, 609A).

C. Systematisch-theologischer Teil

Bisher ging es um die material-inhaltliche Bestimmung von Gnade. Nun gilt es, auf die formalen Aspekte dieser materialen Bestimmungen einzugehen. Leitend sei dabei die Frage, warum wir bei der Gnade von „gratuitas" sprechen – ein Ausdruck, der auf den Geschenkcharakter der Gnade hinweist.

I. Die Dialektik von „dorean" (gratis): Transzendenz – Immanenz

Der griechische Terminus „dorean" meint eigentlich „über den Anspruch hinaus" und zeigt damit eine Transzendierung des Menschen an. Wie aber ist „Transzendenz" hier zu verstehen? Handelt es sich um ein Hinzugefügtes, einen Überbau, der eigentlich unnötig ist? Heißt transzendent, dass der Mensch auch ohne Gnade auskommen kann? Einerseits ist Gnade etwas, das die Natur überschreitet, etwas Übernatürliches also, das aus dieser irdisch-diesseitigen Seinsordnung seinem Wesen nach nicht abgeleitet werden kann.[70] In diesem Sinne muss man in der Tat von einem Transzendenten sprechen, von einer übernatürlichen Wirklichkeit. Aber da es um Heilsgnade geht, muss irgendwie ein Bezug zum Menschen, d. h. zum Immanenten, vorhanden sein. Zugleich muss die Gnade in einem *solchen* Immanenzbezug zum Menschen stehen, dass sein Menschsein durch sie nicht aufgehoben wird. Mit anderen Worten: Der Mensch darf nur in der Weise auf die Gnade angewiesen sein, dass sie ein freies Geschenk Gottes bleibt. Aufgrund dieser Eigenart des Bezuges von Immanenz und Transzendenz, Mensch und Gott, Natur und Gnade, besteht hier für die Theologie ein Problemüberhang. Manche moderne Theologen meinen, diese Spannung auflösen zu können, indem

---

70 Zum Begriffsinhalt von „übernatürlich" vgl. R. Garrigou-Lagrange, Der Sinn für das Geheimnis, 136–147; 204ff.

sie alles, was Natur und Gnade betrifft, als rein anthropologische Aussagen verstanden wissen wollen. Es gehe bei allem um die unbegrenzte Spannungsweite menschlicher Transzendenz. Gnade meine letztlich die Selbsttranszendenz des Menschen.

Man wird natürlich fragen müssen, wie denn eine Selbsttranszendenz des Menschen zu verstehen ist. Meint sie ein Überschreiten von der gegenwärtigen geschichtlichen Situation in ein utopisches innerweltliches Futurum, das erreichbar scheint, wenn der Mensch versucht, eine humane, lebbare Welt zu schaffen, damit er so zu seiner Identität komme? Oder wird Selbstverwirklichung und Selbsttranszendenz erreicht in einem Überschreiten in ein (ontologisch) ganz Anderes und gerade nicht Innerweltliches? Wenn letzteres zutrifft, wie verhält sich dann das transzendent Seiende zum immanenten Seienden? Der Mensch kann schließlich nur zur Vergöttlichung im Sinne der griechischen Väter kommen, wenn Gott irgendwie auf ihn zugeht, etwas von seiner Transzendenz „aufgibt", um dem Menschen sein Heil zu schenken.

Die Problematik, die hier anklingt, ist die von Natur und Gnade. Dabei stellt sich ferner die Frage, ob die menschliche Natur überhaupt der Gnade bedarf – eine Frage, die Pelagius bekanntlich mit „nein" beantwortet hat. Eine weitere Schwierigkeit liegt im Begriff von „Natur" selbst. Im Christusereignis geht es um ein personales Geschehen. Wie lässt sich dieser personale Bereich auf die Kategorie „Natur", die etwas Washeitliches an sich trägt, übertragen? Eine gewisse Zurückhaltung begegnet an diesem Punkt auch daher, dass Übernatur als etwas der Natur Aufgesetztes und von ihr Getrenntes, das in einer Polarität zu ihr steht, aufgefasst werden könnte.

1. Außerkirchliche Schwierigkeiten

Zu den Schwierigkeiten, die aus der theologischen Begriffsarbeit resultieren, gesellen sich auch gewisse Sperren gegen die Lehre von der Gnade, die vom heutigen Weltbild herrühren.

1.1. Naturwissenschaft

Für das Weltbild der klassischen Physik (nicht mehr für das heutige)[71] stellt die Natur eine streng in sich geschlossene Wirklichkeit dar, die durch naturwissenschaftliche Methoden erschöpfend erforscht werden kann. Darüber hinaus gibt es nichts. Eine solche Auffassung muss, theologisch rezipiert, zu einer dualistischen Sicht von Natur und Übernatur führen. Die Natur ist völlig aus sich selbst erklärbar. Die eine empirische Wirklichkeit ist das ontologisch Ganze. Und was die Theologen „Übernatur" nennen, steht in keiner Verbindung

---

71 Für die klassische Physik mit ihrem Determinismus sollten sich, wenn zu irgendeinem Zeitpunkt alle physikalisch relevanten Zustandsgrößen bekannt wären, aus dieser komplexen Information sämtliche Zustände zu einem beliebigen zukünftigen Zeitpunkt berechnen lassen. Als theologisches Pendant dazu bildete sich alsbald der Deismus, wonach Gott zwar irgendwann die Welt als Uhrwerk in Gang gesetzt habe, sich aber dann gleichsam in seine Transzendenz zurückzog. Dagegen ist die neuere Physik auf unhintergehbare Unbestimmtheiten gestoßen, die kontingente, nicht schon vorentschiedene Alternativen real möglich machten. Wenn sie zu dem Ergebnis kommt, dass das Gegenwärtige sich gar nicht in der Weise feststellen lässt, wie es der klassischen Physik immer als selbstverständlich schien, so liegt darin eine prinzipielle Einschränkung ihres Objektivitätsideals. Bei der Bestimmung eines Zustands treten Unbestimmtheiten (unbestimmt bleibende Größen) hervor, die selbst als objektiv anzusehen sind und keineswegs auf bloßem Nichtwissen beruhen. Heute ist eine „Kritik des naturalistischen Selbstmissverständnisses" der Naturwissenschafte

zu ihr. Die theologische Rede von der Gnade würde eine davon
völlig abgehobene Wirklichkeit intendieren.

abgehoben hat mir uns met zu tun

1.2. Philosophie

Auch von Seiten der Philosophie erheben sich Einwände gegen die
Möglichkeit der Erhebung des Menschen durch eine übernatürliche
Gnade, so wie sie schon überhaupt gegen jede wirkliche Glaubenserkenntnis ins Feld geführt worden sind. Für den Existentialismus ist
der Mensch in seiner zukünftigen Bestimmtheit ein freier autonomer
Entwurf. Es ist der Mensch, der sich selbst entwirft. Er ist nicht
determiniert von einem ihm vorgegebenen Wesen. Er braucht keinen
Vorgaben einer „Natur" zu entsprechen, denn diese gibt es als solche
nicht. Folglich kann es auch keine Übernatur geben. Der Marxismus
sieht die Natur als eine evolutionistisch-dynamische Wirklichkeit,
die alles Bleibende und damit auch eine Übernatur ausschließt. Für
den Positivismus wiederum ist die einzige dem Denken vorausliegende Wirklichkeit die des Empirischen. Darüber hinaus kann es für
ihn nichts geben.

Diese neuzeitlichen Schwierigkeiten machen eine erneute Reflexion über das Verhältnis von Natur und Gnade notwendig. Dabei wird nach einer Lösung zu suchen sein, die in der Mitte steht
zwischen einem extremen Naturalismus und einem weltfremden
Supranaturalismus.

angesagt, ohne die sich die Theologie einer wesentlichen Möglichkeit be-
rauben würde. Vgl. dazu A. Schmidt, Natur und Geheimnis, 361–364;
384.

1.3. Der Drang nach Exklusivität

1.3.1. Der Neonaturalismus

H. de Lubac hat bereits festgestellt, dass sich Mitte des 20. Jahrhunderts auf breiter Ebene ein Neonaturalismus breitmache.[72] Dieser neigt dazu, den Bereich der Natur, der Vernunft, vom Glauben zu trennen. Weil man die Bezogenheit aller Dinge auf Gott negiert, ist im Grunde alles machbar; Gott erscheint nur noch als Chiffre. Er ist nicht mehr die Instanz, die die Natur in das ganz Andere erhebt. Die Folge davon ist ein extremer Dualismus, der aber bei näherem Hinsehen dazu neigt, in sein Gegenteil, den Monismus, umzuschlagen. Wenn sich aber der Horizont auf das rein Immanente verengt, wird Erlösung zum Beispiel nur noch als Befreiung von ungünstigen sozialen Strukturen verstanden.

1.3.2. Der Supranaturalismus

Der Supranaturalismus ist nach de Lubac nur eine Reaktion auf den extremen Naturalismus. Aus seiner Sicht existiert nur noch die Übernatur. Die Infragestellung des Glaubens durch den Naturalismus wie durch vernunftgemäße Einwände wird im Supranaturalismus verworfen. Erkenntnistheoretisch korrespondiert damit ein von der Vernunft abgekoppelter Fideismus: Die Vernunft, die innerweltliche Sicht, darf den Glauben nicht anzweifeln. Man verzichtet auf die vernünftige, vernunftgemäße Begründung des Glaubens. Ein konkretes Gesicht findet der Supranaturalismus heute in der neuen Religiosität, wo nicht selten Formen der Meditation gesucht werden, die die subjektive Erfahrung, das eigene Erleben verabsolutieren.

Die Kunst theologischer Reflexion besteht darin, zwischen Supranaturalismus und Naturalismus ein Gleichgewicht herzustellen.

---

72 Vgl. H. de Lubac, Die Tragödie, 57ff; 94ff.; auch J. H. Nicolas, Les rapports, 399–416.

Ihr muss es um den Ermöglichungsgrund von Glauben überhaupt, um eine Identitätssicherung gehen.

2. Die natürlichen Möglichkeitsbedingungen für echte Vergöttlichung

2.1. Aussagen der Offenbarung über Gnade

Gnade ist ein die Ahnung des Menschen übersteigendes Geheimnis. Sie bezeichnet eine Erhebung aus der Knechtschaft in die Kindschaft bzw. Sohnschaft des Vaters (vgl. 1 Joh 3,2; Röm 8,14), die ein „consortium" (Miterbe) mit dem göttlichen Sohn selbst bedeutet. Dadurch nehmen wir teil an den Privilegien des Gottessohnes. Durch die Gnade werden wir aus Gott neu geboren (vgl. Joh 3,16), haben wir Anteil an der göttlichen Natur (2 Petr 1,4). Der erste Johannesbrief spricht davon (1 Joh 3,2), dass wir Gott ähnlich sein werden, weil wir ihn schauen werden, wie er ist. Hier wird Erkenntnis geradezu gleichgesetzt mit dem Sein. Die Schau ist gleichsam Gott-sein.

Die Väter verweisen auf die *visio Dei beatifica* als die Spitze der ganzen übernatürlichen Wirklichkeit, die dem Menschen zuteil wird. Auf sie allein ist die Gnade hingeordnet, zu ihr soll die Gnade hinführen. Die Lehre von der Gottesschau ist das tragende Prinzip für die Gnadenlehre vieler Väter gewesen, denn die Schau setzt voraus, dass der Mensch auf eine Seinshöhe gehoben wird, wie sie Gott selbst zu eigen ist: Der Schauende muss in höchstem Maße zur Gottähnlichkeit gelangt sein.[73] Die *visio* bedeutet Vollendung

---

73 Vgl. Dionysius Areopagita, De eccl. hier. I, 3 (PG 3,375); auch Irenäus, Adv. haer. IV,20. Über das Glaubenslicht, das nachher zum Licht der Glorie werden soll, sagt Augustinus: „[…] ut non inconvenienter dicatur, sic illuminare animam incorpoream luce incorporea simplicis sapientiae Dei, sicut illuminatur aeris corpus luce corporea; et sicut aer tenebrescit ista luce desertus […], ita tenebrescere animam sapientiae luce privatam." Vgl. Augustinus, De Civitate Dei XI, 10, 2.

der Gemeinschaft mit Gott. Gott wird geschaut in objektiver Unmittelbarkeit, aufgrund eines Erfülltwerdens vom Geschauten selbst. Zwischen Gott und Mensch schiebt sich kein anderes Objekt, wohl aber findet eine subjektive Vermittlung statt, insofern die Sehkraft durch Gott gestärkt werden muss.[74] Von Natur aus ist die Gottesschau ein Prärogativ des göttlichen Sohnes. Wenn der Mensch daran teilhaben darf, so ist dies ein Zeichen der unermesslichen Liebe Gottes.

2.2. Die theologische Reflexion

Ein Resümee der Schriftaussagen über die Gnade ergibt: Der sündige Mensch wird in Christus zur innigsten Gemeinschaft mit Gott berufen. In dieser Heilsökonomie ist der Bund Gottes, der in der Inkarnation des Logos – als der Personifizierung des Bundes – kulminiert, der innere Grund für die Schöpfung. Es gibt die Schöpfung, damit Inkarnation sein wird. Alle Wirklichkeit hat darum Grund und Ziel in Christus. Dabei ist das letzte Ziel des Menschen die *visio Dei beatifica*. Diese Einheit von Gott und Mensch in der *visio* ist keine Identifikation, keine Transsubstantiation, sondern sie ist Partizipation, eben Vergöttlichung.

Wie muss der Mensch aber metaphysisch konstituiert sein, wenn er von seinem Wesen her auf Gott bezogen ist? Was ist der Ermöglichungsgrund des Bezuges der Immanenz zur Transzendenz? Wie ist die Transzendenz, Gott, in ihrer Beziehung zum Menschen zu situieren, so dass keine Vergottung geschieht, sondern Vergöttlichung möglich wird? Es stellt sich damit die Frage nach dem Inhalt von „Vergöttlichung".

---

74 Vgl. DH 1000: „[…] viderunt et vident divinam essentiam visione intuitiva et etiam faciali, nulla mediante creatura in ratione obiecti visi se habente, sed divina essentia immediate se nude, clare et aperte eis ostendente, quodque sic videntes eadem divina essentia perfruuntur […].

Zur Verdeutlichung dessen, was man unter Vergöttlichung versteht, unterschied die mittelalterliche Theologie zwischen zwei Weisen von *gratuitas*: der Schöpfung und der Neuschöpfung. Die Schöpfung ist *gratuitas*, insofern Gott der Welt nicht schuldig ist, dass es sie gibt. Neben diesem ungeschuldeten Sein der Schöpfung gibt es aber noch eine sie wesentlich übersteigende Gratuität: die *visio*. Schöpfung bedeutet zunächst ein Hineingesetztwerden in die Nähe des Göttlichen. Dabei ist freilich die Schöpfung, die Natur, die Voraussetzung der Gnade, weil die Neuschöpfung keine *creatio ex nihilo* ist, sondern bei der alten Schöpfung ansetzt. Zu beachten ist, dass die zweite Gratuität ontologisch nicht identisch ist mit der ersten. Auch wenn Gott mit der ersten Gnade, der Schöpfung, das Dasein schenkt, so ist sie dennoch verschieden von der übernatürlichen Neuschöpfung. War die erste Schöpfung ein Geschenk an die Kreatur *(gratuitas)*, sofern Gott der Welt nicht ihr Sein schuldet, so ist die Gratuität der Neuschöpfung darin begründet, dass der Mensch Sünder ist und keinen Anspruch auf diese Neuschöpfung hat. Die mit der Neuschöpfung gegebenen Gnadengüter sind übernatürlicher Art, weil sie dem Menschen als geschöpflichem Wesen nicht natürlich sind. Die Gnadengüter erfassen den Menschen in seiner Kreatürlichkeit. Gnade richtet sich also nicht auf das Sündersein des Menschen, sondern auf sein Kreatursein. Auch dann wäre sie Gnade, wenn der Mensch nicht Sünder wäre. Kreatur sein heißt: Nicht Gott sein. Vergöttlichung besagt dann Teilnahme an den Gütern, die ihrem Wesen nach Gott zukommen und so für Gott natürlich sind.

Die Vergöttlichung wäre nicht möglich, wenn nicht Gott dem Menschen die naturhafte / wesenhafte Anlage zur *visio Dei beatifica* eingepflanzt hätte. Daraus darf sich jedoch kein Anspruch des Menschen ableiten lassen. Das Wesen der Gnade verlangt, dass Gott frei bleibt, wenn er den Menschen begnadet. Der Mensch bleibt seinerseits Kreatur. Was über die Natur hinausgeht, die Gnade, muss ein freier Akt Gottes bleiben.

2.3. Der Immanenz-Bezug

Wenn Gnade von ihrem Wesen her etwas ganz Ungeschuldetes ist, kann sie dann überhaupt noch mit der Kreatur verbunden werden? Kann Gnade als ontologisch Transzendentes irgendwie dem Menschen immanent werden? Will die Gnade wirklich ihre Wirkung tun, dann muss es im Menschen eine Verfasstheit geben, die ihn für den Empfang von Gnade disponiert. Es geht um die Möglichkeitsbedingung des Bezuges der Transzendenz zur Immanenz, die in der Beziehung der Immanenz zur Transzendenz verortet werden muss. Wie ist dieser Bezug möglich, ohne dass der Mensch sein Menschsein dabei aufgeben muss, indem die Positivität seines kreatürlichen endlichen Seins sich dabei verliert?

2.4. Die potentia oboedientialis

In den Menschen hat Gott eine Potenz eingesenkt, die ihn von seinem Wesen her auf Gott hinordnet und die ihm verfügbar und untergeordnet ist. Diese *potentia oboedientialis* macht es möglich, dass der Mensch vermöge der Gnade, die ihm durch das Wirken des Heiligen Geistes eingegeben wird, eine Aktualisierung zu einem höheren Sein erfährt. Der Mensch bleibt dabei jedoch ganz Mensch. Die anthropologische Grundlage hierfür ist die Geistigkeit des Menschen. Der Geist ist das Vermögen, das auf das natürliche Sein ausgerichtet ist. Das, was nicht ist, ist dem Geiste wesensfremd, ohne Intelligibilität. Die *potentia oboedientialis* setzt bei der natürlichen Geistigkeit des Menschen an und macht ihn empfänglich für das übernatürliche Sein. Mit dieser Potenz hat die geistige Kreatur eine metaphysische Adäquatheit für die übernatürliche Gottesschau empfangen. Sie ermöglicht es ihm, Gott zu schauen, wie er ist.

II. Zum Verhältnis von Natur und Gnade

Wenn wir von „Natur" sprechen, so ist damit theologisch ein Substraktionsbegriff gemeint, bezeichnet er doch die geistige Kreatur ohne den Zustand der Gnade, in ihrer „reinen Natur" also: die *„natura pura".* Es ist die Natur des Menschen, sofern sie in einer hypothetischen Ordnung gedacht wird, in der die Selbstgabe Gottes nicht eigentlich Sinnziel der Schöpfung wäre. Durch die Einführung dieses Begriffs[75] wollte man die absolute Gratuität der Gnade, auch im Voraus zu jeder Schuld, sichern. Es ist gewissermaßen der Gegenbegriff zur Gnade. Der Problemkern des Ganzen ergibt sich aus dem Zueinander von Gnade (Transzendenz) und Natur (Immanenz). Bildet die geschöpfliche Wirklichkeit des Menschen mit der *visio* als Höchstform von Gnade ein organisches Ganzes, oder stehen beide Wirklichkeiten, Natur und Übernatur, einander fremd gegenüber, wie in einem Zweistockwerk-System? Die Frage ist mithin nicht nur theologischer Art, sondern zutiefst anthropologisch: Wie muss der Mensch verfasst sein, wenn die *visio*, die ursprünglich Gott zukommt, dem Menschen geschenkt werden soll?

1. Zum Naturbegriff

1.1. Mensch und visio beatifica

Damit der Mensch zur *visio* gelangen kann, bedarf es keiner Wesensverwandlung; der Mensch bleibt auch im Himmel ganz Mensch. Er verschmilzt nicht mit dem göttlichen Sein. Die ontologische Fähigkeit, in den Zustand der *visio* zu gelangen, liegt – auf seiten seiner Natur – in der menschlichen Geistigkeit, die offen ist für das Sein als solches. Daher ist diese Natur wesentlich transzendent, sofern

---

75 Der Begriff wurde von Cajetanus im Streit gegen Bajus, Jansenius und Quesnel eingeführt, nachdem alle drei die menschliche Natur im Sinne der späteren Reformation abgewertet hatten.

sie auf Sein überhaupt ausgerichtet ist. Die ontologische Fähigkeit ist die *potentia oboedientialis* – als Ermöglichungsgrund für die Selbstmitteilung Gottes.

1.2. Die aristotelische Konzeption von Natur

Aristoteles dachte die Natur in Harmonie mit dem, was sie erstrebt. So ist die Natur *principium motus*, also eine aktive Kraft, die das Seiende zu seiner Verwirklichung führt. So kam der Stagirite zu der Auffassung, der Mensch könne auf natürliche Weise von seinem Streben nach Glück erfüllt werden. Das natürliche Verlangen des Menschen geht nicht über das hinaus, was auf natürliche Weise erreichbar ist. Die *potentia oboedientialis* wäre nach dieser Konzeption kein Verlangen nach der *visio*, sondern nach der natürlichen Glückseligkeit. Die Kraft des Verlangens deckte sich mit der Kraft des Strebens. Damit wäre Gnade rein ekstatisch; sie stünde ganz außerhalb der Natur, ohne positive Relation zu ihr. Diese aristotelische Naturauffassung wurde zunächst von der Theologie übernommen, um die Transzendenz der Gnade zu wahren.

Man hat daran kritisiert, dass diese auf Aristoteles basierende Deutung keineswegs deutlich machen könne, wieso die *visio* als übernatürliches Gut das Geschöpf betreffen, beseligen könne, weil die geistige Kreatur hier nicht auf die *visio* hingeordnet sein soll. Das Verhältnis von geschaffenem Geistwesen und *visio* wäre lediglich das einer *non-repugnantia*, was besagt, dass es dem Geistgeschöpf an sich nicht „widerstrebte", wenn Gott ihm die *visio* nicht schenken würde.[76]

1.3. Die augustinisch-thomanische Sentenz

Der Natur wohnen Zwecke inne, ein *telos* (ein „Wozu"). Schöpfung ist etwas anderes als die Konstruktion einer Maschine. Gott stiftet im Unterschied zum *homo faber* dem Geschaffenen ein *telos*

---

76   Vgl. Thomas von Aquin, S. Th. I q. 12, a. 1.

als dessen eigenes ein, d. h. er kann Leben als Selbstsein erschaffen.

Thomas modifiziert den aristotelischen Naturbegriff im Licht der Offenbarung. Er unterscheidet zwischen *natura naturalis* und *intellectualis*. Dabei lehrt er, dass das *desiderium naturale* zur *visio* in der naturhaften Begabung der Geistnatur, die eine Hinordnung auf das Sein besitzt, begründet ist. Diese Hinordnung findet in dem *desiderium* seinen Höhepunkt. Der Aquinate geht also von einer Analyse des natürlichen Wesens des Geistes aus. Dieser ist hingeordnet auf das Sein als solches, und letztlich auf Gott, das *ipsum esse (subsistens)*. Dies macht den radikalen Unterschied des Geistes von anderen Potenzen im Menschen aus.

Das in der Seinsfinalität des Geistes begründete *desiderium naturale* erreicht daher sein letztmögliches Ziel nur in der unmittelbaren Schau des wesenhaften Seins, in der Schau Gottes, des *ipsum esse*. Also gibt es für den geschaffenen Geist nur einen *finis perfectus*: das übernatürliche Sein. Das natürliche Gut(sein) kann keine Erfüllung bewirken. Solange das übernatürliche Ziel nicht erreicht ist, bleibt die Bewegung des Geistes bestehen. Die *visio* ist nach Thomas (wie schon vor ihm für Augustinus) das *summum bonum* – die höchste Erfüllung der menschlichen Natur überhaupt. So ist Gott die Antwort auf das, was der Mensch ist. Gott ist die Erfüllung des Menschen.

Dies wirft ein Licht auf das Wesen des menschlichen Geistes. Das *desiderium naturale* muss in gewisser Weise etwas Übernatürliches sein, da es nur *supernaturaliter* zur Ruhe kommt. Deshalb kann man den Menschen als das Wesen bestimmen, das nach Gott verlangt. Die *visio* ist höchste Aktualisierung des Menschseins. So enthüllt sich uns das ontologische Wesen des Menschen, die Affinität zwischen endlichem Geist und Gott. Der endliche Geist ist seinem Wesen nach hingeordnet auf Gott. So ist das *desiderium* jene Hinordnung auf Gott, die dem Menschen eigen ist. Der menschliche Geist hat daher ein *desiderium innatum* (ein „eingeborenes Verlangen"), dessen Akt das *desiderium elicitum* (das „tätige Verlangen") ist.

Nach Thomas hat dieses „eingeborene Verlangen" aber nicht die Form einer Exigenz: Es besteht kein seinshafter Anspruch des Menschen auf die *visio*. Auch ohne übernatürliche Erfüllung des *desiderium naturale* ist die menschliche Geistnatur in die Positivität ihres endlichen Seins entlassen.

Der Mensch ist nicht „genügend" hingeordnet auf die *visio*. Deshalb bedarf der Geist besonderer Gnadenkräfte, um sich zu ihr zu erheben. Der Mensch ist zwar finalisierbar, de facto aber nicht finalisiert. Deshalb spricht man auch von einem *desiderium inefficax*. Er ist ein *ens mancum*. Aber nur im Hinblick auf das nicht aus Eigenem erfüllbare Streben ist er ein solches Mangelwesen. Er steht in der Spannung von Verlangen und Unerreichbarkeit. Ein aktualisierendes Eingreifen Gottes durch die Begnadung ist ihm notwendig. Das Zueinander von Transzendenz und Immanenz weist darauf hin, dass der Mensch ein ontologisches Paradoxon ist: Weil er Geist ist, ist er des Unendlichen fähig. Weil er aber zugleich *endlicher* Geist ist, kann er nicht aus eigener Kraft das Verlangen stillen. Die Stillung ist jedoch keine metaphysische Notwendigkeit, sondern bleibt freier Gnadenakt Gottes. Aus sich selbst vermag die Natur ihre Erfüllung nicht zu erlangen. Deshalb vollendet sich die Natur nur in und mit der Gnade. An diesem Schnittpunkt von Natur und Gnade wird das „Zwei-Stockwerk-Denken" überwunden, ohne jedoch das ontologische Paradoxon des menschlichen Geistes einfach aufzuheben.

1.4. Die Position Henri de Lubacs

Für den französischen Theologen Henri de Lubac[77] legte Gott mit der Schöpfung zugleich den Ruf nach der *visio* in das Geschöpf hinein. So fällt das *desiderium* mit der Schöpfung zusammen. Im geistigen Geschöpf ist für Lubac impliziert, dass die Geistnatur ohne die *visio*, ohne die Erfüllung des *desiderium*, keine Geistnatur wäre. Der Ruf und die Erfüllung machen gerade das Wesen der Geistnatur

---

77 Vgl. H. de Lubac, Die Freiheit der Gnade (übertr. von H. U. von Balthasar) Bd. 1: Das Erbe Augustins, Einsiedeln1971, 256ff.; auch Bd. 2: Das Paradox des Menschen, Einsiedeln 1971, 55–61.

aus. Im Denken Lubacs findet die *natura pura*, die die Gratuität und Transzendenz der Gnade garantiert, keinen Platz. Der Mensch, der nicht zur *visio* gelangt, wäre im unvorstellbaren Leid. Ohne die Begnadigung wäre die Geistnatur zerrissen. Es wäre unsinnig, eine solche Geistnatur zu schaffen. Der Mensch verlangt absolut danach, Gott muss sie ihm geben. Es besteht eine *Exigenz* (ein „Erfordernis") in Richtung auf die Gnade.

Lubac versucht die Gratuität der Gnade in seinem System zu retten, indem er behauptet, dass der Mensch das „eingeborene Verlangen" nicht aus sich hat, sondern von Gott eingegeben erhielt – im Schöpfungsakt. Die Exigenz ist von Gott in den Menschen hineingelegt. Es ist keine aktive Forderung, sondern ein passives „Erfordernis". Es ist dem Menschen als ein Angesprochenwerden von Gott gegeben. Auf diese Weise wird die Exigenz identisch mit dem *desiderium naturale*. Der Mensch ist nicht Herr über dieses *desiderium*. Wir verlangen nach der *visio*, weil der Inhalt der *visio* – vorgängig zur Begnadigung – in uns die Erfüllung fordert, und zwar von Natur aus. Damit gibt Lubac den Begriff der „*natura pura*" – auch als hypothetischen Grenzbegriff – preis.

1.5. Kritik an de Lubac

Im Denken Lubacs gehört das *desiderium* mit dem Schöpfungsakt zusammen und zum Wesen des Menschen. Damit kann es keine Geistschöpfung geben, die nicht eo ipso zur *visio* bestimmt wäre. Mithin gibt es keine andere Gratuität als die der Schöpfung. Schöpfung ist immer schon Gnade. Eine Gnade über die Schöpfung hinaus gibt es nicht.

Natürlich besteht zwischen Schöpfung und *visio* ein Zusammenhang, aber dieser ist nicht notwendig; Gott ist frei in seinem Entschluss, eine solche Relation zu stiften. Wenn Lubac die *natura pura* aufgibt, dann behauptet er, dass der natürliche Geist für sich genommen keinen Sinn macht. Aber gerade in der mit der *natura pura* ausgesagten Freiheit Gottes in Bezug auf den Menschen liegt ja die Gratuität verankert. In der Leugnung der *natura pura* liegt der

Irrtum Lubacs.[78] Er beurteilt die Frage einseitig von Gott her, sieht aber nicht deren Berührungspunkt mit der Geistnatur in ihrer positiven ontologischen Wesensbestimmung, die den Transzendenzbezug und damit den Bezug zur Gratuität ermöglicht und bedingt.[79]

Die menschliche Freiheit, d. h. die Distanz gegenüber allem, was nicht Gott ist, wird konstituiert durch die Unfreiheit bei der *visio (coram Deo)*. Die wesensmäßige Hinordnung des Menschen auf Gott konstituiert jene Freiheit, die den Menschen in Distanz zu anderen Gütern versetzt; sie werden dadurch relativiert. In der Gottesschau aber verliert der Wille die Freiheit, das höchste Gut abzulehnen, ihm ein begrenztes Gut vorzuziehen.[80]

25.4.2016

2. Desiderium und Strebevermögen

Das *desiderium* ist die ontologische Voraussetzung allen Strebens des Menschen. Alles, was irgendwie teilhat am *summum bonum*, zieht den Menschen an. Aus dieser Hinordnung auf das höchste Gut ist die Unersättlichkeit des menschlichen Verlangens zu erklären. Ebenso ist mit dieser Hinordnung garantiert, dass der Mensch sein Streben ordnen kann: Sie schafft Kraft zur Entscheidung (Wahl oder Abweisung). So wird der Mensch Herr über die Vielfalt innerweltlicher Begierden, die vom Weg zum höchsten Ziel wegführen. Ein endliches Gut reizt das auf das Unendliche ausgerichtete unendlich. Man empfindet das Streben nach etwas Unendlichem, das nicht erfüllt wird durch die innerweltlichen Teilgüter *(bona particularia)*. Diese können höchstens das Streben nach dem unendlichen Gut im *desiderium* aktuieren. In der Diskrepanz zwischen unendlichem Verlangen und endlicher Befriedigung liegt der Urgrund für jede Art von Vergöttlichung. An einem Endlichen entzündet sich das Verlangen nach dem Unendlichen; dieses kann aber niemals vom

---

78 Vgl. Pius XII., Enzyklika „Humani generis" Nr. 26 (DH 3891).

79 Diese Wesensbestimmung ist die transzendente Offenheit des personalen Seins auf die Erfüllung in Gott.

80 Vgl. M. J. Scheeben, Katholische Dogmatik, Bd. 2: Gotteslehre, § 318ff.

Endlichen her ergriffen werden – daher die Enttäuschung über das Endliche.

3. Das Axiom „gratia praesupponit naturam"

Das wichtige gnadentheologische Axiom „Gratia non destruit, sed praesupponit et perficit naturam" scheint auf den ersten Anschein hin eine äußerst harmonische Verschränkung zwischen Natur und Gnade zu erlauben, lässt aber – recht interpretiert – auf ein durchaus „dialektisches" Verhältnis beider schließen. Die für die ganze Tradition bedeutsame Formel tritt als solche erstmalig bei Bonaventura auf.[81] Nach seiner Auffassung braucht sich die Gnade nicht der Natur anzugleichen. Er denkt die menschliche Natur als das Vorausgesetzte, an dem die Gnade ansetzen kann.[82] Dass die Gnade sich in der Weise mit der Natur verbindet, dass sie diese in ihren Neigungen, ihren Fähigkeiten und ihrem Streben vollendet, wird dann bei Thomas von Aquin ausgeführt. Thomas kann nicht als Bürge für eine optimistisch verstandene Harmonie zwischen Natur und Gnade herangezogen werden; dazu bringt er viel zu sehr den Grundzug der Defektibilität, der allem Natürlichen (nicht erst infolge der Erbsünde) anhaftet, ins Spiel. Dadurch setzt sich bei ihm die Einsicht durch, dass die Gnade die Natur nicht nur in ihrer positiven Seinsgüte, sondern gerade auch in ihrer Insuffizienz vollenden müsse.

Mit „Natur" ist im Zusammenhang mit diesem Axiom nicht der „Subtraktionsbegriff" einer „natura pura" gemeint; es geht vielmehr um das in der Schöpfung grundgelegte naturale, substantiale Wirkprinzip des Menschen, das vorgängig zu den drei heilsgeschichtlichen Status – der ursprünglichen Begnadung, des gefallenen Zustands der Sünde und der Wiederaufrichtung durch die Erlösung – betrachtet wird. Aufgrund ihrer schöpfungsgemäßen Struktur eignet ihr eine Dynamik in Richtung auf Gott und damit eine Offenheit für die Gnade.

---

81 Bonaventura, In III Sent., d. 24, q. 1, a. 3.
82 Vgl. ebd.

Fragt man, worin diese Dynamik näherhin begründet ist, tritt die philosophische Wesensbestimmung hinter der theologischen Perspektive zurück, worin die Ähnlichkeit mit Gott für den Menschen in seiner Eigenschaft als dessen Ebenbild das entscheidende Moment bildet. Dabei handelt es sich um jene mit der Schöpfung intendierte Vollkommenheit, die eine Erhebung über das natürliche Sein und Wirken durch die Gnade ermöglicht. Von Gott herkommend, von dem er sein Wesen empfangen hat (Urbildhaftigkeit), richtet sich der Mensch zugleich auf ein Vollbild aus, dem er mit seinen Wirkvermögen zustrebt.

Die Auffassung des Menschen als Bild Gottes ist eine eminent theologische – aus der Offenbarung empfangene – Idee, die das philosophische eruierbare „Wesen" weit hinter sich lässt. Eine solche Geistnatur riegelt sich nicht nach oben ab; sie gibt mit ihrer Gehorsamspotenz *(potentia oboedientialis)* Gott Raum, auf dass er sie in ihrer innersten Kraft erhebe.[83] „Die Notwendigkeit, sich selbst zu übersteigen, eben das ist die tiefste Natur des Menschen."[84] Das ganze physische Sein des Menschen ist in seiner Tiefenschicht von seiner Gottebenbildlichkeit durchprägt: Was der Mensch in sich selbst ist, seine Substanz, dies ist vom Schöpfungsursprung her unabänderlich, Bild Gottes. Es konstituiert den Menschen als solchen – unabhängig von seinem heilsgeschichtlichen Status. Die auch im gegenwärtigen Zustand verbliebene Gottebenbildlichkeit ist der eigentliche Grund, die Natur des Menschen nicht als völlig unvorbereitet für das Geschenk der Gnade zu betrachten.[85] Seine Ähnlichkeit mit Gott besteht zunächst in seiner Geistigkeit und der Einfachheit seiner Seele, die diese eminenten Eigenschaften in Gott abbilden.

In der Aktualität seines Selbstbesitzes ist der geschaffene Geist bereits Gott zugewandt. Im Vollzug seiner Auskehr zur Welt und seiner Rückkehr zu sich selbst *(reditio completa)* wird er der eigenen Beschränktheit und Abhängigkeit von einem höheren Prinzip

---

83 M. Schmaus, Die göttliche Gnade, 161.
84 Vgl. L. Scheffczyk, Heilsverwirklichung, 375.
85 Scheffczyk, 375.

inne. So steht Gott, wenn auch nicht in gleicher Unmittelbarkeit wie das eigene Selbst, im Lichte einer direkten Erkenntnis. Die Gottebenbildlichkeit umgreift nicht nur ein statisches Ähnlichsein, sondern auch das bewegte, strebende Hin zu Gott selbst. Diese in der Schöpfung begründete Hinordnung auf Gott impliziert nun auch, dass der Mensch nie zufrieden mit sich sein kann, um sich in Selbstgenügsamkeit abzuschließen. Er stößt in sich selbst auf eine fundamentale Insuffizienz. Deshalb ist er auch kein in sich selbst eingegrenztes Wesen. Das Über-sich-Hinaus und damit auch die Notwendigkeit, sich selbst zu übersteigen, sind ihm von Natur aus mit in die Wiege gelegt.

Nun waltet in dem Streben nach Erfüllung und dem natürlichen Unvermögen, diese herbeizuführen, eine unübersteigbare Disproportion. Im Gewahren dieses natürlichen Ungenügens tritt eine negative Disposition für die Gnade hervor: Sofern die Natur mit ihrer Hinordnung auf eine natürliche Vollendung eine in sich unabgeschlossene Wirklichkeit darstellt, bleibt der Mensch auf die Vollendung durch eine übernatürliche Gnade verwiesen – auch wenn er diese übernatürliche Wirklichkeit aus eigenen Kräften nicht erreichen kann. Eine Korrespondenz von Natur und Gnade und Aussicht auf ihre mögliche Einheit – entsprechend dem Axiom – zeigt sich vor allem in der Erfahrung der eigenen Defizienz. „Die Endlichkeit menschlicher Transzendenz ist damit der Ausgangspunkt für die Erwartung Gottes."[86]

Wie R. Schenk völlig zurecht hervorhebt, muss die Gnade die Natur nicht nur in dem, was sie positiv ausmacht, sondern gerade auch in ihrer Insuffizienz vollenden.[87] So setzte sich im 20. Jahrhundert die Erkenntnis durch, dass die Gnade die Natur nicht ohne das Kreuz vollendet. E. Przywara etwa will das Anliegen des „non destruit, sed perficit" dialektisch verstehen – als „Hindurchgehen der erbsündigen Natur und Vernunft durch den Tod".[88] So identifiziert er das Axiom weitgehend mit der „analogia", die er von der je größeren

---

86 R. Schenk, Die Gnade vollendeter Endlichkeit, 339.
87 Vgl. ebd., 369f.
88 Vgl. L. Scheffczyk, Heilsverwirklichung, 379, Anm. 29.

Unähnlichkeit zwischen Schöpfer und Geschöpf (IV. Lateranense) her begreift, und sucht innerhalb des Axioms auch schon das kreuzestheologische Moment.[89] Es geht ihm weniger um eine Analyse des Ratio- und Naturbegriffs. Stattdessen dreht sich seine Interpretation ausschließlich um die Verben: *non destruit, supponit, perficit.* Die drei entscheidenden Momente davon seien hier hervorgehoben:

a) Zunächst denkt Przywara an eine Rettung des Philosophischen durch das Theologische. Dieses hat zum Philosophischen die Beziehung des excedere („überschreiten") und des perficere („vollenden").[90] Demgegenüber weist R. Schenk auf die inneren Grenzen hin, welche die Philosophie schon vor ihrer Begegnung mit der positiven Wortoffenbarung kennt.[91] Über die von der Gnade nicht zerstörbare Natur lässt sich aber auch sagen, dass ihre Endlichkeit nie aufgehoben wird, was dann auch das Gesetz der Defektibilität und Defizienz mit einschließt.

b) Die Philosophie weist für Przywara schon innerlich auf die Theologie hin, durch die sie in ihrer Form vollendet wird.[92] Dagegen behauptet die Philosophie bei Thomas eine größere Autonomie; jedoch kann durch die philosophische Einsicht in die eigene Dürftigkeit und Insuffizienz der Sinn für den Wert der Gnade, ihre erlösende Kraft und Unableitbarkeit (Gratuität) gewonnen werden.

c) „(N)atura und ratio bestehen einzig und allein in der einen, faktisch einzigen, alles ‚über-formenden' übernatürlichen Ordnung der Erlösung durch die Menschwerdung."[93] So deutet Przywara das „perficere". Die Inkarnation weist auf das Sich-Vollenden der Natur zur Vollendung Gottes hin. Aber die Gnade betrifft doch auch die Negativität der Natur, d. h. sie vollendet jene negative, in der Natur

89 Vgl. R. Schenk, Die Gnade vollendeter Endlichkeit, 372.
90 Vgl. E. Przywara, Analogia Entis, 837.
91 Vgl. R. Schenk, Die Gnade vollendeter Endlichkeit, 373.
92 Vgl. E. Przywara, Analogia Entis, 84f.
93 Ebd., 200.

angelegte Grenze und führt in das hinein, was R. Schenk „vollendete Endlichkeit" nennt.[94]

[handschriftlich: dadurch nimmt Gott in seinen Grenzen an]

III. Gnade und Trinität

Mit der Trinität kommt der personale Aspekt von Gnade zur Sprache. Das fundamentale Streben des Menschen besteht nicht in einer Subjekt-Objekt-Beziehung, sondern geht auf eine Ich-Du-Beziehung. Die Gnade führt zu einer Beziehung mit den göttlichen Personen.

Wenn dies der Fall ist, dann muss auch nach der Eigenart der Einwohnung Gottes im Menschen und nach dem Verhältnis von ungeschaffener und geschaffener Gnade gefragt werden.[95] Öffnet sich Gott zur Welt so, wie er in sich – in seinem Sein – trinitarisch ist? Ist die Gnade, die er uns zuwendet, so, wie sie in ihm selbst ist?

[handschriftlich: oder nur etwas Geschaffenes? Energien sind geschaffene Gnade (realia) + so teilt Gott sich mit mit]

1. Trinität als Grund göttlicher Selbstmitteilung

Dass Gott sich nach außen, in die materielle Schöpfung und zu den geistbegabten Geschöpfen hin gnadenhaft mitteilen kann, hat seine Voraussetzung, seinen Wurzelgrund, im Geheimnis des innergöttlichen Lebens. Wurzel der Gnadenordnung und damit der Heilsgeschichte ist dieses Geheimnis deshalb, weil es nach innen, auf Gott selber zu, das Geheimnis göttlicher Selbstmitteilung ist. Die göttliche Vollkommenheit ist nicht die des starren unendlichen Seins, sondern eine unendlich mitteilende und mitgeteilte. Gott ist in der überschwenglichen Fülle seines Lebens ein Geheimnis der Mitteilung, nach innen mitgeteilte Unendlichkeit! Und diese inner-

[handschriftlich am Rand: Gott als nur Mitteilen des]

[handschriftlich: Was ist gratia increata?!!!]

94 Vgl. R. Schenk, Die Gnade vollendeter Endlichkeit, 379.

95 Die *gratia increata* ist Gott selber, insofern er in seiner Liebe die Gnaden-
gaben vorausbestimmt hat und in Jesus Christus Mensch geworden ist, den Seelen der Gerechtfertigten innewohnt und sich ihnen in der *visio* hingibt. Hypostatische Union, Einwohnung und *visio* sind zwar als Akt geschaffene Gnade; ungeschaffen ist aber die Gabe, die in diesem Akt verliehen

göttliche Mitteilung geschieht in der einzig möglichen Weise des Gebens und Empfangens der einen unteilbaren Natur, weil das Unendliche weder geteilt noch multipliziert werden kann. Gott ist in höchster Weise eins, aber auch ein Moment der Vielheit findet sich in ihm. Letztere aber lediglich in Gestalt der Verschiedenheit im Besitz der absolut einen Unendlichkeit. Und die Einheit steht der einzigartig selbstinnerlichen Bewegtheit im göttlichen Sein nicht im Wege. Sie ist eine lebendige Einheit der Fülle – eine Gemeinschaft, die nicht bloß eine Verbundenheit Dreier in der einen Natur ist, sondern eine Verbundenheit Dreier, die aus dem Geben und Empfangen des Einen erwächst: *Sie ist communio aus communicatio.*

Und in der Heilsökonomie geschieht die Weiterführung dieser innergöttlichen Selbstmitteilung nach außen. In der Gnade haben wir es nicht nur damit zu tun, dass an das endliche Geschöpf eine Mitteilung des Unendlichen stattfindet, sondern dass nach außen, an das Nichtgöttliche, das in Gott selbst Mitgeteilte mitgeteilt wird. Gnade bedeuet Weiterführung trinitarischer Mitteilung nach außen.

Vermittler der Verbindung Gottes nach außen ist der Heilige Geist, den sich Vater und Sohn innergöttlich in der Hauchung schenken und als Person hervorgehen lassen. Die Selbsteröffnung Gottes an den Menschen, die in der Heilsgeschichte geschieht, ist nicht ohne die Vermittlung des Heiligen Geistes zu denken. So schon bei der Menschwerdung aus der Jungfrau Maria, die sich durch das Wirken des Heiligen Geistes zuträgt, und dann wiederum durch die Ausgießung des Geistes im Pfingstereignis. Wo es um die Mitteilung des göttlichen Lebens in der Heilsökonomie geht, müssen wir den Heiligen Geist ins Zentrum der Aufmerksamkeit rücken. Im Heiligen Geist setzt Gott sein Wesen potenziert als Mitteilungsmysterium. Der Heilige Geist ist die personale Steigerung der Kommunikation, die das göttliche Leben ausmacht, und darum auch die „Kommunikationsmächtigkeit" Gottes nach außen in Person, sofern er in ihm den Abgrund zum Geschöpf hin überbrückt.

wird. Die *gratia creata* ist eine von Gott verschiedene übernatürliche Gabe oder Wirkung Gottes.

Die heilsgeschichtliche Verwirklichung trinitarischer *communicatio* sind die Sendungen der göttlichen Personen von Sohn und Geist. Der Vater hat den ewigen Sohn zugleich mit dem Sohn in die Sichtbarkeit gesandt, und der Sohn gibt uns, nachdem er am Kreuz sein „Es ist vollbracht" gesprochen hat, den Geist unbegrenzt. Selbstmitteilung Gottes nach außen ist Sendung. Die Sendungen der göttlichen Personen sind eine Weiterleitung innertrinitarischer *communicatio* ins Geschöpf. Dadurch wird dieses aufgenommen in die trinitarische *communio*. In der Menschwerdung setzt sich die erste und fundamentale innergöttliche *communicatio* als sie selbst im strengsten Sinn so ins Geschöpf hinein fort, dass ein Mensch in seinem Menschsein unmittelbar in die *communio* von Vater und Sohn in Gott eingelassen wird.

Damit nun diese Einbeziehung des Geschöpfes in den göttlichen Lebenskreis nicht bei dem einen Menschen Jesus Christus stehen bleibt, sondern auf alle ausgedehnt wird, gibt es die Sakramente, die nicht nur irgendeinen Anschluss an die Person Jesu Christi bewirken, sondern es möglich machen, dass wir „ein Geist und ein Leib" mit ihm werden.

Es gibt heute in der Theologie manche Versuche, sich auf Jesus in einer Weise zu beziehen, dass der trinitarische Hintergrund ausgeblendet wird. Wo dies geschieht, kommt es zur Verflachung einer jesuanischen Religion, in der Gnade nur noch einen ethischen Impuls darstellt. Daraus sind einige Probleme entstanden. Es bleibt oft nur ein Jesus übrig, der mit seiner Lehre bedeutsam ist für gewisse moralische Imperative, die jeder zu erfüllen hat. Manche suchen ein Jesus-Bild hinter oder gar gegen die urkirchlichen Zeugen und die neutestamentlichen Zeugnisse. Dabei bleiben sie aber in bloßen Rekonstruktionen stecken, die den historischen Jesus nie erreichen und sich als Jesus-Bilder erweisen, die nach eigenem Bild und Gleichnis zurechtgelegt wurden und keinen überzeugenden Wert haben. Symptomatisch ist dies für das, was man heute die „Pluralistische Religionstheologie" nennt.

G. L. Müller unterscheidet drei Axiome, auf der diese basiert und die symptomatisch für den Ausfall, das Wegschieben der Trinitätslehre sind: 1) Das Axiom von der prinzipiellen Unmöglichkeit

① Mensch generiert immer neue Gottesbilder
keinen Kommunikation zu Gott – keine Antwort
② Gott hat nicht die Möglichkeit zu Inkarnation
kein Dialog

84   *C. Systematisch-theologischer Teil*

der Kommunikation zwischen Gott und Mensch in Wort und Tat; 2) Das Axiom der Inkarnationsunfähigkeit Gottes; 3) Das Axiom der Unfähigkeit der menschlichen Natur, von einer göttlichen Hypostase getragen zu werden. Dies würde aber auch Gnade als Teilnahme am innergöttlichen Leben unmöglich machen.

> „Nur unter Voraussetzung des trinitarischen Gottesverständnisses – nur wenn Gott selbst Wort (Logos) bzw. Beziehung ist und nur wenn Gott Geist, d. h. Einheit unter Wahrung der Differenz ist – kann er sich auch nach außen so auf ein Geschöpf beziehen, dass dieses zu ihm selbst gehört, ohne deshalb seinen Selbstand als Geschöpf zu verlieren."[96]

Daher stehen Trinität, Inkarnation und Begnadung, so wie sie hier in Fortführung patristischer Tradition verstanden wird, in einem unauflöslichen Zusammenhang.

2. Bibeltheologischer Aspekt

Der biblische Grund von Gnade ist der Bund. Dieser meint die Lebensgemeinschaft Jahwes mit seinem Volk. Religionsgeschichtlich bedeutet dieser Bund das Proprium der Gott-Mensch-Beziehung. Israel erfährt seine Jahwe-Beziehung als personales Verhältnis der Liebe. Bei den Propheten erscheint der Bund als Ehebund Gottes mit seinem Volk.[97] So wird der Bund als personales Verhältnis gekennzeichnet; er ist nicht nur ein Rechts- und Verpflichtungsverhältnis.

Im NT tritt dieser Bund als Verhältnis von Vater, Sohn und Heiligem Geist auf. Der alttestamentliche Bund wird vollendet. Der neutestamentliche Bund ist die trinitarische Form des alttestamentlichen Bundes. Jener wird vermittelt durch den Sohn im Heiligen Geist. Durch Jesus Christus wird Gott zum Vater. Jesus offenbart

---

96   K.-H. Menke, Jesus Christus: Das Absolute in der Geschichte?, 244.
97   Vgl. K.-H. Menke, Sakramentalität, 91 ff.; auch J. Auer, Das Evangelium von der Gnade, 112.

uns das Antlitz des Vaters; er vermittelt uns den Vater als Vater. Gott will in Jesus Christus Vater für die Welt sein (vgl. Mt 5,45; 25; 34; Lk 24,49; Joh 20,17; 1 Joh 1,3–2).

Die Funktion des Geistes ist von jener der zweiten göttlichen Person verschieden. Es geht der Heiligen Schrift um eine feststehende Ordnung, deren Funktionen nicht auswechselbar sind. Der Sohn ist Mittler des Neuen Bundes als Umformung des Alten. Der Geist schafft keinen weiteren Bund, sondern ist integriert in den Bund Jesu. Er begründet kein neues Zeitalter nach dem des Sohnes und auch keine Gnadenökonomie, die an die Stelle der von Christus eröffneten träte. Er ist ein und derselbe in Christus und in uns. Christus vermittelt sich im Geist zu uns.[98] Der Geist ist in uns der „Geist der Sohnschaft".[99] Im Geist haben wir Zugang zum Vater, denn in ihm, der „ausgegossen ist in unsere Herzen", können wir auch beten: „Abba, Vater" (vgl. Gal 4,6).

98 Vgl. Cyrill von Alexandrien., In Jo. V, 2, 39 (PG 73,753B): „Wie der Sohn, als er Mensch wurde, die ganze menschliche Natur annahm, so hat er den Geist empfangen, um den Menschen vollständig zu erneuern und ihm die ursprüngliche Größe zurückzugeben." Vgl. ders., In Is. 4,2 (PG 70,936BC): „Wir sind Christus konfiguriert durch die Teilnahme am Heiligen Geist, entsprechend der exemplarischen Schönheit Christi. Christus wird so in uns geformt, weil der Heilige Geist uns an einem göttlichen Vorgang der Gleichgestaltung [...] teilnehmen lässt."
99 Vgl. Athanasius, Contra Arianos I, 9, 16, 34, 45–46; II, 59, 61, 70, 272–273; III, 10, 19–20; 22–23, 393–396 (PG 26)."

3. Theologisch-spekulative Reflexion

Zunächst seien einige für die reflexive Theologie der Gnade relevante Begriffe erklärt.

3.1. Begriffliche Klärung

Einwohnung:
> Besondere Gegenwart Gottes, die gnadenhaft und permanent ist. Sie bezieht sich auf alle drei göttlichen Personen. Nicht alle Personen können aber zugleich gesandt sein.

Donum:
> Alle drei Personen, vor allem der Heilige Geist, können sich schenken. Der Geist ist das donum par excellence.

Theophanie:
> Es meint das Durchsichtigwerden einer geschöpflichen Wirklichkeit auf ihren göttlichen Urgrund.

Missio ad extra:
> Der Sohn wird in die Welt gesandt. Diese missio wird durch zwei Momente konstituiert: 1. Innertrinitarische generatio (missio ad intra: a Patre ad Filium) und 2. Sendung zur Welt (missio ad extra). Die missio ad extra setzt die innergöttliche Person nach außen hin. So impliziert die Inkarnation – als sichtbare Sendung – den Ausgang des präexistenten Logos vom Vater und ein neues Gegenwärtigwerden durch die Fleischwerdung. Mithin gewinnt der präexistente Logos in der Hypostatischen Union eine neue Gegenwartsweise.

Appropriierte und nicht-appropriierte missio:
> Unter „Appropriation" (Zueignung) versteht man eine Aussageweise, bei der Eigenschaften und Tätigkeiten Gottes, die den drei Personen gemeinsam sind, einer einzelnen Person zugeschrieben werden mit dem Zweck, die Proprietäten und Personunterschiede in Gott zu veranschaulichen. Durch diese Aussageweise wird

eine der drei Personen in ihrer Sonderheit herausgehoben. So wird z. B. von Gott Vater die Erschaffung der Welt, von Gott Sohn deren Erlösung, von Gott Heiligem Geist ihre Heiligung ausgesagt. Dennoch kommen alle Tätigkeiten und deren Wirkung – wegen der Einheit des göttlichen Wesens – allen göttlichen Personen gemeinsam zu. Eine nicht-appropriierte Sendung ist dann eine solche, in der jede der göttlichen Personen sich schenkt, und zwar so, dass jede mit dem Begnadigten in einer ihr eigenen Beziehung steht. D. h. ich stehe zu Jesus Christus in einer anderen Beziehung als zum Vater und zum Geist.

3.2. Gnade als Ermöglichungsgrund der Gott-Mensch-Relation

In manchen neuen gnadentheologischen Traktaten scheint man den eigentlichen Sinn von Gnade oder Begnadung nicht mehr zu sehen. Gnade wird nur noch medizinell verstanden – als ein Hilfsmittel für gutes sittliches Handeln. Sie fassen Gnade nur als *gratia creata* auf und lassen den Blick auf die *gratia increata* vermissen: nämlich auf Gott selber. Letztlich kommt es nur auf den Menschen und seine Vervollkommnung in der Welt an. Der Bezug zu Gott, zur *communio trinitatis*, geht unter. Wenn man Gnade nur noch innerweltlich-medizinell begreift, so scheint der Mensch durch die Steigerung seiner eigenen Möglichkeiten zu seinem vollen Glück zu gelangen. Doch erst im Angesicht Gottes vermag der Mensch, zu sich selbst zu kommen.

Nun sind wir nach dem Zeugnis der Heiligen Schrift zu den göttlichen Personen in Beziehung gesetzt – Beziehung, die eine Entsprechung zu den innertrinitarischen Relationen darstellt.[100] Jede der drei Personen in Gott schenkt sich der begnadeten Seele in einer nicht-appropriierten Sendung, so zwar, dass jede mit dem Begnadeten in einer ihr eigenen Beziehung steht. Die Beziehung zum

---

100 Vgl. 1 Kor 3,16; Joh 14,23; auch J. Auer, Das Evangelium von der Gnade, 108ff.

Vater ist anders als die zum Sohn etc. Also müssen wir letztendlich eine „missio propria" annehmen.

3.3. Trinität und Mysterium der Vergöttlichung

3.3.1. Die Inkarnation des Wortes und das Mysterium des Übernatürlichen

Die Sohnschaft ist eine personale Relation; Christus ist nicht eine menschliche Person. Darum kommt ihm auf keine Weise eine Adoptivsohnschaft zu, sondern nur die subsistente oder natürliche Sohnschaft.

Trotzdem wurde die Menschheit Christi durch die Fülle der *gratia creata* in die Ordnung der Übernatur erhoben. Thomas folgend können wir sagen, dass die *gratia unionis* („Einigungsgnade") in Christus auf die Einzigkeit seiner Menschheit hinweist, die in einer Weise erhoben wurde, dass sie keine menschliche Person konstituiert, sondern in der göttlichen Person subsistiert. In Christus, dem Urbild aller Begnadung, stellt sich dies so dar:

„Gratia enim unionis est ipsum esse personale, quod gratis divinitus datur humanae naturae in persona Verbi."[101]

Die Menschheit Christi ist nicht a-personal, sondern ihre Personalität ist eine göttliche. Christus ist eine göttliche Person. Die hypostatische Union verlangt notwendig die übernatürliche Erhöhung der angenommenen Natur durch die *gratia unionis*.[102]

Die Inkarnation war dennoch nicht notwendig für die übernatürliche Erhöhung der Menschen, aber sie war dafür am angebrachtesten: Sie ist Weg und Paradigma für die Vergöttlichung der Menschen, denn sie erweist die Adoption zur Sohnschaft als eine Vergöttlichung der ganzen geschaffenen Person, ausgehend von dem, was am inner-

---

101 S.Th. III q. 6, a. 6: „Die Einigungsgnade ist das personale Sein selbst, das der menschlichen Natur gratis und göttlich in der Person des Wortes zuteil wird."
102 Vgl. De Veritate 29, 2.

lichsten ist: ausgehend vom Seinsakt, erfolgt die – formal gesehen – akzidentelle Vervollkommnung jenes Ganzen (Natur, Vermögen etc.), dessen *esse* der letzte Akt oder die erste *energeia* ist.

Die Christus auszeichnende *gratia unionis* ist der einzigartige transzendente Gipfel der übernatürlichen Erhöhung des Menschen, weil zwischen der vollkommenen Teilhabe an der Sohnschaft und dieser Sohnschaft selbst ein qualitativ unendlicher Sprung liegt. Aber trotz dieses Abstandes ist das Mysterium Christi *Modell* für unsere Begnadung. Es lässt uns im Seinsakt und in der Sohnschaft die letzte Wurzel des Übernatürlichen suchen.

Das geheimnishaft Übernatürliche ist ein Spiegel des Geheimnisses der Trinität, in das wir durch den unergründlichen Ratschluss Gottes eingelassen sind, indem wir schon in diesem Leben einen authentischen Beginn und eine Vorwegnahme dessen besitzen, was „kein Auge geschaut, kein Ohr gehört hat und in keines Menschen Geist gedrungen ist" (1 Kor 2,9).

Der Heilige Geist ist der, der unseren Gedanken, Wünschen und Werken mit seinen Inspirationen einen übernatürlichen Farbton verleiht. Er treibt uns an, der Lehre Christi anzuhängen und sie uns in ihrer ganzen Tiefe anzueignen. Er bringt uns Licht, damit wir uns unserer persönlichen Berufung bewusst werden, und Kraft, um das zu tun, was Gott erwartet. Wenn wir dem Heiligen Geist Gehör schenken, wird das Bild Christi in uns von Mal zu Mal mehr geformt und wir selbst nähern uns immer mehr Gott, dem Vater (vgl. Röm 8,14).

3.3.2. Der actus essendi als Anknüpfungspunkt von Natur und Übernatur

Gott besitzt durch sein Wesen die Fülle des Aktes – er ist das *esse in se subsistens*. Als seinsgebender Ursprung der Dinge ruht er auf dem Grund des Seienden, das er – als partizipierte *energeia* – über dem Nichts hält. Das Sein ist Akt, *actus actuum* – nicht das heideggersche Sein, das sich, vom Fluss der Zeit affiziert, im Inneren des menschlichen Bewusstseins findet.

Der *actus essendi* ist immer Akt von irgendetwas. Wir können es nur über die Wesenheiten, die es aktuiert, erfassen. Auch das übernatürliche Sein können wir nicht direkt erfassen. Es bedarf der Rückführung. Man muss ausgehen von den neu geschenkten Eigenschaften, die dem Menschen auf der Ebene der übernatürlichen Begnadung geschenkt werden, um von da aus zum *Akt* dieses gänzlich Neuen voranzuschreiten.

Die qualitativen Eigenschaften und *Habitus* eines Menschen sind Akzidentien – ob er nun Klavier spielen oder russisch sprechen kann; dies berührt nicht seine Substanz. Die Akzidentien bestehen durch das einzige *esse* des *suppositum* (der Person), dessen Sein sie nicht modifizieren, sondern nur auslegen. Wo es um die übernatürlichen *habitus* geht, sind diese Akzidentien übernatürlich. Sie subsistieren nicht, sie inhärieren. Sie werden nicht zum Teil des Wesens des geschaffenen Geistes. Aber sie entfalten dieses Wesen. Sie legen es aus. Ihr Erwerb ist nicht einfach Auslegung des Seins der Person, sondern verlangt eine Neuheit des Seins, die nur Gott geben kann.

Man muss die Relation des Geschöpfs zu Gott betrachten. Viele Aspekte sind hier einbehalten. In jedem Geschöpf findet sich eine grundlegende Beziehung zu Gott – das, was Thomas „*creatio passive sumpta*" nennt: die Hinordnung auf ein letztes Ziel, da ja die Erste Ursache und nur sie das letzte Ziel ist. Dies führt zu einer grundlegenden Bestimmung:

„*Relatio creaturae ad Deum fundatur super esse creaturae.*"[103]

Die Erhebung durch Gnade verändert diese Beziehung: vom *esse ad Deum* zu einem *esse ad Patrem in Filio*. Der Akt des Seins ist intensiviert, aber nicht, sofern er das Wesen aktuiert, sondern sofern er die grundlegende Beziehung des Geschöpfs zu Gott ausmacht. Diese Intensivierung des Aktes besitzt den Charakter der Einführung in die göttliche Trinität.

---

103 De quatuor oppositis, c. 4: „Die Beziehung des Geschöpfs zu Gott gründet im Sein des Geschöpfes."

Unsere Vergöttlichung durch die Gnade besitzt eine wesentlich trinitarische Struktur: Durch die übernatürliche Erhebung sind wir als Söhne des Vaters konstituiert, gleichsam Söhne des Vaters durch den Sohn im Heiligen Geist. Eine neue Relation, die der Lateiner ausdrückt mit dem *esse ad Patrem in Filio per Spiritum Sanctum.* Es handelt sich um eine einzige Relation, die sich dreifach darstellt.

3.3.3. Eine neue Kreatur in Christus

Die Gnade wird geschaffen genannt, weil die Menschen durch sie in einem neuen Sein konstituiert sind.[104] Ein anderer berühmter Text des Thomas besagt: „Christus selbst ist in gewisser Weise der Ursprung jeder Gnade gemäß seiner Menschheit, wie Gott der Ursprung jeden Seins ist."[105]

In der Fülle der Gnade, die Christus besitzt, liegt der Grund dafür, dass Christus Haupt, d. h. dass seine Gnade *gratia capitis* ist.[106] Die Begnadung stellt eine Partizipation dar, die immer Wirkursächlichkeit bedeutet. Wir nehmen an der Gnade des Hauptes teil, die habituell ist, aber auch an der *filiatio divina*, in analoger Weise wie wir als Geschöpfe am *esse ipsum* teilnehmen.

Das Mysterium Christi ist die Spitze der Vergöttlichung des Menschen, des Übernatürlichen in uns, aber eine einmalige, transzendente Spitze.

3.3.4. Die Präsenz Christi im Christen

Analog zur Partizipation des Seins begründet die Präsenz des Übernatürlichen in der Kreatur eine neue Präsenz Gottes in ihr. „Die Gnade wird in der Seele [Christi] verursacht durch die Gegenwart der Gottheit, so wie das Licht in der Luft durch die Gegenwart der

---

104 Vgl. S.Th. I–II q. 110, a. 2, ad 3.
105 De Veritate 29, 5.
106 Vgl. De Veritate 29, 5, ad 1.

Sonne."[107] Die heilmachende Gnade ist das Prinzip unserer Vereinigung mit Christus, dem übernatürlichen Lebensquell.

Sie führt zu einer besonderen Union der Seele mit dem Eingeborenen und Erstgeborenen Sohn unter vielen Brüdern. Wir sind *filii in filio*. Durch die in der Taufe empfangene Gnade nimmt der Mensch teil an der ewigen Geburt des Sohnes aus dem Vater, weil er Adoptivkind Gottes wurde. Wir sind nicht nur einfach Söhne im Sohn, sondern in Christus, sofern er Mensch ist, denn er ist – als Mensch – Ursprung jeder Gnade.

„Die Kindschaft selbst ist daher auch durch Christus keine bloße Adoptivkindschaft mehr, da wir nicht als Fremde, sondern als Verwandte, als Glieder des eingeborenen Sohnes dieselbe erhalten und sie als ein Recht beanspruchen können. Die Gnade der Kindschaft in uns hat etwas von der natürlichen Sohnschaft Christi, von der sie getragen wird. Weil wir nicht bloße Adoptivkinder, weil wir Glieder des natürlichen Sohnes sind, deshalb treten wir als solche auch wirklich mit in das persönliche Verhältnis ein, in welchem der Sohn Gottes zu seinem Vater steht."[108]

Die gnadenhafte Wirksamkeit Christi besitzt eine universale Reichweite. Dass die Menschheit Christi ihre Wirksamkeit permanent auf alle Menschen ausdehnt, ist möglich aufgrund ihrer *unio in persona* mit der Gottheit – aufgrund dessen, dass der Seinsakt, der die Menschheit Christi existieren lässt und jeder ihrer Handlungen Aktualität verleiht, das unendliche Sein Gottes ist.[109]

107 S.Th. III q. 7, a.13.
108 M. J. Scheeben, Die Mysterien, 317ff.
109 S.Th. III q. 17, a. 2; vgl. De Unione Verbi Incarnati, a. 4.

3.4. Die hypostatische Gegenwart und der Versuch ihrer spekulativen Erklärung

Dieser Aspekt leitet zum Themenkreis der hypostatischen Gegenwart der göttlichen Personen im begnadeten Menschen über, dem hier besondere Aufmerksamkeit zukommen soll.[110]

3.4.1. Begriffliche Unterscheidungen

Man kann bei der neuen Gegenwart durch Gnade unterscheiden zwischen einer substantiellen Gegenwart Gottes und einer hypostatischen Gegenwart. Erstere meint eine Gegenwart Gottes, die durch einen substantiellen Kontakt gekennzeichnet ist. Dieser gründet zunächst in der Gegenwart Gottes als Schöpfers: Die Grundsubstanz des Geschöpfes steht in Beziehung zum Schöpfer. Gott ist allen Dingen substantiell gegenwärtig, sofern sie *per modum creationis* durch den Schöpfer, der ihnen das Sein gibt, ins Dasein gerufen werden. In dieser substantiellen Gegenwartsweise gibt es freilich Gradunterschiede; Gott ist in der geistdurchformten Materie anders gegenwärtig als in der geistlosen Materie.

Bei der „hypostatischen Gegenwart" geht es um die Gegenwart Gottes als Person. Sie wird durch die nicht-appropriierte Sendung bewirkt. Es geht darum, zu zeigen, dass wir zum Vater in einer anderen Beziehung stehen als zum Sohn und zum Geist. Der Heilige Geist ist es, der den Menschen in einer alles übersteigenden Weise für die Wirklichkeit Gottes öffnet, so dass wir Gott auf neue Weise „Vater" nennen können. Im Heiligen Geist haben wir Anteil am Gottesverhältnis Christi (Vater – Sohn).

110 Vgl. H. Schauf, „Einwohnung", in: LThK[2] Bd. 3, 1959, 769–772.

3.4.2. Versuch einer theologischen Erklärung: causalitas efficiens – causalitas formalis

Die eigentliche Intention, die Gott bei der Begnadung des Menschen verfolgt, ist nicht Mitteilung von geschaffener Gnade, sondern der ungeschaffenen Gnade, d. h. seiner selbst. Die geschaffene (akzidentelle) Gnade geht der ungeschaffenen jedoch voraus. Es geht aber im Letzten um die hypostatische Gegenwart Gottes. Welchen Erklärungsgrund kann man dafür anführen?

Man könnte dabei auf die Wirkursächlichkeit *(causalitas efficiens)* rekurrieren. Trotz der substantiellen Gegenwart bleit ein unendlicher Abstand zwischen Gott und seinem Geistgeschöpf. Das Wirkende ist dabei nicht konstitutiver Teil des Bewirkten. Eben dadurch steht der Mensch Gott gegenüber, kann er „er selbst" sein, d. h. sein *esse proprium* (Eigensein) wahren. Die Ursache trennt sich bei der Wirkung vom Gewirkten. Daher steht Gott dem Geschöpf unter dieser Perspektive in seinem Anders-Sein gegenüber. Die „res" werden im Akt der *creatio* in eine Unterschiedenheit vom Urheber des Aktes gesetzt.[111]

Heilsgeschichtlich ist eine hypostatische Gegenwart in der *unio Christi hypostatica* erreicht. Der Logos hat sich die menschliche Natur nicht geschaffen (als *causa efficiens*), sondern in ihm teilt sich die Trinität der menschlichen Natur mit. Bei dieser Mitteilung ist Gott in einem eingeschränkten Sinn *causalitas formalis.* Wenn die von kreatürlichen Verhältnissen her gewonnene Kategorie der *causalitas*

---

111 Dieser Schöpfungsakt als Ausdruck der *„relatio ad extra"* ist keineswegs Konstitutionsgrund der *„relatio ad intra"*. Die trinitarische Unterscheidung der drei Personen wird einzig konstituiert durch die innertrinitarischen Relationen. Erst aufgrund der *relatio ad intra* ist eine *relatio ad extra* möglich; diese ist Folge der ersteren. In ihrer Beziehung nach außen unterscheiden sich die Personen als Folge der *relatio ad intra.* Wollte man die Folgeordnung umdrehen, dann wären die Personen von der Schöpfung abhängig. Der Schöpfungsakt konstituiert nicht die Personen in Gott. Die Schöpfung ist Effekt der gesamten Trinität. Die *relatio realis* betrifft immer das Geschöpf. Gott hat keine reale Relation zum Geschaffenen.

formalis für die göttlichen Personen aussagbar gemacht werden
soll, so muss beachtet werden, dass diese nicht etwas Geschaffenes
und aus formalen Prinzipien (z. B. Seele und Leib) Konstituiertes
sind. Es geht dabei um die Mitteilung ihrer Personalität im Menschen.

Bei dieser Problemstellung ist im Auge zu behalten, dass das
Wesen der *inhabitatio* nicht mit den üblichen philosophischen Kate-
gorien auszudrücken ist. Die Vernunft muss damit rechnen, dass die
Offenbarung auch über das denkerische Vermögen hinausreicht.

Was ist nun aber mit *„causa formalis"* in diesem Kontext gemeint? Aus der Metaphysik wissen wir, dass *„actus"* *(energeia)*
immer *perfectio* („Vervollkommnung") besagt. So es sich um Wirklichkeiten handelt, die aus Akt und Potenz konstituiert sind, nennt
man den *actus „forma"*. Der Akt wird von der Potenz begrenzt. Als
Form vollendet der Akt nicht durch *„actio"*, sondern durch Mitteilung, durch eine *unio sui ipsius*. Der Akt teilt sich der Potenz in der
actuatio mit, wodurch eine Veränderung eintritt. Durch Aktuation
der *materia prima* durch die Seele entsteht der Mensch als ein neues
Drittes. Der Mensch ist keine *„additio"* von *materia* und *forma*,
sondern aus beiden entsteht eine neue substantielle Wesenheit. Die
Form (Seele) wirkt nicht von außen auf die Materie ein. Es geht bei
dieser Aktuation um den Prozess der Information. Sowohl die Materie als auch die Form werden dabei vervollkommnet bzw. verändert.
Somit ist der Akt als Form ebenfalls abhängig von der aufnehmenden
Potenz. Im endlichen Seienden hat die Aktuation immer informieren-
den Charakter.

Eine derartige Information kann aber nicht von Gott ausgesagt
werden. Gott als *actus purus* kann niemals vom Kreatürlichen abhängig sein. Gott kann also im eigentlichen Sinn nicht *causa formalis*
sein – das, was Sein und Bestimmung gibt und von der Materie
aufgenommen wird. Der ungeschaffene Akt teilt sich mit, ist aber
nicht perfektibel durch das Korrelativ eines potentiellen Prinzips.
Gott ist Akt, aber keine Form. Deshalb kommt man dazu, Gott eine
„quasi causalitas formalis" zuzusprechen. Wenn dies aber zutrifft,
dann muss sich ein entsprechender *effectus formalis* in der Kreatur
finden – eine Veränderung im Seinsbestand des Geschöpfes, die

nicht substantieller, sondern nur akzidenteller Art sein kann. Unter
der Macht der *gratia creata* „entsteht" im Akt der Selbstmitteilung
die *gratia increata*.

Gott konstituiert nicht das begnadete Sein. Als *causa efficiens*
steht er ihm bleibend gegenüber. Nur die geschaffene Gnade informiert das kreatürliche Sein und erhebt es. Die *gratia creata* ist daher
causalitas formalis, die Begnadung *effectus formalis*. Gott ist *actus*,
aber nicht formal-, sondern wirkursächlich. Er ist höchstens quasi-
formalursächlich in Hinblick auf das Geschöpf. Er ist *causa* nicht
im Sinne des *„agere"*, sondern als quasi-formal-kausal sich in der
Gnade mitteilend. Daher hat man in der Theologie zur Kategorie der
Quasi-Formalursächlichkeit gegriffen, um das Problem spekulativ
zu lösen.

3.4.3. Die gnadentheologische Anwendung

Begnadung hat stets einen Bezug zu Gott, wie er in sich selbst ist
(nicht primär als Schöpfer). Soll diese Beziehung zum dreipersonalen
Gott anders sein als die von Geschöpf und Schöpfer, dann muss auch
der Mensch verändert werden. Das Prinzip der Relation *(terminus
a quo)* muss sich ändern. Daraus folgt, dass der Seinsbestand nach
der Begnadung ein anderer sein muss. Diese Seinsveränderung ist
nicht Effekt der *causa efficiens*, sondern eine besondere Einwirkung
Gottes, bzw. der Selbstmitteilung Gottes – als *quasi causalitas
formalis.*

Obwohl der Begriff der „Quasi-Formalursächlichkeit" einige
nicht zu übersehende Vorteile bietet, wäre es nicht gerechtfertigt,
ihn in der Gnadenlehre für unverzichtbar zu halten, denn es lassen
sich einige Einwände gegen seine Verwendung geltend machen:

Bei näherer Betrachtung zeigt sich, dass es keine wahre Ähnlichkeit zwischen der Konstitution des Unendlichen und der Kom-
position des Endlichen gibt, denn das Endliche ist aus einander
komplementären ontologischen Prinzipien zusammengesetzt.

Das Wort „Quasiformalursache" hat den Nachteil, dass es die
personale Beziehung zwischen Gott und Mensch nicht deutlich

werden lässt. Es geht ja nicht um bloße Aktuation, sondern um die personale Mitteilung und Hingabe.

Man kann auch die Einwohnung *(inhabitatio)* nicht mit der Inkarnation vergleichen. Der Logos nämlich ist Form der menschlichen Gesamtnatur Christi[112]; er konstituiert die eine Person als Subsistenzgrund der menschlichen Natur. Bei der Einwohnung dagegen geht es um das Verhältnis von Personen zu Personen. Im Gottmenschen Jesus Christus haben wir es nicht mit zwei Personen zu tun.

Weil die göttlichen Personen in ihrer „Hingabe" in Beziehung zur menschlichen Person stehen, spricht man besser von einer „causalitas moralis (personalis)". Wie beim Ehekonsens, bei dem zwei Personen sich personal aneinander überliefern und übergeben, geht es auch hier um die Verbindung mit dem Selbst Gottes.

3.4.4. Die Bedeutung der Ontologie von Beziehungen

Das Spezifische der Übernatürlichkeit der Gnade ist, dass Gott in sich selbst mit der geistigen Kreatur in Beziehung tritt. In sich selbst aber ist Gott nicht der absolute Geist (Hegel), sondern anfänglich dreipersonal.

Entsprechend einer thomasisch-aristotelischen „Ontologie der Relationen" sind Beziehungen nur dann real, wenn es zwei Termini – *a quo et ad quem* – und ein Fundament für die Relation gibt. *Terminus a quo* der Beziehung zu Gott ist das durch Begnadung veränderte Sein des Menschen, *terminus ad quem* ist Gott selbst.

Die Veränderung kann nicht durch effiziente Kausalität bewirkt werden, soll sie eine personale Beziehung bewirken, die mehr ist als die des Geschöpfes zum Schöpfer. Sie kann aber auch keine formale Kausalität bedeuten. Einzig möglich wäre eine quasi Formalursächlichkeit, die durch die Hingabe Gottes inhaltlich bestimmt ist.

---

112 Ohne freilich die Seele als kreatürliches Formprinzip des Leibes zu ersetzen. Letzteres wäre mit dem Dogma von Chalcedon unvereinbar.

Man hat dies als Erklärungsgrund für die *inhabitatio* der drei göttlichen Personen herangezogen, wodurch diese den geschaffenen vernunftbegabten Wesen auf unerforschliche Weise gegenwärtig sind und den Gegenstand ihrer Erkenntnis und Liebe bilden.[113]

Wenn die Tradition immer wieder von der „Teilnahme am göttlichen Sein" gesprochen hat, wollte sie damit ausdrücken, dass durch die Gnade „Vergöttlichung" stattfindet. Diese dient auch als Grundlage der Einwohnung, der eigentümlichen Beziehung zu jeder der drei göttlichen Personen. Dieser Ansatz hat zwei entscheidende Vorteile: Zum einen zeigt er die göttlichen Personen als ungeschaffene Gnade, an der teilzunehmen die Höchstform des Selbstseins ist; zum anderen wird deutlich, dass die Teilhabe am göttlichen Leben eine totale Innerlichkeit Gottes in der Kreatur mit sich bringt: Gott wird zur Form unseres Lebens, zur „Seinsform" unseres Wesens.

Das, was Gott ausmacht, sind die innertrinitarischen Vollzüge des Erkennens und Liebens. In der Selbsterkenntnis Gottes zeugt der Vater den Sohn. Aus diesem Liebesvollzug geht der Heilige Geist hervor. Das trinitarische Sein ist identisch mit dem Akt der Selbsterkenntnis. Unsere Teilhabe am göttlichen Sein setzt voraus, dass unser Erkennen von Gott durchformt wird. Wie Augustinus zu zeigen versuchte, ist ja schon unser natürliches Erkennen Abbild der innergöttlichen Hervorgänge *(processiones)*. Die Gnade als Grund der Einwohnung bewirkt nun, dass dieses natürliche Erkennen quasi göttlicher Art wird: In uns aktuiert Gott selbst das, was ihn ausmacht – den innergöttlichen Hervorgang.

3.5. Die trinitarische Applikation der thomanischen Erkenntnismetaphysik (visio Dei)

Gott kann aus natürlicher Kraft nicht erkannt werden. Will der kreatürliche Verstand daher Gott erkennen, dann muss er irgendwie in die Sphäre des göttlichen Erkennens gehoben werden; er muss auf die Stufe der göttlichen Erkenntnis gelangen. Das setzt voraus, dass

---

113 Vgl. S.Th. I q. 43, a. 3.

die göttlichen Personen sich uns schenken. Dies geschieht auf vollkommene Weise in der *visio*, in der sich die göttlichen Personen mit der Seele verbinden. Dadurch, dass sie in uns wohnen, vermögen wir Gottes Wesen zu erkennen. Die Einwohnung der göttlichen Personen, die dem Heiligen Geist appropriiert wird, bewirkt die Aktuierung des potentiell-rezeptiven Verstandes, so dass er zur Erkenntnis des einzigartigen Erkenntnisobjektes gelangt: Gott, wie er in sich selber ist.

Die göttlichen Personen sind die *causa formalis* der Erkenntnis des Übernatürlichen. Sie übernehmen die Funktion der *species intelligibilis*, die für die Erkenntnis von geschaffenen Dingen notwendig ist. Im Akt der Gottesschau ist Gottes Wesen damit selbst die *forma intelligibilis*, d. h. die *species impressa*, die den Verstand aktuiert. Da jedoch die *forma intelligibilis* bei der *visio Dei* übernatürlich ist, bedarf der kreatürliche Verstand einer übernatürlichen Disposition, damit die Form ihn informieren kann.[114]

Thomas von Aquin nennt diesen übernatürlichen *Habitus „lumen gloriae"*. Der Grund für die Notwendigkeit eines übernatürlichen *Habitus* ist der unendliche Unterschied zwischen dem Seinsmodus Gottes und dem des erkennenden Menschen.[115]

[114] Erfahrungshafte Erkenntnis eines Gegenstandes beruht darauf, dass der Erkennende dem erkannten Objekt durch die *species intelligibilis* als einer Wirklichkeit des Erkennenden und des Erkannten seinshaft assimiliert wird. Dadurch sind das erkennende Subjekt und das erkannte Objekt im Akt der Erkenntnis wirklich dasselbe. Dadurch, dass sie seinshaft eins sind, kommt die Erkenntnis zustande. Ontologische Voraussetzung für die *visio* ist jene personal-hypostatische Beziehung, die eine quasi-formale Kausalität Gottes gegenüber dem geschöpflichen Verstand bedeutet.

[115] Vgl. S.Th. I q. 12, a. 2, ad 4: „Non enim fit visio in actus, nisi per hoc quod visa (sc. essentia Dei) quodammodo est in vidente. Et in rebus quidem corporalibus apparet quod res visa non potest esse in vidente per suam essentiam, sed solum per suam similitudinem. Sicut similitudo lapis est in oculo, per quam fit visio in actu, non autem ipsa substantia lapidis."

3.6. Resultat

Es war die große Intuition der Vätertheologen, dass die Gnade zur Vergöttlichung des Menschen führen muss. In der Einwohnung *(inhabitatio)* begegnet uns eine neue Stufe der Vergöttlichung, denn diese disponiert den geschaffenen Verstand zugleich zur *visio Dei*. Gott ist die Wurzel der Gnade. Gottes Sein ist Liebe, Gemeinschaft, Hingabe. Darin ist er *primo momento* Trinität. Aus dieser trinitarischen Dynamik der göttlichen Hervorgänge fließt die Gnade. So haben Trinität und Gnade denselben Ursprung: die göttliche Wesenheit, die – sofern sie von den Personen besessen wird – innertrinitarisches Mitteilen ist. Das trinitarische Leben Gottes wird das Motiv der Begnadung schlechthin.

Zugleich ist die Trinität ontologisches Strukturprinzip der Gnade, denn es ist die Trinität selbst, die als ungeschaffene Gnade im begnadeten Menschen anwesend wird.[116] Das begnadete Geistgeschöpf wird zum Abbild des Urbildes, denn das Urbild erfüllt, wenn die Gnade ans Ziel kommt, das Abbild. Durch die Sendung und Einwohnung der göttlichen Personen wird die Kreatur selbst zum *„ad quem"* Gottes – zu demjenigen, auf den Gott sich in seiner Sehnsucht richtet. Mit anderen Worten: Wir erkennen Gott durch die „Augen" des Sohnes. Die Erkenntnis wird uns nur durch die Unmittelbarkeit vermittelt, die der Sohn selbst besitzt. Es ist eine vermittelte Unmittelbarkeit. Durch Gottes eigenes Wort wird Gott für uns erkennbar. Als *terminus ad quem* nimmt die begnadete Seele durch den Sohn teil am göttlichen Lebensprozess.

---

116 Was die geschaffene Gnade betrifft, so ist Gott deren Wirkursache.

IV. Aspekte der Erbsündenlehre

1. Das Mysterium iniquitatis

Paulus schreibt, dass das Geheimnis der Bosheit in der Welt wirksam sei, wenn es auch jetzt noch durch das *„katéchon"* (2 Thess 2,6f) aufgehalten werde. Es steht in Zusammenhang mit der im Bereich der übermenschlichen Schöpfung – in der die Vermögen von Verstand und Wille nicht (wie beim Menschen) auf sukzessive Entfaltungsmomente festgelegt sind – anhebenden Auflehnung gegen Gott und seinen Gesandten. Seit den Vätern hat die Tradition der Kirche den Ursprung der Sünde in einer den Willen des Menschen übersteigenden Bosheit geortet, die sich nicht primär dem Schöpfer aller Dinge, sondern Gott in seinem Willen, das geistbegabte Geschöpf durch übernatürliche Teilhabe an seinem eigenen Leben in einen Zustand größtmöglicher Nähe und Ähnlichkeit mit sich selbst zu erheben, widersetzt.

Als entscheidendes Motiv wurde dabei die Selbstherrlichkeit des in ontologischem Gutsein als rein geistig konstituierten Wesens, das seine geschöpfliche Verdankung und Abhängigkeit von Gott negiert, ausgemacht.[117] Bereits 2 Thess 2,4 sagt von dem Widersacher, der mit seiner Macht zu verführen sucht, dass er sich über Gott und alles Heilige erhebt.

Geblendet von der eigenen Herrlichkeit und doch im Besitz klarer Erkenntnis wurde in ihm die Verneinung geboren – als Ablehnung der Stellung, die ihm qua Geschöpf zukommt, vor allem aber als Ablehnung des göttlichen Willens, ihm die übernatürliche Vollendung geschenkhaft zukommen zu lassen.[118] Als Angriff auf die eigene Selbstherrlichkeit musste es ihm erscheinen, wenn die Gnade ihm als durch das in der Menschheit errichtete Haupt der ganzen Schöpfung (Christus) vermittelt vorgestellt wurde. Die Anerkennung der Gnade hätte eine Verehrung des Engels für das gottmenschliche

---

117 Vgl. IV. Lateranense, Caput Firmiter (DH 428).
118 Vgl. S.Th. I q. 63, a. 3.

Haupt der Schöpfung eingeschlossen. Zum Wesen solcher Negation, in der die geballte Willensenergie in einem die gesamte eigene Existenz umfassenden Moment für immer konzentriert[119] ist, gehört es, sich nichts schenken zu lassen. In dieses „Nein" zu Gott hinein verewigt, will Satan der Gott dieser Welt sein (vgl. 2 Kor 4,4). Die Empörung darüber, auf Christus als den menschgewordenen Gottessohn hin geschaffen zu sein, bildet ein integrales Moment dieses sich perpetuierenden „Nein": *non serviam!* Die Sünde des reinen Geistgeschöpfes zeigt sich von vornherein als ein wahres „Geheimnis der Bosheit", das nur im Zusammenhang mit dem *„mysterium gratiae"* seine Erklärung findet.

Die katholische Lehre von der in einem konkreten Geistgeschöpf wurzelnden Negation, die jedem menschlichen „Nein" überlegen ist, macht deutlich, dass es einen Problemüberhang gibt, wenn vom „Bösen" die Rede ist. Dies wird besonders offensichtlich, wenn es um das Leiden Unschuldiger geht. Wiewohl dem Bösen keine eigene positive Seinsqualität eignet, ist es nicht nur als Mangel am Guten zu beschreiben: Die Rückführung des Bösen auf eine selbsturspüngliche personale Verantwortung bringt so etwas wie eine hamartiologische „Entlastung"[120] des Menschen in seinem moralisch verkehrten Tun mit sich, da ja die Sünden der Menschen in der Regel aus Unwissenheit und Schwachheit und nicht, wie es bei jener anfänglichen Sünde der Fall ist, aus purer Bosheit geschehen.

---

119 Es handelt sich um eine Sünde, die nicht, wie beim Menschen, actu vorübergeht und bloß als habituelle Sünde bestehen bleibt, sondern sie ist eine Sünde, die sich in einem ununterbrochenen Akt fortsetzt. Vgl. S.Th. I q. 64, a. 2.

120 Vgl. B. Claret, Geheimnis des Bösen, 380–386.

2. Die Sünde in der Welt des Menschen

Im 3. Kapitel der Genesis werden die Sünde des Ungehorsams gegen Gott und deren Folgen als Beginn der Unheilsgeschichte gezeichnet, die über die Menschheit gekommen ist. Der Text von Gen 3 steht nicht in einem luftleeren Raum; er bietet nicht irgendeine Geschichtsschreibung neutraler Art über vergangene Zeiten, sondern konkrete, prophetische, fordernde Anrede an das Israel seiner Zeit. Aber gerade weil er sich nicht in die Neutralität eines bloßen Berichtes über anfängliche Ereignisse zurückzieht, sondern prophetisch ist, geht er über den Rahmen dieses Volkes und seiner Zeit hinaus und richtet sich an den Menschen überhaupt. Er spricht von seiner Angefochtenheit und Verfallenheit, und dies nicht in der Vergangenheit, sondern im Präsens. Er hebt hervor, wie es um den Menschen aller Zeiten steht.

2.1. Die Ursünde

Die Erzählung vom Hereinbruch der Sünde in die Geschichte der Menschen wird uns in den ersten Kapiteln der Genesis überliefert. In einem Schreiben der Bibelkommission an den Erzbischof von Paris (1948) heißt es, dass man die Historizität der ersten elf Kapitel der Genesis „als ganze weder verneinen noch bejahen" darf, denn sie erzählt nicht „Geschichte im klassischen oder modernen Sinn".[121]

Nach exegetischem Befund darf es als sicher angesehen werden, dass der Hagiograph, was die Schilderung des Gartens und die materiellen Belange des irdischen Paradieses betrifft, eine bildhaft-symbolische Darstellung einer ideal gedachten Welt vorlegt; diese kann als solche aber nicht der eigentliche Aussageinhalt sein.

---

121 Vgl. AAS 40 (1948) 45–48. Zur theologischen Bedeutung des Sündenfalls vgl. L. Scheffczyk, Schöpfung als Heilseröffnung, 391–399; zur Einordnung der Urgeschichte in Gen und ihre Deutung als geschichtliche Ätiologie vgl. ebd., 65–72.

Die Zeichnung dieser materiellen Welt ist vielmehr ein *Darstel-lungsmittel* für das, was eigentlich gemeint ist: Der Mensch, wie er zuerst erschaffen wurde, lebte in der Gemeinschaft mit Gott und war von der Sünde frei. Diese Aussage durchzieht das Ganze.

Die äußere Beschreibung des Paradieses und die detaillierten Darstellungen naturkundiger Art sind keine historischen Tatsachenfeststellungen – mit Ausnahme dessen, was als Reflex der Sündenlosigkeit betrachtet werden muss, so z. B. die Abwesenheit von Gewalt und die ungebrochene Vitalität *(tota viriditas)* des menschlichen Leibes.

Es handelt sich bei den dargestellten Details um äußerliche Gegebenheiten, die wesentlich nicht mit dem Heil des Menschen verbunden sind. Anders nimmt sich der Kerngehalt der Erzählung aus: Der Zustand des Menschen vor der Sünde und ohne Sünde zeichnet sich durch ein besonderes Gottesverhältnis aus. Dieses war durch das Gebot und durch die besondere Nähe zu Gott bestimmt. Dieser Zustand muss genauso wie die Erscheinung des Menschen als eine in der Geschichte existierende Realität angesehen werden. Es ist eine Aussage über die anfängliche Verfassung des Menschen. Ihm kommt die Qualifikation des heilsbedeutsamen real Geschichtlichen zu.[122]

Die Vätertheologen folgen überwiegend der realistischen Deutung. Irenäus spricht vom *pristinus character* des Menschen. Augustinus hebt wie andere vor ihm auf die Unsterblichkeit des paradiesischen Menschen ab, ohne damit zu sagen, dass diese von sich aus schon das umfassende Heil ausmachen würde. Er spricht hier vom *posse non mori,* nicht vom *non posse mori.* Ohne den Fall wäre Adam die Freiheit von Leid und Not erhalten geblieben. Die wesentliche Qualifikation dieses Standes und Adams selbst bestand in der Gottinnigkeit seines Daseins. Bei allem naturalistischen Realismus des *locus deliciarum et amoenitatis* war das Wesen des Urstandes bis ins Mittelalter als heiliger gnadenhafter Anfang des Menschen gedacht.

---

122 Vgl. KKK, Nr. 375; Nr. 390; auch L. Scheffczyk, Schöpfung als Heilseröffnung, 69–72.

Es geht dabei nicht um einen Sachverhalt, der mit historischen oder anderen wissenschaftlichen Mitteln festzustellen ist. Er ist nur durch den Offenbarungsglauben zu erreichen. Jedoch ist der gläubige Mensch nicht Produzent dieser Geschichte, sondern Empfänger der geschichtlichen Wahrheit. Dem Hagiographen ist diese in Form einer durch die Zeiten hindurchgehenden Erinnerung oder aufgrund einer neuen Offenbarung überkommen. Dies ist für ein heilsrealistisches Konzept der Theologie wesentlich.

Für ein heilstheologisches Verständnis des Sündenfalles ist Folgendes zu beachten: Die Sünde hatte ihren Ursprung nicht in der sinnlichen Lust, denn eine solche konnte vor dem Verlust des Urstandes von außen nicht erregt werden. Ebensowenig darin, dass Eva den Versicherungen der Schlange glaubte; denn dies setzt eine Blindheit voraus, die mit dem Urstand nicht vereinbar ist.

Der Anfang der Sünde bestand vielmehr ursprünglich im Stolz und dem Verlangen möglichst unbeschränkter Selbstherrlichkeit. Sie schloss einen förmlichen Unglauben und ein Misstrauen Gott gegenüber ein, was dann einen effektiven Ungehorsam hervorbrachte.

Der Mensch versagt Gott diejenige Unterordnung, die dem göttlichen Willen von Seiten des Geschöpfes gebührt. Die Sünde der ersten Menschen enthielt einen förmlichen Abfall von Gott. Sein Gehorsam war durch ein Prüfungsverbot auf die Probe gestellt worden – eine von Gott gesetzte Ordnung, die aber keine neutrale war. In ihr hatte sich nämlich der Wille Gottes ausgesprochen, gegen den sich der Verstoß gegen die Ordnung unmittelbar richtete. Die Sünde war also nicht bloß ein Verstoß gegen eine moralische Regel. Der schuldig gewordene Mensch geht daraufhin der Begegnung mit Gott aus dem Weg. Sein Gewissen belastet ihn.

2.2. Die Folgen der Ursünde

Die theologische Wirklichkeit der Sünde besteht nicht nur in der Aufkündigung des einen Gebotes, sondern darin, dass der Mensch den bindenden Willen Gottes und sein Wort ablehnt. Die Bibel gebraucht dafür den Ausdruck: „sein wollen wie Gott". Dieses wird in der Sünde intendiert als eine Usurpation der göttlichen Stellung und des göttlichen Rechtes. Der Bericht lässt zugleich deutlich werden, wie illusionär und grotesk dieses menschliche Aufbegehren gegen Gott ist, der es in seinem Gericht über die Sünde als unvermögende Anmaßung bloßlegt. Mit dem „Wissen um Gut und Böse" aber wird die in der Sünde liegende Tendenz angesprochen, über die geschöpflichen Grenzen hinauszugreifen. Es liegt darin auch der Versuch, sich des göttlichen Geheimnisses zu bemächtigen. Die Sünde gaukelt ungeahnte Möglichkeiten vor, die sich dann als wesenlos erweisen. In diesem Vorstoß über alle Grenzen hinaus liegt eine Aggression gegen Gott, der den Menschen in die Grenzen seiner Geschöpflichkeit gesetzt hat. So konfrontiert die Sündenfallerzählung den Menschen mit dem Ernst und der Tragik der Sünde. Die Missachtung des Urberichtes von der Sünde durch das moderne Denken ist mit ein Grund, dass sich das Bewusstsein von der Sünde verflacht und verloren hat. Der am Ende angeführte Fluch über die Nachkommen Adams mit den sich daran anschließenden messianischen Weissagungen (Gen 3,15) deutet hin auf die heilsgeschichtliche Hinführung der Sünder auf die Erlösung und das Erscheinen des zweiten Adam. Dadurch wird die Glaubensüberzeugung begründet, dass die Sünde in den Heilsplan aufgenommen und zugelassen wurde.

2.2.1. Die Beeinträchtigung der imago Dei

Dass der Mensch nach dem Bild und Gleichnis Gottes (Gen 1,26f) erschaffen worden ist, wurde von den Vätern eingehend thematisiert. Es war vor allem Irenäus, der zwischen dem in der Schöpfung grundgelegten Bild Gottes im Menschen und der gnadenhaften Gottähnlichkeit unterscheidet. Der Sohn und der Heilige Geist waren bei der Erschaffung des Menschen mitbeteiligt:

Irenäus spricht von den „beiden Händen" des Vaters, nämlich Sohn und Geist, die an der Erschaffung des Menschen mitbeteiligt sind. Wenn die Erschaffung des Menschen durch Gott genauer die Erschaffung durch den Sohn und den Geist meint, die die beiden

Hände des Vaters sind[123], kommt schon ein gewisses trinitarisches Moment in die Reflexion hinein: Irenäus erreicht dies dadurch, dass er dem Genesis-Text, den er in *Adversus haereses* zitiert, eine explizit trinitarische Deutung gibt.[124] Das Bild Gottes ist der Sohn, nach dem der Mensch geformt wurde. Darum wird er auch am Ende der Zeiten erscheinen, um zu zeigen, dass sein Bild (der Mensch) ihm ähnlich ist.[125]

Der Vater offenbart sich selbst, indem er seinen sichtbaren Logos gibt. Der menschgewordene Sohn ist das Sichtbare des ewigen Sohnes. Darum zeigt er, wer der Vater ist.[126] Als Fleischgewordener zeigt der Logos dem Menschen darüber hinaus das wahre Bild, da er ganz in das einging, was sein Bild war. Indem er bei der Inkarnation ganz in das einging, was sein Bild war, das Sein des Menschen, führt der fleischgewordene Logos dem Menschen dessen wahres Bild vor Augen. Er stellt die Ähnlichkeit her, indem er den Menschen auch dem unsichtbaren Vater ähnlich erscheinen lässt.[127] Urbild des Menschen (Erstgeborener der ganzen Schöpfung, zweiter Adam) ist somit der menschgewordene Sohn. Daher tritt das Bild wahrhaft erst in der Inkarnation zutage. Irenäus stellt „Bild" und „Ähnlichkeit" einander gegenüber: Das Bild entspricht dem Plasma der Einheit von Leib und Seele und ist unverlierbar.[128] Die Ähnlichkeit dagegen korrespondiert mit dem Pneuma. Sie wird durch den Heiligen Geist gegeben und ist etwas Verlierbares. Die menschliche Seele

---

123 Adv. haer. V,6,1.

124 Vgl. Irenäus, Adv. haer. IV, Prol. 4; IV,20,1; IV,38,3: „[...] Factus et plasmatus homo secundum imaginem et similitudinem constituitur infecti Dei, Patre quidem bene sentiente et jubente, Filio vero ministrante et formante, Spiritu vero nutriente et augmente, homine vero proficiente et perveniente ad perfectum."

125 Vgl. R. Javelet, Image et ressemblance, Bd. 1, 25; auch M. Hauke, Heilsverlust, 210, 224.

126 Vgl. ebd.

127 Vgl. ebd.

128 „Bild" hat hier eine andere Bedeutung als später bei Augustinus: Es sagt nur etwas aus über die naturale Ausstattung des Menschen, nicht über seine Beziehung zu Gott. Vgl. P. Schwanz, Imago Dei, 141–143.

ist unsterblich und unvergänglich, wie es der göttlichen Sohnschaft entspricht.[129] Die Ähnlichkeit ist eine dynamische Größe, die sich in einem Prozess entfaltet: Der Mensch muss nach dem Bild und Gleichnis Gottes „werden".[130] Durch den Sündenfall ist nun die Gottähnlichkeit, die Adam besessen hat, völlig verlorengegangen.[131]

Die Gottebenbildlichkeit ist in der Freiheit der geistigen Geschöpfe begründet. Jedoch besagt die übernatürliche Gottebenbildlichkeit mehr. Sie ist Geschenk der Gnade. Das Ebenbild wird – so können wir in Anschluss an Irenäus sagen – durch die Gnade zum Gleichnis.

Das Gleichnis ist eine zum Bild hinzutretende Ähnlichkeit mit Gott. Es meint die Überkleidung mit göttlicher Herrlichkeit und Seligkeit und einer die Natur verklärenden Form, die eine Belebung, Ausschmückung, Vollendung und Besiegelung (Augustinus spricht vom *signaculum imaginis*) mit sich bringt.

Die Gnade bewirkt in der Natur eine Verklärung des Bildes zum Gleichnis Gottes. An sich ist das geistige Geschöpf immer schon ein lebendiges, kein totes Bild, aber zunächst noch ein fremdartiges, mangelhaftes, schattenartiges, irgendwie licht- und lebloses im Vergleich zum göttlichen Urbild, also kein wirkliches Gleichnis Gottes. Durch die Gnade nun enthält dieses Bild eine Ähnlichkeit mit seinem göttlichen Urbild. Es wird eine *imago deiformis* oder ein Gleichbild – ein vollkommen gestaltetes Bild Gottes. Die Gnade stellt eine Ergänzung und Vollendung der geistigen Natur dar, und zwar gerade in der Richtung, in der die vom Schöpfer intendierte besondere Vollkommenheit des Menschen zu suchen ist.

In der späteren griechischen Theologie tritt der Verlust der Gottähnlichkeit im Unterschied zum bleibenden Bildcharakter nicht mehr deutlich hervor. Stattdessen wird das Bild von der Trübung und Verfinsterung des göttlichen Ebenbildes stärker bemüht. Sie findet ihren

---

129 Vgl. Javelet, 26. Zur Bild-Theologie des Irenäus vgl. oben, 54f.

130 Vgl. M. Hauke, Heilsverlust, 225.

131 Vgl. Adv. haer. III,18,1; V,16,2; auch P. Schwanz, 124 und M. Hauke, Heilsverlust, 242–243.

Grund darin, dass die menschliche Natur von allen Gnadengaben entblößt ist.[132]

Auf diesem Hintergrund zeigt sich erst der Schaden, den der Hereinbruch der Sünde anrichtet: Der Mensch verliert als Bild Gottes in vielfacher Beziehung die Ähnlichkeit mit Gott. Stattdessen bleibt in ihm ein entstelltes und beflecktes, lebloses Bild zurück.

Die Sünde als Tod der Seele bedingt den Verlust der übernatürlichen Umgestaltung des Menschen zu einem wahren Gleichnis Gottes. Es bleibt das natürliche, aber geschwächte Bildsein des Menschen zurück. Die Gottebenbildlichkeit in ihm ist getrübt. *→ Ende*

2.2.2. Der Verlust der heiligmachenden Gnade

Mit der Gottesfreundschaft war den ersten Menschen die heiligmachende Gnade geschenkt. Durch diese wurden sie von Gott in einen höheren Stand oder Rang, in eine übernatürliche Würde versetzt, durch die das ewige Leben ihnen als standesgemäße Bestimmung (Erbgut) zukam. Durch diese Gnade wird der Mensch als Geschöpf Gott in besonderer Weise genehm und wohlgefällig. Er besitzt damit eine Anwartschaft auf den Besitz Gottes selbst. Mit ihr erlangen seine guten Werke die Vollkraft des Verdienstes vor Gott. Das spezifische Sein jener, die durch die Gnade zu Adoptivkindern Gottes geworden sind, besteht in einem Abglanz der Herrlichkeit Gottes, mit dem ihr Wesen als solches bekleidet und Gott ähnlich gemacht wird. Die Wiedergeburt zu Kindern Gottes führt zu einer neuen Beschaffenheit der Natur, die das göttliche Leben in ihr ausprägt und die ihre eigenen Vermögen transzendiert.

Durch die Ursünde ist es zum Verlust dieser heiligmachenden Gnade und damit zum Tod der Seele gekommen. Dabei ist zu beachten, dass es sich bei der urständischen gnadenhaften Gerechtigkeit nicht bloß um den Verlust irgendeines wünschenswerten und von Gott einfach *geschenkten* Gutes handelt, sondern eines von Gott

132 Vgl. M. Hauke, Urstand, Fall und Erbsünde, 165.

ihm anvertrauten Gutes, das er besitzen muss, um vor Gott gerecht und wohlgefällig zu sein, und dessen Erhaltung er Gott selbst schuldete.

Indem er die heiligmachende Gnade verwirkt, kommt der Mensch auf einem Niveau zurecht, das ihn weit unter jenen Status erniedrigt, den er aufgrund seiner bloßen Natur einnähme, wenn er die Gnade niemals empfangen hätte.[133] Daher wären die Folgen der Erbsünde sehr deutlich zu betonen: das Sterbenmüssen, das Übergewicht der Konkupiszenz, die Verwüstung des gesellschaftlichen Lebens (Brudermord des Kain: Gen 4).

2.2.3. Die Verschlechterung der menschlichen Natur

Zu den Folgen der Erbsünde gehört, dass der Mensch die ganze übernatürliche Herrlichkeit des Urstandes verloren hat und in allen seinen Fähigkeiten und Vermögen verschlechtert wurde. Es lassen sich dabei insbesondere folgende Mängel und Übel ausmachen:

- eine Schwäche der Vernunft und ihre Geneigtheit zum Irrtum
- eine sittliche Schwäche des Willens mit seiner Geneigtheit zum Bösen
- die Rebellion der sinnlichen Begierlichkeit gegen den Geist mit ihrem überwiegenden Einfluss
- die Notwendigkeit des Leidens und des physischen Todes
- eine empfindliche Einschränkung der Herrschaft über die äußere Natur, verbunden mit einer vielfachen Abhängigkeit von ihr
- eine gewisse Unterwerfung unter die Macht des Teufels

---

133 Ob die Erbsünde „nur" den Verlust der heiligmachenden Gnade nach sich zieht oder auch eine Art „Verwundung" der natürlichen Kräfte, wird schon

Durch den Verlust der ursprünglichen Integrität seiner Natur wird der Mensch dadurch den Tieren ähnlich und sinkt in einen animalischen Zustand herab. Er wird in seinen natürlichen Vermögen geschwächt. Vor allem wurde seine sittliche Freiheit gebeugt (was man gegen die Pelagianer betont hat). Es kommt zum Verlust derjenigen Freiheit, die der Mensch vor der Sünde besaß, d. h. der *naturalis possibilitas et innocentia* – der ursprünglichen Fähigkeit, für das übernatürliche Heil zu wirken und ohne spezielle Intervention Gottes alle Sünden und Fehler zu meiden.

Allerdings hat man den Ausdruck „Verlust" oder „Auslöschung" der Freiheit verworfen (Tridentinum). Der Mensch behält eine basale Freiheit. Er kann zwischen gut und böse wählen.

Außer mit der Sünde selbst haben wir es mit den Folgen der Erbsünde zu tun, die auch nach der Rechtfertigung in der Taufe im Menschen zurückbleiben: seine Versuchlichkeit und Begierlichkeit, aus denen für den Menschen ein immer gefährdetes Gott-Weltverhältnis erwächst. Der Fortgang der Schöpfungsgeschichte ist dadurch gleichsam verdüstert. Damit ist aber auch die Bewältigung des Weltauftrages des Menschen gebrochen. Er wird die Kraft zu dieser Bewältigung am Widerstand der Sünde und ihrer Folgen bewähren müssen.

Die Veränderung, die über den Menschen gekommen ist, muss nicht als eine positive Verderbnis oder eine negative Zerstörung seiner naturalen Vollkommenheit aufgefasst werden, die Gott eingeführt hätte. Sie besteht in der Entfernung von übernatürlichen Gaben, durch die die Natur ursprünglich von ihrer Gebrechlichkeit befreit war. Es wurde ihr der göttliche Schutz entzogen, durch den der Mensch vor nachteiligen Einflüssen der Außenwelt, der sinnlichen Natur unter ihm (und der bösen Geister über ihm) gesichert war. Es wurden aber nicht die positiven natürlichen Anlagen zerstört, auch die natürliche Kraft und Neigung zum Guten in sich selbst ist nicht vermindert worden. Und schon gar nicht wurde der Mensch dadurch positiv für das Böse disponiert.

im Mittelalter diskutiert. Vgl. den einschlägige Faszikel von H. Köster, Urstand, Fall und Erbsünde, 141–148.

Die Verschlechterung seines Zustandes ist jedoch keine bloß äußerliche, sondern sie bezieht sich auf die innerste Beschaffenheit der Seele, die eine Verschlechterung *(mutatio in deterius)* erleidet. Sie ist eine Verderbnis (Korruption) und Verkehrung der Kraft und Energie des Willensvermögens. Der Verlust der Integrität stellt sich ein: Dadurch wird das ganze Verhältnis der Seele zum Leib und der oberen Kräfte zu den niederen so verändert, dass die höheren die niederen nicht mehr beherrschen können, diese vielmehr jetzt in ihrer Tätigkeit behindert werden. Vernunft und Wille besitzen nicht mehr die Fülle von Licht und Kraft wie ehedem.

Die Natur des Menschen wird selbst gleichsam gespalten. Die Theologen beziehen die *vulnera naturae* auf diejenigen Folgen des Verlustes der Integrität, die zur Fehlerhaftigkeit der Natur im Hinblick auf ihre geistig-sittliche Tätigkeit *(vitiatio)* gehören. Die Zahl und Namen der einzelnen von Thomas angeführten *vulnera naturae* finden sich so bei allen Theologen.[134] Sie ergeben sich aus den wesentlichen Vermögen der Seele, von denen Thomas sagt: „Es gibt aber vier Vermögen der Seele, die den Tugenden unterstehen können, nämlich:

- ratio   prudentia
- voluntas   rectitudo (Rechtheit)
- irascibilis   fortitudo (Tapferkeit)
- concupiscibilis   modestia (Mäßigkeit)

Hier entstehen nun die Wunden der *ignorantia*, weil die Vernunft ihrer Hinordnung auf das Wahre beraubt wird, der *malitia*, sofern der Wille seiner Hinordnung auf das Gute verlustig geht, der *infirmitas*, sofern der Mensch die Hinordnung auf das *bonum arduum*, das

---

134 Vgl. Thomas von Aquin, In II Sent, d. 29, q.1, a.1.

„Hohe", verliert und der *concupiscentia*, weil die Hinordnung auf die von der Vernunft gemäßigte Sinnenfreude verlorengeht."[135]

Der Mensch findet sich nach der Ursünde anders vor: Die Natur selbst erfährt eine deutliche Veränderung und Umstrukturierung. Das, was ihr im Anfang vom Schöpfer verliehen worden war, die Ordnung für ihr vollkommenes übernatürliches und natürliches Leben, wurde von Grund aus unwiederbringlich zerstört. Damit wurde sie vollständig anderen Gesetzen des Wirkens und Leidens unterworfen. Und dies darum, weil durch die Integrität das ganze Verhältnis zwischen den beiden wesentlichen Teilen der Natur, Leib und Geist, ein durchaus anderes und höheres geworden war, als es natürlicherweise sein konnte. *Der Mensch war vor der Sünde ganz anders eins mit sich selbst.*

3. Das Dogma von der allgemeinen Bedeutung und Wirksamkeit der Ursünde

Seit der Synode von Karthago hat sich immer wieder das kirchliche Lehramt mit der Erbsünde befasst. Einige lehramtliche Feststellungen seit der Auseinandersetzung mit den Pelagianern seien hier in Erinnerung gebraucht:

• Synode von Karthago	DH 223
• Synode von Orange 529 (Arausicanum II)	DH 371ff.
• IV. Laterankonzil	DH 800
• Tridentinum	DH 1510–1516
• Pius XII.	DH 3891[136]
• Paul VI. (Credo des Gottesvolkes)[137]	

---

135 Vgl. S. Th. I–II q. 85, a. 3.

Die Kanones des Arausicanum II über die Erbsünde wurden gesamtkirchlich rezipiert. Nach dem Tridentinum wird die Erbsünde durch Fortpflanzung, nicht durch Nachahmung *(propagatione, non imitatione)* übertragen.

Das Erbsündendogma durchkreuzt die Vernunftreligion der aufklärerischen Popularphilosophie des 18. und 19. Jahrhunderts und die davon geprägte Religionskritik des 19. Jahrhunderts. Vorher hatte schon der Sozinianismus mit seiner rationalistischen Schriftauslegung die Erbsünde und die allgemeine Notwendigkeit der Erlösungsgnade geleugnet. Nach diesem System erlangt der Mensch die Gnade durch eine sittliche Lebensführung.

Die Aufklärung hält den Gedanken von der natürlichen Vollendbarkeit des Menschen hoch. Diese wird durch den Rekurs auf eine übernatürliche Gnade in Frage gestellt. Die physischen und seelischen Leiden sind naturale oder gesellschaftliche Defizienzen. Überwinden kann man sie durch den allgemeinen Fortschritt. Die Verwiesenheit auf die Gnade durchkreuzt indes den Optimismus der Aufklärung, der damit unvereinbar ist.

Das Elend in der Welt, christlich erklärt mit dem Hinweis auf Sünde und Erbsünde, wird zum Vorwurf gegen einen vermeintlich guten Gott gewendet. Gott verfüge entweder gar nicht über die Macht, die Welt besser einzurichten, oder er habe es nicht gewollt. Hier will der Mensch Gott von seinen sittlichen Regeln her beurteilen. Dieser verfällt einem moralischen Verdikt. Rousseau war auf diesem Gebiet ein Vordenker: Der durch und durch gute Mensch geht als Geschöpf rein und unschuldig aus der Natur hervor. Er steht im Anfang noch jenseits des Widerspruchs von gut und böse. Ein sich selbst annehmender Wille ist problemlos *amour de soi*.

Der entartete Mensch ist demgegenüber Produkt einer Gesellschaft, die ihn verdorben hat. Erst dadurch verfällt er einer unnatürlichen Selbstliebe; durch sie wird er zum Tyrannen für die anderen und die Natur. Das Gegenmittel ist vernünftige Aufklärung und Erziehung. Der Nationalkonvent der Grand Nation schaffte am

136 Vgl. G. L. Müller, Katholische Dogmatik, 151ff.
137 Vgl. AAS 60 (1968), 433–445.

17. November 1793 die Erbsünde per Dekret ab. Unter den Aufklärern wird einzig bei Kant der naive Naturoptimismus gedämpft: In seiner Religionsschrift handelt er „von der Einwohnung des bösen Prinzips neben dem guten" oder „Über das radikal Böse in der menschlichen Natur".[138] Kant sieht die Erbsünde nicht im Verlust der ursprünglich geschenkten Gemeinschaft mit Gott. Er behandelt sie nur als Defizienz der Natur („Bosheit des Herzens"), nicht aber als Schuld.

4. Inwiefern ist die von den Nachkommen Adams ererbte Sünde eine wahre und eigentliche Sünde?

Die Erbsünde ist Sünde im analogen Sinn. Sie ist nicht eine aktuelle Tatsünde (analogatum principale) und auch nicht der aus einer solchen resultierende *Habitus*. Trotzdem zieht sie eine moralische Schlechtigkeit nach sich. Wer in der Erbsünde steht, ist mit einer ähnlichen Sündhaftigkeit behaftet wie Adam infolge seiner aktuellen Tatsünde. Um das Wesen der Erbsünde als einer eigentlichen, doch analogen Sünde zu verstehen, sind zwei Gesichtspunkte einzubringen: Zunächst wirkt die aktuelle Sünde in der habituellen, die von Adam mit der menschlichen Natur auf die Nachfahren übergeht, fort, sofern sie einen Zustand meint, der wesentlich auf die Ursprungssünde bezogen ist. Zum anderen muss man bedenken, dass es zwischen Adam und seinen Nachkommen wo etwas wie eine „corporate identity" gibt. Da es sich bei der Sünde Adams gewissermaßen um die „Gesamthandlung" eines Körpers handelt, zu dessen Gliedern alle durch den Empfang der Natur werden, gehört die ursprünglich von Adam gesetzte Handlung ihnen moralisch mit an.

138 Vgl. Kant, Die Religion innerhalb der Grenzen der bloßen Vernunft, 21f; 27f.

Die Erbsünde ist nicht zu verwechseln mit einer Sündhaftigkeit, die Personen durch eigene Akte geschaffen haben. Vielmehr ist sie eine allen Tätigkeiten vorausliegende Wurzel, aus der persönliche aktuelle Sünden erstehen. Sie ist nicht einfach identisch mit der habituellen Sünde in Adam, obgleich sie damit in Verbindung steht. Darum ist sie – als *peccatum originale originatum* ≠ Sünde im analogen Sinne. *Unterscheidung zu*

Anselm von Canterbury hat darum den Satz geprägt (sinngemäß): „In Adam persona infecit naturam, in nobis natura inficit personam."[139] Solche Infektion geschieht nicht wie bei Adam, wo das Subjekt der Handlung die Natur korrumpiert, sondern umgekehrt in der Weise, dass die Verwundung der Natur die Beflecktheit ihres Inhabers begründet.

Das Bestehen der Erbsünde als einer eigentlichen Schuld wurde vom Tridentinum im Anschluss an die Lehre von der Wirksamkeit der Ursünde formuliert: „Diese Adamssünde ist dem Ursprung und der Übertragung nach eine. [...] Kinder, die den Mutterschoss verlassen, ziehen sich dasjenige von der Sünde Adams zu, das durch das Bad der Wiedergeburt getilgt werden muss [...] Durch die Taufe wird der Schuldreat der Erbsünde nachgelassen [...] und alles, was den Charakter einer wahren und eigentlichen Schuld hat, hinweggenommen."[140]

---

139 Anselm v. Canterbury, De conceptu virginali et originali peccato, cap. 23 (PL 162, 455D): „Persona enim erat, quod dicebatur Adam; natura, quod homo: fecit igitur persona peccatricem naturam, quia cum Adam." Vgl. Thomas von Aquin, Quaestiones disputatae de malo, q. 4, a. 1 [ed. Marietti 1953, 445].

140 Vgl. Konzil von Trient, 5. Sitzung, can. 3,4,5 (DH 1513–1515). H. Hoping unterscheidet im Hinblick auf die Erbsünde in seinem Artikel im LThK[3] sechs Gruppen von Theologen: Die erste hält Trient wie überhaupt die gesamte Erbsündenlehre für eine Fehlentwicklung oder sie reduziert das mit „Erbsünde" Gemeinte auf die universale Wirkung der individuellen Sünden, die anderen fünf verfolgen die Absicht, wenigstens der Grundintention von Trient gerecht zu werden. Aufgezählt werden die Versuche, Erbsünde und Evolution zusammen zu bringen (1), Erbsünde als sündiges Situiertsein des Menschen (2) oder als strukturelle Sünde (3) oder als Verhängnis der Angst (4) oder als transzendentalen Ursprung der Sünde (5)

originans   hervorbringend

(

5. Das Wesen der Erbsünde und ihre besonderen Eigenschaften

Die Erbsünde besteht nicht in der Haftbarkeit für eine begangene aktuelle Sünde. Sie ist vielmehr als Verlust der geschuldeten Gerechtigkeit anzusehen.

Die falschen Auffassungen über die Erbsünde beruhen darauf, dass man auseinanderreißt, was nach katholischer Lehre zusammengehört, nämlich:

- die in Adam kontrahierte Schuld, die das ganze Menschengeschlecht betrifft
- die innere verkehrte Beschaffenheit des unter der Erbsünde stehenden Menschen.

Wenn man einen dieser beiden Aspekte unterschlägt, ergibt sich als Folge, dass man das wahre und eigentliche Wesen der Erbsünde entweder hinstellt als die angeborene innere Beschaffenheit für sich allein (1) oder bloß als die Verantwortlichkeit für die Sünde Adams (2).

Zum ersten: Die Rücksicht auf eine freie Verschuldung dieser Beschaffenheit wird hier ausgeblendet. Man sagt, eine solche finde sich nicht im Erbsünder selbst, und eine äußerliche Verschuldung in und durch Adam könne nicht in Betracht kommen. Dieser Typ einer schiefen Erbsündenlehre kennt zwei Formen: die manichäisierende und die rationalisierende.

Bei den Reformatoren (außer bei Zwingli) haben wir die erste Form: Die innere Beschaffenheit des Erbsünders muss dann alle Bosheit in sich vereinigen, die sich in einer persönlichen Sünde finden kann. Jene Beschaffenheit macht – ohne Rücksicht auf freie Verschuldung – vor Gott ebenso schuldig wie die freie persönliche Sünde.

zu begreifen. Vgl. H. Hoping, Erbsünde. III. Systematisch-theologisch, in: LThK[3], Bd. 3 (1995) 747. Vgl. dazu auch K.-H. Menke, Kriterium, 122.

Die zweite Form haben wir – in der traditionellen Form – bei Zwingli und Hermes. Sie lassen den Verlust der heiligmachenden Gnade ganz außer acht. Die Erbsünde verliert damit den Charakter einer förmlichen Sünde.

Beiden Formen ist gemeinsam, dass sie die verkehrte innere Beschaffenheit des Menschen nach der Ursünde in die Konkupiszenz verlegen, sei es denn auch auf je verschiedene Weise. Diese Auffassung wurde schon in Canon 5 des Tridentinums verworfen: Jene Konkupiszenz, die wirklich im Erbsünder vorhanden ist, bleibt auch nach der Taufe bestehen, während doch alles weggenommen wird, was wirklich und wahrhaft Sünde ist.[141] Auch das Prinzip wurde verworfen (gegen Bajus), dass irgendeine innere Beschaffenheit des Erbsünders – ohne Beziehung auf deren Verschuldung – den Charakter einer eigentlichen Sünde haben könne.

Zum zweiten: Die andere Theorie sieht die Erbsünde weder ganz noch teilweise in einer verkehrten inneren Beschaffenheit des Menschen, sondern ausschließlich in der Zurechenbarkeit der aktuellen Sünde Adams. Letztere wäre auch der einzige Inhalt der Schuld. Die ganze innere Unordnung im erbsündigen Menschen wäre nur eine *Folge* und *Strafe* für die Ursünde. Die von Adam begangene aktuelle Ungerechtigkeit hätte eben ein moralisches Missverhältnis aller zum Gesetz und zu Gott bewirkt.

Dagegen betrachtet die Scholastik die Erbsünde als *privatio iustitiae originalis.* Die aktuelle Sünde Adams kommt dabei bloß in Betracht, um die *privatio* als willentlich und schuldhaft erscheinen zu lassen. Das Tridentinum sagt: Die habituelle Sünde Adams ist der *Typus der Erbsünde.* Die durch die aktuelle Sünde Adams herbeigeführte innere Unordnung des Erbsünders wird hier jedoch mit in Rechnung gestellt.

Und von der Erbsünde wird gesagt: *„inesse unicuique proprium".* Solange die Schuld nur den Akt Adams zum Inhalt hat, ist sie vielleicht etwas, das allen gemeinsam ist, aber nicht etwas, das jedem zu eigen *(singulis proprium)* ist.

---

141 Vgl. Konzil von Trient, Dekret über die Erbsünde, can. 5 (DH 1510–1516).

Man wird überhaupt sagen müssen: Weil die Erbsünde ihrer Natur nach nicht durch einen persönlichen Akt begründet wird, kann sie gar nicht ohne Beziehung auf eine verkehrte innere Beschaffenheit gedacht werden. Die Erbsünde wurzelt ja in einem Akt, der nicht aus dem Subjekt hervorgegangen ist und der ihm nie (so wie bei Adam) innerlich eigen gewesen ist: Wenn man sie also bloß als eine Schuldverhaftung *(reatus)* auffassen würde, die aus der begangenen Sünde Adams resultiert – ohne jede Beziehung auf eine gegenwärtige innere Unordnung –, so könnte sie keine innerlich und persönlich eigene sein. Sie wäre dann nur eine äußerlich und juristisch imputierte Sünde des Stammhauptes. Wir hätten es dann mit einer Art von „Sippenhaftung" zu tun, zu der alle herangezogen würden.

Der *reatus* muss also in Beziehung auf den Verlust der geschuldeten Urgerechtigkeit aufgefasst und mit einer inneren Ungerechtigkeit begründet werden. Aus diesen Überlegungen ergibt sich die zentrale Aussage: *Das Wesen der Erbsünde, die eine wahre Ungerechtigkeit ist, besteht ebenso direkt in dem verschuldeten Mangel der Gerechtigkeit wie in der Schuld an diesem Mangel.*

Sie ist nach katholischer Auffassung eine *culpabilis privatio iustitiae originalis*. Damit ist der Erbsünde ein spezifischer Inhalt angewiesen, der sie von jeder anderen habituellen Sünde unterscheidet. Inhaltlich besteht die Erbsünde im Tod der Seele, im Mangel an heiligmachender Gnade. Darum muss jede genauere Bestimmung der Erbsünde dieses Moment mit aufnehmen. Doch es wäre einseitig, sich hiermit allein zu begnügen, denn schließlich ist dieses Moment allen Todsünden gemeinsam.

In der adäquaten Bestimmung des Wesens der Erbsünde weichen die Theologen voneinander ab. Thomas ist hier etwa einen anderen Weg gegangen als etwa Bonaventura. Für ihn sind vier Momente zu berücksichtigen:

Die Ungerechtigkeit des Erbsünders ist an erster Stelle in der Entblößung der Seele von der heiligmachenden Gnade zu suchen, aber nur insoweit, als mit der Gnade die Wurzel der von Gott geforderten Gerechtigkeit verloren ist. Daher ist die Wiederherstellung der heiligmachenden Gnade in der Wiedergeburt aus Gott nötig, wenn die Ungerechtigkeit des Erbsünders von Grund aus behoben werden soll.[142]

An zweiter Stelle liegt die Ungerechtigkeit des Erbsünders im Mangel an der ursprünglichen Ordnung, die Gott für die Kräfte der Seele eingerichtet hat. Dieser Mangel ist durch den Wegfall der heiligmachenden Gnade bedingt. Diese Ungerechtigkeit führt zum Verlust der Heiligkeit im höheren *Vernunftvermögen (ratio superior)* und zur Störung in der Unterordnung der *sensualitas* unter dieses, bedingt durch den Mangel an Integrität. Diesem Mangel an Heiligkeit in der *ratio superior* und der fehlenden Unterordnung des sinnlichen Begehrungsvermögens entspricht im freien Willen eine absolute Unmöglichkeit, Gott *übernatürlich* zu lieben. Es haben ja diese Grundvermögen der Seele einen Einfluss auf die Betätigung der Sittlichkeit. Dieses zweite Moment der Ungerechtigkeit, die Wunde der Natur, ist gegenüber dem erstgenannten nur ein materieller Teil. Die darin gelegenen Übel können den formellen Charakter der Sünde einfach dadurch verlieren, dass Gott den Menschen nicht mehr dafür verantwortlich macht, auch wenn sie (nach der Taufe) weiterhin fortbestehen.

An dritter Stelle besteht die Erbsünde nach ihrer formellen Seite in der Abwendung von Gott durch den verschuldeten Mangel an Heiligkeit *(caritas)*, nach ihrer materiellen Seite in der Hinneigung zur Kreatur infolge des Verlustes der Integrität. Beides resultiert daraus, dass sie ein Abbild der aktuellen Sünde im Willen darstellt.

An vierter Stelle besteht sie in einer fortgesetzten Tendenz zu ungeordneten Regungen und Bewegungen, die sich bis in den körperlichen Organismus hinein auswirken. Allerdings bleiben äußere sündhafte Handlungen nur insofern förmliche Sünden, als sie von einem sündhaften Wollen angeordnet und geleitet werden. Darum sind diese Tendenzen auch nur so lange sündhaft, als der Mangel der heiligmachenden Gnade noch fortbesteht.

Eine etwas andere Perspektive bietet Bonaventura. Für ihn ist die heiligmachende Gnade nicht Kern und Wurzel der Ur- und Erb-

---

142 Thomas von Aquin, S. Th. III, q. 66, a. 9; vgl. q. 80, a. 10, ad 1. Zur Deutung der Erbsünde bei Thomas vgl. H. Köster, Urstand, Fall und Erbsünde, 140.

gerechtigkeit der Natur. Er verlegt diese in die *iustitia integritatis*.
Mit dieser Akzentverschiebung setzen die Franziskanertheologen,
die ihm gefolgt sind, die Erbsünde radikal nicht in den Tod der Seele,
sondern in die Wunde oder Krankheit der Natur und der sittlichen
Freiheit. Der eigentliche Makel der Sünde besteht nicht in dem
Mangel an heiligmachender Gnade, sondern in der unordentlichen
Anhänglichkeit an die Kreatur. Diese Anhänglichkeit ist in der Konkupiszenz enthalten.[143] Er verlegt die Erbsünde in den Willen, wo
auch die Urgerechtigkeit ihren Sitz hatte. Sofern sie eine Verderbnis
darstellt, überformt sie die Potenzen der Seele.[144]

Durch die Taufgnade wird der ganze Inhalt der Erbsünde als
Unordnung der Natur in der Person des Erbsünders kompensiert
und paralysiert, d. h. die Konkupiszenz wird ihres Schuldcharakters
beraubt.

6. Die Stellung der Sünde im Heilsplan Gottes

Eine andere Frage als die nach dem Wesen ist die, welche Zielaus-
richtung die Sünde als Geschehen im Plan Gottes annimmt. Das
mysterium iniquitatis ist weder von der Seite der menschlichen Freiheit her noch von Seiten der göttlichen Zulassung und Ermöglichung
vollkommen einsichtig zu machen. Aber sein Sinn erschließt sich
dem Glauben, der uns sagt, dass durch den Einbruch des Bösen die
Hinführung der Schöpfung auf den Bund ein erlöserisches Geschehen werden konnte. Erst dadurch konnte Christus als das erlöserische
Haupt der Menschheit hervortreten. Dass Gott den Absturz des Menschen zuließ, um die Schöpfung auf höhere Weise zu erneuern, meint
Paulus: „Als aber die Sünde überschwenglich war, wurde die Gnade
noch überschwenglicher" (Röm 5,20).

---

143 Vgl. Bonaventura, Sent. II d. 32, a. 2, q. 1 concl. Zu Bonaventuras Erbsündenlehre vgl. H. Köster, Urstand, Fall und Erbsünde, 147f.
144 Vgl. Sent. II d. 33, a. 2, q. 3 concl. 5; auch Sent. II d. 31, a. 1, q. 2.

Eine erlöste Welt, die in Jesus Christus ein neues Haupt erhielt, verwirklicht eine höhere Ordnung als es diejenige war, die nicht durch die Schuld hindurch zu dieser Höhe geführt worden wäre.

Das *Geheimnis der Bosheit* bietet die befriedigende Erklärung für die göttliche Zulassung der Sünde in der Menschheit und auch der Einwirkung des dämonischen *mysterium iniquitatis* auf die Menschheit. Letzteres muss man annehmen, weil die Sünde in der Menschheit einen solchen Grad der Bosheit und einen solchen Umfang erreicht, wie sie allein durch die Gebrechlichkeit und die Leidenschaften des Menschen wohl nicht zu erklären sind.

Die Heilige Schrift redet nur einmal von einem Geheimnis der Bosheit oder der Gesetzlosigkeit (2 Thess 2,7). Gemeint ist damit die Anfeindung Christi und seines Reiches, die im Antichrist in ihrer ganzen Wut und Stärke offenbar wird. Es ist in den gottfeindlichen Plänen des Teufels zu suchen, die sich in den Versuchungen der Menschen zur Sünde und in dieser Sünde selbst kundgeben.

Indem der Glaube auch dieses Geheimnis der Bosheit in Verbindung mit dem der Erbsünde vollkommen enthüllt, kann die Theologie den nächsten Schritt tun und zu einer richtigen Würdigung des ursprünglicheren Geheimnisses der Gnade gelangen.[145]

---

145 Vgl. L. Scheffczyk, Heilsverwirklichung, 329: „In der Tat ist die Erkenntnis des Dunkels und der Abgründigkeit der Sünde eine Voraussetzung und ein Motiv für das Ansichtigwerden der ganzen Fülle und Strahlkraft des Lichtes der Gnade."

V. Die Notwendigkeit der Gnade und die Freiheit des Menschen

1. Die pelagianische Kontroverse

Mit dem Begriff „Pelagianismus" bezeichnet man eine Position, die zunächst mit Berufung auf Pelagius von dessen Anhängern Caelestius und Julian von Eclanum vertreten wurde. Sie sind der Auffassung, auch nach dem Sündenfall sei der Mensch von Natur aus in der Lage, den Willen Gottes – auch ohne das innere Wirken der erlösenden Gnade – zu erfüllen.

H. Rondet charakterisiert den Pelagianismus als eine Häresie, die zwar Tendenzen der Gnadenlehre des Pelagius aufgreift, diese aber im Sinne eines Konsequenzialismus radikalisiert. Er spannt einen weiten Bogen vom Pelagianismus der stoischen Philosophie über die autonome Pflichtethik Kants bis hin zum Existentialismus. Über diesen bemerkt er: „Der Mensch steht im Mittelpunkt der Natur als einer, der auf sich selbst gestellt ist, ohne irgendein anderes Ziel als das, das er sich selbst setzt, ohne eine andere Hilfe als seine eigene Freiheit."[146]

Bereits in der hellenistisch-römischen Zeit tritt uns das Moment der Schwäche menschlicher Freiheit entgegen (Ovid). Ein Pessimismus ist unverkennbar. Die Stoa bedeutet hier eine Wende. Nach ihrer Ethik kann man diese Schwäche durch eigenes Bemühen besiegen.

Die christliche Verkündigung richtet sich von Anfang an gegen einen Volksglauben, der Sünde als unumstößliches Faktum auffasst. Dabei greift sie allerdings die stoische Autonomie an; denn wahre Freiheit ist nur mit Gottes Hilfe zu erlangen. Daher lehrt die Kirche seit ihren Anfängen die Pflicht zur Dankbarkeit für die moralisch guten Akte, die Notwendigkeit des Bittgebetes um Gottes Kraft und die Notwendigkeit der Sakramente.

Die pelagianische Kontroverse war nur von kurzer Dauer – Anfang des 5. Jahrhunderts –, aber von enormer Bedeutung für das

146 Vgl. H. Rondet, „Pelagianismus", in: SM, Bd. 4 (1969) 1101–1105.

Schicksal der Kirche. Pelagius ist der Anlass gewesen, die Schwäche der menschlichen Natur zum Objekt tieferer Reflexion zu machen. Historischer Hintergrund für das Aufkommen der Frage war der Laxismus der Konstantinischen Ära: die Verfolgungszeit war zu Ende, die Zeit der Märtyrer vorbei. Es kam teils zum ethischen Verfall unter den Christen. Pelagius wollte diese wieder zum ernsthaften Vollzug des Glaubens anspornen und auf den Zwiespalt zwischen Glauben und Leben hinweisen. Er war der Überzeugung, dass der Mensch selbst aus seiner sündigen Situation entfliehen kann, wenn er nur will. Wenn der Mensch will, kann er aus sich selbst das Heil erlangen und gerecht vor Gott leben. Dabei überschätzt Pelagius die menschliche Natur und übersieht, dass die menschliche Freiheit durch die Erbsünde verwundet worden ist.[147]

Der große Verteidiger der Gnade, Augustinus, betont dagegen, dass vor allem die innere Gnade Christi im Heiligen Geist notwendig ist. Ohne sie kann die Sünde nicht überwunden werden. Ohne sie bleibt der Mensch unfrei. Diese Gnade ist für ihn nichts Äußeres – das Heilswirken Gottes in der Geschichte –, sondern etwas dem Menschen zutiefst Innerliches. Sie ist zuerst und vor allem eine innere Wirkkraft, um Gutes zu tun. Augustinus kann daher beten: „Gib, was du befiehlst, und befiehl, was du willst." Für Pelagius dagegen hat Gott immer schon gegeben; darum braucht der Mensch dafür nicht mehr zu beten. Erbitten muss er nur das, was er nicht selbst kann.

Das Carthaginense (418) hat die Lehre Augustins in diesem Punkt übernommen, wenn es sagt: 1. Die Gnade Christi ist notwendig zum Nachlass der Sünden. 2. Gnade ist nicht nur Information über das, was Gott will, sondern sie gilt als die innere Kraft, das Gute zu vollbringen.[148] Die Kernaussage dieses Konzils ist, dass Gnade nicht nur Sünden vergibt, sondern auch mit der Kraft zum Guten versieht. Der Pelagianismus betrachtet als Gnade das im freien Willen des

---

147 Eine andere Einschätzung findet sich bei K.-H. Menke, der in seiner Gnadenlehre sehr um eine Rehabilitation des Pelagius bemüht ist. Vgl. K.-H. Menke, Kriterium, 47–59.

148 Vgl. DH 222–230.

Menschen gründende natürliche Vermögen, sündlos und heilig zu leben und dadurch die ewige Seligkeit zu verdienen. Sündenvergebung erlangt der Mensch durch die aus eigener Kraft vollzogene Abkehr des Willens von der Sünde.[149]

2. Der Semipelagianismus

Der Begriff „Semipelagianismus" ist seinem Entstehen nach ein Kampfbegriff. Er wird im 17. Jahrhundert innerhalb des binnenkatholischen Gnadenstreites von den Bañezianern polemisch gegen die Molinisten verwandt. Heute versteht man unter „Semipelagianismus" die schon während der letzten Lebensjahre Augustins bis weit ins 6. Jahrhundert vertretene Theologie einiger, meist monastischer Kreise an der Ostküste des heutigen Tunesien und in Südfrankreich. Gemeint sind vor allem die Mönche des nordafrikanischen Klosters Hadrumentum, für die Augustinus die Schrift *De correptione et gratia* verfasst; und die Mönche auf den Inseln vor Marseille *(Massilienses)*, besonders jene im Kloster Lérins, denen Augustinus seine kompromisslosen Abhandlungen *De praedestinatione sanctorum* und *De dono perseverantiae* widmet.

Die Mönche sehen sich mit den Positionen, die Augustinus nach 397 vertritt, konfrontiert, und fragen sich, was das asketische Kämpfen gegen die Schwerkraft des eigenen Gefälles soll, wenn sich diese Anstrengung ausschließlich dem Wirken Gottes (der inneren Gnade) verdankt. Sie wollen eher Augustinus als dem von ihm dargestellten Pelagius Recht geben, wenden sich aber gegen die Konsequenzen, die der Kirchenvater nach 397 aus seiner Erbsünden- und Prädestinationslehre zieht. Dabei schwächen sie die Notwendigkeit der Gnade ab.

In seiner Auseinandersetzung mit Pelagius und den Semipelagianern hatte Augustinus der Gnade den Vorrang vor dem freien Willen gegeben. Die Gnade wird nach seiner Lehre nicht durch einen

---

149 Vgl. dazu G. Greshake, Gnade als konkrete Freiheit. Eine Untersuchung zur Gnadenlehre des Pelagius, Mainz 1972.

vorgängigen Willensakt ermöglicht, sondern geht dem freien Willen voraus. Aus dieser augustinischen Lehre von der bedingungslosen Gratuität der Gnade lässt sich dann die Lehre von der grundlosen Prädestination herausdrehen, die der späte Augustinus wohl vertreten hat und an der er auch nach 397 in seinen *Retractationes* festhält. Sie taucht auch im nachaugustinischen Schrifttum immer wieder auf,[150] kann aber nicht dem historischen Augustinus unterschoben werden, dessen gesamtes Opus in der Frage nach Gnade und freiem Willen zu berücksichtigen wäre.[151] Für eine rechte Gewichtung der augustinischen Gnadenlehre wird man indes die in den genannten Schriften getroffenen Aussagen, die dem freien Willen mitunter keinen Raum mehr zu lassen scheinen, in das Ganze seiner Theologie integrieren müssen. Der Semipelagianismus stellt eine Reaktion gegen die strengen Konsequenzen dar, die aus der Erbsünden- und Prädestinationslehre der Spätschriften Augustins gezogen werden könnten. Im semipelagianischen System sind konkret folgende Aussagen impliziert:

Der Ausgangspunkt der Überlegungen der Semipelagianer war die Frage nach dem Grund für die Möglichkeit, Ja oder Nein zum Heilsangebot Gottes zu sagen. Für sie kann der Primat der Gnade dabei nicht so hoch angesetzt werden, wie Augustinus dies tut. Deshalb schließen die Semipelagianer, dass die Annahme der Gnade

150 So z. B. bei Ildefons v. Toledo in seinem „De cognitione baptismi" nr. 19 (PL 96, 119): „Iam cum reservavit ille ianuam fidei, de quo dicitur: Qui habet clavem David, qui aperit et nemo claudit, claudit et nemo aperit (Apoc. III, 7), id est, ex semine David assumptus homo per potestatem unitae divinitatis aperit cordibus credentium mysteria suae Incarnationis, *quae in praedestinatis claudere non poterit austeritas infidelitatis*; et *claudit vasa irae praespicentia iudicii*, ne reprobi veniant, ad quam sibi merito clauserunt remunerationem beatitudinis."

151 K.-H. Menke scheint sich bei seiner Einschätzung der Kontroverse, in der er Pelagius gegen Augustinus Recht gibt, zu sehr auf die von K. Flasch eingenommene Perspektive der „Logik des Schreckens" verlassen zu haben. Um eine Relativierung des späten Augustinus vom Blickpunkt seiner gesamten Gnadentheologie aus, die durchaus das eigene Wirken des menschlichen Willens betont, zeigt sich dagegen U. Roth bemüht. Vgl. ders., Gnadenlehre, 182–190.

im freien Willen des Menschen begründet liege. Gnade sei eine Potenz; ob sie aktuiert werde, hänge vom Menschen ab.

Die Sünde Adams besitzt eine Auswirkung auf alle seine Nachfahren, ohne dass dies aber eine absolute Unfähigkeit nach sich zieht, das Gute zu vollbringen. Zugegeben wird die Notwendigkeit einer nicht nur äußeren, etwa durch die Hilfe des Gesetzes oder das Beispiel vermittelten, sondern von innen her bewegenden Gnade, die den Menschen heilt und aufrichtet; abgelehnt wird die Auffassung, diese Gnade könne den Menschen selbst gegen seinen Willen zu ihrer Annahme bewegen, also das, was die spätere Tradition mit dem Begriff der *gratia efficax* ausgedrückt hat. Im Hinblick auf die Prädestination geht der Semipelagianismus davon aus, dass alle, die die Annahme der Gnade in ihren guten Werken bezeugen, zum Heil bestimmt seien. Eine vorgängig zu den guten Werken und unabhängig von ihnen gedachte Prädestination gebe es aber nicht. Auch das göttliche Vorherwissen beziehe das Vorauswissen um die Annahme oder Ablehnung der Gnade auf seiten des Menschen mit ein. Der Streit konzentriert sich dann auf die Frage nach dem sogenannten *initium fidei*: Kann der Mensch sich mit seinem freien Willen selbst für den ersten Schritt zum Glauben hin disponieren, oder ist es wiederum die zuvorkommende Gnade, die den Glauben im Menschen, dessen Freiheit durch die Sünde eingeschränkt ist, erwirkt. Die Frage ist also, ob der erste Beginn des Heils durch die Gnade selbst (als *gratia praeveniens*) zustande kommt, die den Freiheitsvollzug des Menschen sodann (als *gratia cooperans*) begleiten und durch die Gabe der Beharrlichkeit *(donum perseverantiae)* in der Rechtfertigung zum ewigen Ziel hinführen muss.[152] Für den Semipelagianismus geht der Glaube nicht von der Gnade, sondern von der unzerstörten menschlichen Freiheit aus.

Um gegen Augustinus das freie Wollen und die persönliche Mitwirkung des Menschen im Heilsprozess zu betonen, geraten die Semipelagianer, abgesehen von der Frage um das *initium fidei*, noch mit folgenden Anschauungen in die Irrlehre: Der Mensch bedarf keiner übernatürlichen Hilfe, um im Guten auszuharren. Er kann

152 Vgl. G. L. Müller, Semipelagianismus, in: LThK³, Bd. 9 (2000) 451–453.

sich die Gnade durch natürliche Anstrengung verdienen. Damit ist die Gratuität der Gnade in Abrede gestellt. Ferner sind alle die Gnade vorbereitenden Akte ohne Gnade möglich – aus natürlichem Vermögen. Die Gnade ist zwar Gegenstand des Bittgebets. Der Akt des Erflehens aber ist aus eigener Anstrengung möglich.

Faustus von Riez, der im Jahre 432 Abt des Klosters in Lérins und später Bischof von Riez wurde, zeichnet sich aus durch seinen Widerstand gegen den Prädestinatianismus, wie ihn der Presbyter Lucidus, verurteilt auf den Synoden von Arles und Lyon, vertreten hat, sowie durch seine Gegnerschaft gegen Pelagius. Beide Lehren weist er zurück in der Schrift *„Libri duo de Gratia Dei et humanae mentis libero arbitrio"*, die er auf Veranlassung einiger Bischöfe (Synodenväter) verfasst hat. Er gilt in der Gnadenlehre als der bestbekannte und distinguierteste Verteidiger des Semipelagianismus.[153]

L— Ende 30. 5.

3. Die Wirksamkeit der Gnade Christi

Dem Menschen ist es nicht von sich aus möglich, die Gnade zu erlangen. Der Anfang, die Vertiefung und Vermehrung und schließlich die Vollendung des Glaubens, der Liebe und unserer Sittlichkeit, d. h. die Erfüllung der Gebote, ist nur durch die Gnade möglich. Der Akt, durch den wir an Gott glauben, mit dem wir ihn lieben, ist eben nicht einfach das, was wir aus uns selbst haben. Er ist von der Gnade bedingter, über die Möglichkeiten unserer Natur hinausführender Akt. Allein in den eingegossenen übernatürlichen Tugenden kann das Geschöpf seine Freiheit auf Gott hin heilsrelevant aktivieren. Die Gnade hebt den freien Willen nicht auf, sie befreit den freien Willen zu seiner ihm eigenen Aktivität, nämlich zur Freiheit der Liebe.

Wenn wir bekennen, dass wir ohne Jesus nichts tun können (Joh 15,5), müssen wir auch bekennen, dass Christus uns alle Sünden vergibt. Darum betet auch der Gerechtfertigte, d. h. der Heilige, die Vaterunserbitte: Vergib uns unsere Schuld! Die Getauften beten

---

153 Vgl. M. Stickelbroeck, Urstand, Fall und Erbsünde, 17–21.

darum, weil sie in der Tat der steten Vergebung bedürfen. Auch die in der Gnade Geheiligten können nicht alle lässlichen Sünden meiden. Schließlich ist die Vermehrung der Gnade und die Beharrung im Guten bis zum Ende ein Werk der Gnade. Das Leben der Gerechtfertigten bleibt bestimmt durch den Kampf gegen die Versuchung. Es bedarf einer steten Kreuzigung der egoistischen Selbstliebe.

4. Ist die aufhelfende Gnade (gratia elevans) für jeden Heilsakt notwendig?

4.1. Der indiculus gratiae

[handschriftlich: schreckliche Sache]

Der „Indiculus Coelestini" (431), wahrscheinlich von Prosper von Aquitanien verfasst, bekräftigt die Lehre des Augustinus gegen den Semipelagianismus.[154] Darin wird das innere Rechtsein des Menschen und seiner Handlungen auf die in ihm wirkende Gnade, die eine Teilnahme an der Güte Gottes darstellt, zurückgeführt. Die wichtigsten Kapitel seien hier wiedergegeben:

[handschriftlich: = ein Verzeichnis / wichtiges Dokument für Gnadenlehre]

[handschriftlich: Gott lässt teilhaben]

Kap. 2. Niemand ist durch sich selbst gut, wenn nicht jener die Teilhabe an sich selbst schenkt, der allein gut ist. Das bezeugt die Aussage desselben Papstes [Innozenz' I.] in demselben Schreiben, die lautet: „Sollen wir etwa künftig von den Auffassungen derer etwas für richtig erachten, die meinen, sie verdankten sich selbst, daß sie gut sind, und ihren Blick

[handschriftlich: Pelagianer bzw. Semipelagianer: ...]

154 Um die Mitte des 5. Jahrhunderts verfasste Prosper v. Aquitanien dieses Verzeichnis der kirchlichen Urteile über die Gnadenlehre: die Äußerungen der Päpste, die von Rom gutgeheißenen Entscheidungen der Konzilien von Karthago (412) und Diospolis (415), die in den Synodalbriefen an Papst Innozenz I. verabschiedeten sowie die in dessen Antwortschreiben und den in den Canones des Konzils von Karthago (418) enthaltenen Sätze, sowie den in der Liturgie sich aussprechenden Glauben.

nicht auf jenen richten, dessen Gnade sie täglich erlangen, die darauf vertrauen, ohne ihn so Großes erreichen zu können?"

Kap. 3. Niemand, auch wenn er durch die Gnade der Taufe erneuert wurde, ist fähig, die Nachstellungen des Teufels zu überwinden und die Begehrlichkeiten des Fleisches zu besiegen, wenn er nicht durch die tägliche Hilfe Gottes die Beharrlichkeit, sich im Guten zu bewahren, empfangen hat. Dies bestätigt die Lehre desselben Bischofs auf denselben Seiten, die lautet: „Denn auch wenn er den Menschen von den vergangenen Sünden erlöst hat, so hat er sich doch im Wissen, daß er wiederum sündigen kann, vieles zur Wiederherstellung [...] aufbewahrt und gewährt ihm tägliche Heilmittel; wenn wir uns nicht im festen Vertrauen auf sie stützen, werden wir die menschlichen Irrtümer in keiner Weise besiegen können. [...]"

Kap. 5. Alle Bemühungen, alle Werke und Verdienste der Heiligen sind auf Gottes Ehre und Lob zurückzuführen; denn niemand gefällt ihm anders als aufgrund dessen, was er selbst geschenkt hat. Auf diesen Grundsatz macht uns die richtungweisende Autorität von Papst Zosimus seligen Angedenkens aufmerksam, wenn er in einem Schreiben an die Bischöfe des ganzen Erdkreises sagt: „Wir aber haben auf Antrieb Gottes (alles Gute ist nämlich an seinen Urheber zurückzubinden, von dem es stammt) alles an das Einverständnis unserer Brüder und Mitbischöfe zurückgebunden." [...]

Was nämlich habt Ihr mit solch freiem Willen getan, wie daß Ihr alles an das Einverständnis unserer Niedrigkeit zurückgebunden habt? Und dennoch habt Ihr getreu und weise gesehen, habt wahrhaft und getrost gesagt, daß es auf Antrieb Gottes geschehen sei. Deshalb freilich, weil ‚der Wille vom Herrn bereitet wird' [Spr 8,35 Septg.][155] und er selbst die

Herzen seiner Söhne mit seinen väterlichen Einhauchungen rührt, damit sie etwas Gutes tun. ‚Alle nämlich, die vom Geist Gottes geführt werden, sind Söhne Gottes' [Röm 8,14]; so sind wir denn der Auffassung, daß einerseits unsere Entscheidungsfreiheit nicht fehlt, und zweifeln nicht, daß andererseits in allen einzelnen guten Regungen des menschlichen Willens seine Hilfe mehr vermag."

Kap. 6. Gott wirkt so in den Herzen der Menschen und im freien Willen selbst, daß ein heiliger Gedanke, ein frommer Entschluß und jede Regung des guten Willens aus Gott ist, weil wir <nur> durch den etwas Gutes vermögen, „ohne den wir nichts vermögen" [Joh 15,5].

Kap. 8. Außer diesen unverletzlichen Bestimmungen des seligsten und Apostolischen Stuhles, mit denen uns die sehr gottesfürchtigen Väter [...] lehrten, die Anfänge des guten Willens, das Wachstum der anerkennenswerten Bemühungen und das Verharren in ihnen bis zum Ende auf die Gnade Christi zurückzuführen, wollen wir aber auch die Sakramente der priesterlichen Gebete berücksichtigen, die, von den Aposteln überliefert, auf der ganzen Welt und in der gesamten katholischen Kirche einheitlich feierlich dargebracht werden, damit die Regel des Betens die Regel des Glaubens bestimme.

Kap. 9. Durch diese kirchlichen Regeln und die aus göttlicher Autorität genommenen Zeugnisse sind wir also mit Hilfe des Herrn so bestärkt worden, daß wir Gott als Urheber aller guten Neigungen und Werke, aller Bemühungen und aller Tugenden bekennen, mit denen man vom Anfang des Glaubens an zu Gott strebt, und nicht zweifeln, daß seine Gnade allen Verdiensten des Menschen zuvorkommt; durch ihn wird bewirkt, daß wir etwas Gutes sowohl zu wollen als auch zu tun beginnen [vgl. Phil 2,13].

Kap. 10. Durch diese Hilfe und Gabe Gottes wird freilich der freie Wille nicht aufgehoben, sondern befreit, damit er aus einem finsteren zum leuchtenden werde, aus einem verkehrten zum geraden, aus einem kranken zum gesunden, aus einem unklugen zum umsichtigen. So groß ist nämlich die Güte Gottes gegen alle Menschen, daß er will, daß unsere Verdienste seien, was seine eigenen Geschenke sind, und für das, was er gewährt hat, ewigen Lohn schenken wird. Er wirkt nämlich in uns, daß wir sowohl wollen als auch tun, was er will, und läßt nicht zu, daß in uns müßig ist, was er zum Vollzug [...] geschenkt hat, damit auch wir Mitarbeiter der Gnade Gottes seien.

Zusammenfassende Aussage: Die Gnade ist absolut notwendig nicht nur in der Phase des Gnadenwachstums *(augmentum fidei)*, sondern auch schon beim *initium fidei*. Gott selber wirkt im freien Willen derart, dass nicht nur die Geneigtheit *(potentia)* zum Gnadenakt von ihm stammt, sondern auch der Akt selbst.[156] Das Arausicanum (529) wird diese Lehre bestätigen. Bonifaz II. betont, dass auch der Glaube aus der Gnade kommt. Gott selbst gibt bereits die Gnade zur Bitte um Gnade. Der freie Wille ist schon von der Gnade umfasst.

155 Vgl. DH 374.
156 Dagegen scheint die Lehre des Johannes Chrysostomos zu sprechen. Vgl. ders., Ad Demetrium (PG 47, 393ff); auch K.-H. Menke, Kriterium, 54f.

4.2. Die Synode von Orange (Arausicanum II)

Für die Begründung der Notwendigkeit der Gnade sind auch die Canones des 2. Konzils von Orange wichtig: Das Arausicanum legt die Grundlage für die spätere Lehre von der *gratia efficax*, indem es darauf hinweist, dass selbst der aus der Gnade entspringende Akt durch die Gnade Gottes im Menschen gewirkt wird: Sie ist eine Potenz mit infalliblem Wesen. Gott selbst bewirkt den Übergang von der Potenz zum Akt. Als solche Potenz trägt sie die innere Gewissheit, dass sie unabhängig vom menschlichen Willen in den Akt übergeht. Sie wäre dann eine *gratia efficax in actu secundo (voluntatis)*, also eine im sekundären Akt des Willens wirksame Gnade. Hier die wichtigsten Canones des Konzils:

Kan. 3. Wer sagt, die Gnade Gottes könne aufgrund menschlichen Flehens verliehen werden, nicht aber, die Gnade selbst bewirke, daß sie von uns angerufen wird, der widerspricht dem Propheten Jesaja bzw. dem Apostel, der dasselbe sagt: „Ich wurde von denen gefunden, die mich nicht suchten; ich wurde denen offenbar, die nicht nach mir fragten" [Röm 10,20; vgl. Jes 65,1].

Kan. 4. Wer behauptet, Gott warte auf unseren Willen, damit wir von der Sünde gereinigt werden, aber nicht bekennt, es geschehe durch die Eingießung und das Wirken des Heiligen Geistes in uns, daß wir auch gereinigt werden wollen, der widerstreitet dem Heiligen Geist selbst, der durch Salomo sagt: „Der Wille wird vom Herrn bereitet" [Spr 8,35 Septg.], und dem Apostel, der zu unserem Heil verkündet: „Gott ist es, der in uns sowohl das Wollen als auch das Vollbringen nach <seinem> Wohlgefallen bewirkt' [vgl. Phil 2,13].

Kan. 5. Wer sagt, wie das Wachstum, so sei auch der Anfang des Glaubens und selbst die Neigung zur Gläubigkeit – durch die wir an den glauben, der den Sünder rechtfertigt, und zur [Wieder] Geburt der heiligen Taufe gelangen – nicht durch das Geschenk der Gnade – d. h. durch die Einhauchung des Heiligen Geistes, die unseren Willen von der Ungläubigkeit zum Glauben, von der Gottlosigkeit zur Frömmigkeit lenkt –, sondern von Natur aus in uns, der erweist sich als Gegner der Lehren der Apostel, da der selige Paulus sagt: „Wir vertrauen darauf, daß der, der das gute Werk in euch begonnen hat, es vollenden wird bis zum Tage Jesu Christi" [vgl. Phil 1,6]; und jenes <Wort>: „Euch ist, was Christus betrifft, nicht nur verliehen, daß ihr an ihn glaubt, sondern auch, daß ihr für ihn leidet" [vgl. Phil 1,29]; und: „Aus Gnade seid ihr gerettet worden durch den Glauben, und dies nicht aus euch: Es ist nämlich das Geschenk Gottes" [vgl. Eph 2,8]. Wer nämlich sagt, der Glaube, mit dem wir an Gott glauben, sei natürlich, der behauptet, daß alle die, die nicht zur Kirche Christi gehören, gewissermaßen Gläubige seien.

Kan. 6. Wer sagt, wenn wir – ohne die Gnade Gottes – glauben, wollen, uns sehnen, uns anstrengen, uns abmühen, bitten, wachen, streben, verlangen, suchen und anklopfen, dann würde uns von Gott Barmherzigkeit verliehen, nicht aber bekennt, es geschehe durch die Eingießung und Einhauchung des Heiligen Geistes in uns, daß wir glauben, wollen, bzw. alles das zu tun vermögen, wie es sich gehört; und <wer> den Beistand der Gnade von der Demut und dem Gehorsam des Menschen abhängig macht, aber nicht zustimmt, daß es ein Geschenk der Gnade selbst ist, daß wir gehorsam und demütig sind, der widersetzt sich dem Apostel [...] [1 Kor 4,7 1 Kor 15,10].

Kan. 15. Von dem weg, was Gott gebildet hat, hat Adam sich geändert, aber zum Schlechteren durch seine Bosheit. Von dem weg, was die Bosheit bewirkt hat, ändert sich der Gläubige, aber zum Besseren durch die Gnade Gottes. Jenes also war die Veränderung des ersten Sünders, dieses ist nach dem Psalmisten ‚die Veränderung der Rechten des Erhabenen‘ [vgl. Ps 77,11].

Kan. 16. Niemand soll sich aufgrund dessen, was er zu haben scheint, rühmen, so als ob er <es> nicht empfangen habe, oder meinen, er habe <es> deshalb empfangen, weil ein Buchstabe von außen erschien, um gelesen zu werden, oder ertönte, um gehört zu werden. Denn wie der Apostel sagt: ‚Wenn durch das Gesetz Gerechtigkeit <kommt>, dann ist Christus vergeblich gestorben‘ [Gal 2,21].

Kan. 17. Die Tapferkeit der Heiden bewirkt die weltliche Begierde, die Tapferkeit der Christen aber die Liebe Gottes, die ‚eingegossen ist in unsere Herzen‘, nicht durch eine Willensentscheidung, die von uns kommt, sondern ‚durch den Heiligen Geist, der uns verliehen wurde‘ [Röm 5,5].

Kan. 18. Man kann der Gnade durch keine Verdienste zuvorkommen. Guten Werken, wenn sie geschehen, wird Lohn geschuldet; aber Gnade, die nicht geschuldet wird, kommt zuvor, damit sie geschehen.

Kan. 19. Keiner kann gerettet werden, wenn sich Gott nicht erbarmt. Auch wenn die menschliche Natur in jener Unversehrtheit, in der sie erschaffen wurde, verharrte, würde sie sich keinesfalls ohne die Hilfe des Schöpfers retten; wenn sie deshalb ohne die Gnade Gottes das Heil, das sie empfangen hat, nicht behüten kann, wie sollte sie ohne die Gnade Gottes wiederherstellen können, was sie verloren hat?

Kan. 20. Der Mensch vermag nichts Gutes ohne Gott. Gott tut viel Gutes im Menschen, das der Mensch nicht tut; der Mensch aber tut nichts Gutes, das Gott nicht verleiht, damit es der Mensch tue.

Kan. 25. Die Liebe, mit der wir Gott lieben. Gott zu lieben, ist ganz und gar ein Geschenk Gottes. Er, der ungeliebt liebt, verlieh, daß er geliebt werde. Ohne zu gefallen, wurden wir geliebt, damit in uns geschehe, weshalb wir gefallen. Denn es goß Liebe in unsere Herzen ein der Geist [Röm 5,5] des Vaters und des Sohnes, den wir mit dem Vater und dem Sohne lieben.

Und so müssen wir gemäß den oben niedergeschriebenen Sätzen der heiligen Schriften bzw. Bestimmungen der alten Väter mit Gottes Huld dies verkünden und glauben, daß der freie Wille durch die Sünde des ersten Menschen so gebeugt und geschwächt wurde, daß hernach keiner Gott lieben, wie es sich gehörte, an Gott glauben oder Gottes wegen wirken kann, was gut ist, wenn ihm nicht die Gnade der göttlichen Barmherzigkeit zuvorkommt. [...]

Wir glauben gemäß dem katholischen Glauben auch dies, daß alle Getauften nach dem Empfang der Taufgnade mit Christi Hilfe und Mitwirkung erfüllen können und müssen, was zum Seelenheil gehört, wenn sie sich gläubig bemühen wollen. Daß aber irgendwelche durch göttliche Macht zum Bösen vorherbestimmt seien, das glauben wir nicht nur nicht, sondern, wenn es welche gibt, die so übles glauben wollen, so sagen wir diesen auch mit ganzer Abscheu: Anathema!

= Lehre der doppelten Prädestination!

Nach diesen Lehrentscheidungen ist die Gnade zum Vollzug eines Heilsaktes nicht nur notwendig, damit dieser leichter vollzogen werden kann. Keine Anstrengung, kein Gebet und kein Opfer ist imstande, das Heil zu erzwingen, wenn Gott es nicht schenkt. Wenn aber die Gnade den in seiner Struktur durch die Freiheit bestimmten

Willen ergreift, hat dieser die Fähigkeit, in der Aktivität Gottes selbst eine übernatürliche Aktivität zu entfalten. *Es gibt eine absolute physische Notwendigkeit der gratia elevans für jeden Heilsakt* (De fide).

4.3. Die Notwendigkeit der gratia sanans für die Wiedergeborenen

Legt man die Entscheidungen der genannten Synoden zugrunde, so kann man drei Sätze über die Notwendigkeit der Gnade formulieren, die auf die heilende Gnade Bezug nehmen:

a) Niemand vermag ohne ein besonderes göttliches Privileg das ganze Leben hindurch alle lässlichen Sünden zu meiden.

b) Niemand vermag ohne eine besondere Gnade bis zum Tode in der Gerechtigkeit zu verharren *(De fide definita)*.

c) Ein besonders großes Gnadengeschenk ist notwendig, damit der Gerechte in der Gnade Gottes wirklich bis zum Tode ausharrt *(De fide definita)*.

Begründung: Es gibt Hindernisse, die der freien Entfaltung der Rechtfertigungsgnade im Weg stehen. Darum ist eine Gnaden-Hilfe gefordert, damit die daraus erwachsende Schwierigkeit, das Gute zu üben und die Sünden zu vermeiden, überwunden werden kann.

Von den Vätern wird die tägliche Gnaden-Hilfe für den wiedergeborenen Erbsünder mit Rücksicht auf seine Schwäche als ein notwendiges *adiutorium medicinale* bezeichnet. Es ist eine bestimmte Beistandsgnade, die entsprechend ihrer Eigenart ordentlicherweise erst durch wachsamen Fleiß und Gebet erlangt werden soll und nicht schon unbedingt und von vornherein allen Gerechtfertigten verliehen wird. Trotzdem kann der Wiedergeborene in Hinblick auf die darin verliehene Bestimmung zum ewigen Heil eine sichere Aussicht auf diese Gnade haben. Der Mensch kann auch ohne die Gnade nicht jede Sünde meiden, wenn er nur will, wie die Pelagianer annahmen. Die einzelne lässliche Sünde kann aber von der stets angebotenen helfenden Gnade vermieden werden. Auch das Leben der Heiligen ist nicht frei von immer noch verbleibenden Schwächen, von ungeordneten Regungen und Neigungen.

Welche Gründe gibt es für die moralische Unmöglichkeit, ohne einen besonderen Beistand Gottes auf längere Frist die Gebote Gottes zu erfüllen und die Sünden zu vermeiden? Zunächst wäre hier an die in den Wiedergeborenen zurückbleibende Schwäche des Geistes, die wegen der „Begierlichkeit des Fleisches" in ihm herrscht und an die Menge an äußeren Versuchungen zu erinnern.

Die Gnadenhilfe fungiert als Stärkung und Kräftigung des hinfälligen und schwachen Willens durch eine ihm von Gott eingeflößte Arznei; sie wirkt auch auf die beharrliche Treue im Wachen und Beten hin, die eine zur Besiegung schwerer Versuchungen erforderliche Hilfe erwirken. Sodann stellt sie eine tägliche Auffrischung und Erquickung, Aufrüttlung und Begeisterung des matten und schläfrigen Willens dar, der dadurch in Stand gesetzt wird, stetig, unablässig, regsam und wachsam nach dem Guten zu streben; und andererseits eine Kräftigung des guten Willens zur sieghaften Niederkämpfung schwerer Anfechtungen. Schließlich verbindet sich mit ihr eine gewisse neue Eingießung und Einhauchung von Geist und Kraft.

Ende 6.6.16

4.4. Die Gnade der Beharrlichkeit

Die Prädestination zum ewigen Leben findet ihren besonderen Ausdruck in der „Gnade der Beharrlichkeit". Damit ist gemeint, dass der Mensch zum Zeitpunkt seiner Heimkehr zu Gott, in dem er vor Gottes Gericht hintritt, in der Gnade steht und Gott wohlgefällig ist. In der Lehre der Kirche ist immer daran festgehalten worden, dass die Beharrlichkeit, kraft der man bis ans Ende in Christus ausharrt, ein besonderes Gnadengeschenk Gottes ist.

Die Kirche hat also die Lehre vom *donum perseverantiae* für verbindlich erklärt. Schon Augustinus verteidigte den Satz, dass der Mensch die einmal empfangene Gnade der Gerechtigkeit und Heiligkeit nicht aus eigener Kraft bis ans Ende bewahren könne.

Er bedürfe dazu des besonderen Geschenkes der Beharrlichkeit bis zum Ende.

Die zweite Synode von Orange (Arausicanum II) sagt dazu: „Auch die Wiedergeborenen und Geheilten müssen immerdar die Hilfe Gottes erflehen, auf dass sie zum guten Ende gelangen und in den guten Werken beharrlich bleiben."[157]

Gegen die „Glaubensgewissheit" bei Luther definierte das Tridentinum, indem es die Ungewissheit auch noch im Glauben hervorhob, förmlich: „Wenn jemand behauptet, jenes große Geschenk der Beharrlichkeit bis ans Ende gewiss und mit absoluter und untrüglicher Gewissheit zu besitzen, ohne dass er dafür eine spezielle innere Offenbarung Gottes besäße[158], oder der Gerechtfertigte könne ohne besondere Gnadenhilfe Gottes in der empfangenen Gerechtigkeit ausharren[159], der sei im Banne."

Das bis ans Ende ausharrende Verbleiben im Gnadenstand ist nur durch ein immerwährendes geistliches Streben und Beten des Menschen erreichbar und erklärbar. Dies Bemühen wiederum kann seinerseits durch ein dauerndes Gnadengeschenk bewirkt werden.

---

157 DH 380.
158 DH 1566.
159 DH 1572.

5. Gnade und Freiheit

5.1. Der Jansenismus

selber erarbeiten

Der Jansenismus beruht auf der abstrakten Zuteilung der *gratia sufficiens* – jener hinreichenden Gnade, kraft derer jemand theoretisch in der Möglichkeit steht, dem Willen Gottes zu folgen, ohne dass er dies tatsächlich täte.

In seinem Hauptwerk „Augustinus" geht Kornelius Jansenius (†1638) einseitig von der Schrift und den Vätern aus. Die Philosophie meidet er dagegen. Er sieht die Autorität des Augustinus darin verbürgt, dass die Kirche in gnadentheologischen Fragen die Zuflucht zu seinen Schriften genommen hat. Dass Jansenius sie in seinem Sinne verstehen will, ist indes noch kein Grund, die augustinische Gnadenlehre zu verwerfen. In der Auseinandersetzung mit dem Semipelagianismus gelangt die Kirche zur Überzeugung, dass es eine zuvorkommende wirkkräftige Gnade *(gratia efficax praeveniens)* geben müsse. Dahin gelangt sie durch den Umstand, dass faktisch nicht alle gerettet werden, obwohl die Gnade ihnen angeboten war. Mit der *gratia efficax* war eine Erklärung dafür gegeben, dass einige Gottes Heilswillen bejahen und das Heil erlangen. Wieso aber können andere Gottes Heilswillen abweisen? Worin liegt dies begründet?

Der Jansenismus bot hier eine Lösung: Nach Jansenius ist der Wille des Menschen aufgrund des Sündenfalls unfrei und unfähig zum Guten. Alles menschliche Handeln geht entweder aus der irdischen Lust *(delectatio terrena)* oder aus der himmlischen Lust *(delectatio coelestis)*, die die Gnade bereitet, hervor. Beide üben nun einen Einfluss auf den Willen aus, der infolge seiner Unfreiheit dem Drang der stärkeren Lust folgt *(delectatio victrix)*. Je nach Überwiegen der einen oder anderen ist das Handeln des Menschen entweder sittlich gut oder sündhaft.

Typisch für dieses Denken ist demnach die Unterscheidung zwischen dem Zustand vor und nach der Erbsünde: *ante peccatum originale et post peccatum originale*. Vor dem Sündenfall gab es die *gratia vertibilis*: Sie war durch die unzerstörte Freiheit des Menschen „wendbar" in Richtung auf ein „Ja" oder „Nein". Ohne diese Gnade konnte der Mensch das Heil nicht erlangen. Ob er es dann im prälapsalen Status wirklich erlangte, hing ganz und gar von ihm selber ab. Im postlapsalen Zustand jedoch tritt eine Unordnung in den Menschen ein, die Konkupiszenz, die ihn zum Irdischen, zum Widerstand gegen Gott treibt. Deswegen gibt Gott die *delectatio victrix*, die unfehlbar zum Akt führt. Mit dieser Gnade kann der Mensch nicht anders als zustimmen.

Damit weist Jansenius die scholastische Lehre vom *liberum arbitrium* ab, die dahingehend verstanden werden kann, dass der Wille so frei ist, um entweder jetzt zu handeln oder eben nicht zu handeln. Eine Indifferenz zum Akt zeichnet so den Menschen aus. Nach Jansenius aber wird der Mensch von der Konkupiszenz gelenkt; er kann gar nicht indifferent-frei sein, so dass sein Handeln kontingent bliebe, denn der Wille richtet sich nach dem Drang der Konkupiszenz. Aber gerade darin handelt der Wille spontan und – so Jansenius – „frei".

Die Ursache dafür, dass Gottes Gnade die Konkupiszenz nicht besiegt, liegt in der abstrakten Zuteilung der *gratia vere et mere sufficiens* (die Gnade, die wahrhaft, aber auch *nur* hinreichend ist). Im konkreten, durch die Erbsünde gezeichneten Zustand reicht diese Gnade jedoch nicht aus. Weil diese Gnade nur in abstracto suffizient ist, muss der konkupiszive Mensch sie abweisen.

5.2. Das Problem der Prädestination

Die augustinische Prädestinationslehre geht – in ihrer strengen Lesart – von einem abstrakten ewigen Dekret Gottes aus, das sie in der Heiligen Schrift nachweisen will. Danach gibt es – unabhängig von der Heilsgeschichte – am Ende Gerettete und Verlorene. Auffallend ist bei Augustinus die individualistische Akzentuierung: Es geht um das Heil der einzelnen, nicht der Völker.

Die neuere Prädestinationslehre ist dagegen konkret-christozentrisch orientiert. Prädestination meint nicht nur jene, die de facto gerettet werden, sondern zielt auf die Annahme aller Menschen in

Jesus Christus. Jeder ist gerettet, der an ihn glaubt. Gottes Heilshandeln entscheidet sich dialogisch im Zusammenspiel mit dem
Menschen.

Trotz dieser Entspannung bleibt die Prädestinationslehre ein
Mysterium. Es gibt ein Gericht. Dabei steht es aber keinem zu, zu
wissen, was nach dem Gericht eintritt. Fest steht, dass es Verworfene
geben kann. So ist die Situation des Glaubens charakterisiert durch
die Spannung von *desperatio* (Calvin) und *praesumptio* (Barth),
d. h. durch die *spes*. Der Christ darf hoffen, dass Gott ihn nicht
der äußersten Möglichkeit der Hölle überlässt. Wenn es aber die
Hölle gibt, dann bleibt die unauflösbare Aporie des universalen
Heilswillens Gottes und der freien (kontingenten) menschlichen
Entscheidung.

5.3. Theologische Reflexion über die gratia efficax

Die Bibel kennt keinen Widerspruch zwischen dem Heilshandeln
Gottes einerseits und dem kontingenten Willen des frei handelnden
Menschen andererseits. Im Heilshandeln ist Gott nicht der einzige;
die menschliche Freiheit hat ihre Eigenständigkeit. Es besteht zwischen beiden eine faktische Einheit: Der Mensch soll sein Heil mit
Furcht und Zittern wirken. Von Gott her kommt die Vollendung (vgl.
Phil 2,12). Über die Möglichkeitsbedingungen des Zusammenwir-
kens von Gott-Mensch, Gnade-Freiheit reflektiert die Schrift jedoch
nicht.

Aus dem Primat einer unfehlbar wirkenden Gnade ergeben sich
einige Problemaspekte, die nicht unterschlagen werden sollen: Die
seit dem 16. Jahrhundert bestehende theologische Kontroverse über
das Verhältnis von Gnade und Freiheit dreht sich um die Frage:
Worin ist es begründet, dass die *gratia efficax* mit infallibler Sicher-
heit den von Gott gewollten Heilsakt zur Folge hat? Liegt der Grund
dafür in der Gnade selbst, d. h. in ihrer inneren Kraft *(per se sive ab
intrinseco)*, oder in der von Gott vorhergesehen freien Zustimmung
des menschlichen Willens *(per accidens sive ab extrinseco)*? Ferner
wurde die Frage gestellt: Ist die *gratia efficax* von der *gratia suffici-*

ens innerlich verschieden oder nur äußerlich – durch das Hinzutreten der freien Willenszustimmung?

5.3.1. Der Bañezianismus

Bañez († 1604) nimmt eine aktuelle, unserer freien Entscheidung zuvorkommende Gnade an, die in ihrer Ordnung *(in actu primo efficax)* die von Gott beabsichtigte Heilswirkung erzielt. Durch sie erhält der Mensch die Möglichkeit der freien Heilstat. Dem Bañezianismus zufolge ist die mit dem freien Heilsakt noch nicht verbundene, aber auf ihn hingeordnete und die Seele disponierende *gratia sufficiens* von der diesen Akt bewirkenden Gnade innerlich real verschieden. Erst vermöge der neu hinzukommenden *gratia efficax* geht der Wille aus der Potenz in den Akt der freien Zustimmung über. Diese Gnade ergreift den Willen mittels einer physischen Bewegung. Diese ist der menschlichen Entscheidung übergeordnet. Von Gottes Allmachtswillen, der die *gratia efficax* zuteilt, hängt es ab, ob der Wille tatsächlich in den Akt übergeht. Dies drücken die „Thomisten" mit dem Terminus *„praemotio physica"* aus. Es geht dabei um eine Vorherbewegung des Willens durch Gott, die aber nicht die menschliche Freiheit aufhebt oder vermindert, denn Gott als *causa prima* kann die kontingenten Zweitursachen – entsprechend ihrer eigenen Natur – zu den ihnen eigentümlichen Akten bewegen.

Bevor die Kreatur handeln kann, benötigt sie diesen durch die *praemotio physica* eingegebenen Impuls, der auf einen bestimmten Akt – und auf keinen anderen – abzielt. Damit also das durch die *gratia sufficiens* verliehene Vermögen in die Tätigkeit überführt werden kann, bedarf es einer innerlich neuen Gnade. Diese ist ein den Willen physisch anstoßendes Prinzip.

Nach Thomas von Aquin ist das Verhältnis zwischen Gott und Mensch zunächst jenes zwischen Schöpfer und Geschöpf. Beim geschöpflichen Akt des Menschen ist Gott als Wirkursache involviert. Damit der Mensch mit seinem Willen zum Akt gelangt, ist ein Impuls Gottes nötig, so dass der Akt – seinem *esse* nach – *unmittelbar* von Gott abhängig ist. Die Freiheit ist trotz des Einflusses, den Gott ausübt, gewahrt, weil Gott als Schöpfer und Erstursache des Willens so übermächtig ist, dass er den Willen gemäß dessen Tätigkeitsweise – oder seiner innersten Natur gemäß – zu bewegen vermag. Gott gibt die Faktizität des Aktes. Seine Spezifität hängt dagegen vom Menschen ab. Bei Bañez jedoch besteht diese unmittelbare Kausalität nicht, weil der Akt und Gott durch die Dazwischenkunft der *praemotio physica* getrennt werden.

Es scheint, dass das Wirken des Menschen doch nicht frei bleibt, weil die *praemotio physica* als eine zwar von Gott ausgehende, aber dennoch von ihm verschiedene, geschaffene Entität dem freien Akt vorausgeht und diesen bestimmt. Demnach ginge der Wille als Vermögen nicht – wie bei Thomas – durch Gott selbst, sondern durch eine geschaffene Entität zum Akt über.

Bañez zerstört damit nicht nur die wirkliche Freiheit, sondern auch die *„gratia vere et mere sufficiens"*. Das *„posse"* genügt nicht, um in den Akt überzugehen. Dafür bedarf es der *praemotio*. Was ist aber eine *gratia sufficiens*, die aus sich nicht suffizient ist? Wer bliebe nicht lieber davon verschont? Bañez wahrt nicht das, was der Glaube ihm vorgibt.

5.3.2. Der Molinismus

Ludwig Molina betont gegenüber Bañez die Freiheit und Eigenständigkeit des menschlichen Willens. Zwar benötigt der Mensch die Gnade, um Heilsakte zu setzen – als *gratia praeveniens et elevans*. Diese bewirkt aber nicht die Existenz der Heilsakte, sondern nur deren Heilsqualität. Die Ursächlichkeit Gottes als *causa prima* besteht darin, dass Gott seinen ontisch indifferenten Einfluss der freien Kreatur zur Verfügung stellt und – wenn sie wirkt – im gleichen Augenblick und in gleicher Unmittelbarkeit deren Akte und Wirkungen mitsetzt *(„concursus simultaneus")*. Der göttliche Einfluss hat also nicht die Funktion, die Zweitursachen zu ergänzen oder zu bewegen; eine *(prae)motio ex se efficax* ist aus dem metaphysischen Verhältnis Gottes zur Kreatur nicht abzuleiten.

Die *gratia sufficiens* ergreift uns als Ruf und Anregung schon vor unserer Zustimmung und schenkt die Möglichkeit weiterer Heilsakte. Das Entscheidende aber ist Folgendes: Im Augenblick unserer Zustimmung entfaltet sie einen neuen Einfluss auf die Zustimmung selbst, indem sie diese übernatürlich qualifiziert. Ob nun dieser neue Einfluss tatsächlich wirkt oder nicht, hängt einzig von unserer freien Zustimmung ab. Nach Molina ist also die *gratia efficax* nichts anderes als jene *gratia sufficiens*, der aber erst nach Maßgabe unserer Zustimmung Erfolg beschieden ist. Daher ist sie vor unserer freien Entscheidung von der *gratia sufficiens* nicht real verschieden. Der Unterschied ist also kein innerer, wie bei Bañez, sondern lediglich ein äußerer oder akzidenteller. Gott rüstet die Willenspotenz mit der *gratia sufficiens* zum übernatürlichen Handeln aus, so dass der Mensch ohne eine neue, real verschiedene Gnadenhilfe – wenn er nur will – durch seine Zustimmung die Willenspotenz zum Akt führt.

Gratia sufficiens und *gratia efficax* sind ontisch eins. Ihr Verhältnis ist das von Potenz und Akt. Der menschliche Wille bewirkt, dass die Potenz in den Akt übergeht. Der Zentralpunkt des molinistischen Gnadensystems ist die *scientia media*: Außer den Wesensnotwendigkeiten und reinen Möglichkeiten, die Gott in seinem eigenen Wesen erkennt *(scientia naturalis)*, außer den von Gottes eigenem Wollen bestimmten Wirklichkeiten, die er in seinen Willensdekreten erkennt *(scientia libera)*, außer den freien Entscheidungen der Kreaturen, die irgendwann einmal wirklich sein werden *(scientia contingentia)*, die für Gott kraft seiner Koexistenz zu jeder Zeit in seinem ewigen Jetzt erkennbar sind, gibt es noch das Reich jener freien geschöpflichen Entscheidungen, die unter gewissen Bedingungen wirklich würden, es aber tatsächlich nie werden, da diese Voraussetzungen nie eintreten. Diese möglichen, aber faktisch nie eintretenden Entscheidungen nennt Molina *„futurabilia"*. Gott erkennt in seinem Wesen die geschöpfliche Freiheit bis in jede Eventualentscheidung hinein. Er sieht voraus, dass jemand unter diesen Umständen so, unter anderen Umständen anders handeln würde. Je nachdem man sich für die eine oder für die andere Handlung entscheidet, schenkt Gott Gnade oder auch nicht, so dass das Handeln, d. h. die Entscheidung frei bleibt. Weil die *futurabilia* zwar mehr als bloß möglich, aber weniger als irgendwann wirklich sind, bilden sie ein einzigartiges Zwischenreich. Darum nennt Molina ihre Erkenntnis durch Gott „*scientia media*".

Weil Gott weiß, was jeder Mensch in jeder möglichen Heilsordnung tut, und da er erkennt, dass ein bestimmter Mensch in der jetzigen Heilsordnung – vermöge der ihm angeborenen Freiheit – einer bestimmten Gnade seine Zustimmung gibt, sieht er den Erfolg der *gratia efficax* infallibel voraus.[160]

Man muss allerdings fragen, welches nach Molina der ontologische Grund der Wahrheit von *futurabilia* ist. Außerdem: Wie weiß Gott um die Entscheidung des Menschen, wenn er doch warten und schauen muss, was der Mensch tut? Molina macht damit das Wissen Gottes von den kontingenten Entscheidungen der Geschöpfe abhängig. Damit wäre er dann diesen gegenüber in einer Unbestimmtheit *(potentia)*.

5.3.3. Antonin-Dalmace Sertillanges

Nach der Interpretation von A. D. Sertillanges ist Gottes Kausalität universal, insofern Gott das Seiende als Seiendes setzt. Gott gründet mein eigenstes Selbst; er rührt dadurch an mein Innerstes. Zwischen Gott und dem menschlichen Willen besteht mithin nicht einfach ein Gegenüberstand. Vielmehr handelt es sich um eine Relation des Inneseins. Dieses Gott-Mensch-Verhältnis ist in der Schöpfung einzigartig.[161] Bei allen anderen Geschöpfen besteht ein Nebeneinander von endlichem und ewigem Sein: Das Sein des endlichen Seienden kommt von Gott. Als dessen *causa efficiens* ist Gott jedoch nicht dieses Sein. Er ist mit dem *actus essendi* der Geschöpfe nicht identisch. Allein wo es um Personen geht, dort dringt Gott in das personale Sein auf innigste Weise ein, so dass er in deren Seinsgrund ständig

---

160 Vgl. auch E. Vansteenberghe, „Molina, L. – Molinisme", 2094–2187.

161 Vgl. A. D. Sertillanges, L'idée de création et ses retentissements en philosophie, Paris 1945; auch ders., Le problème du mal, 2 Bde., Paris 1948–1952.

präsent ist. Wenn sich das Endliche als Endliches Gott verdankt, dann muss auch die Freiheit von Gott kommen.

Würde der Mensch Gott als wirkende Ursache seines Seins ausschalten, dann gäbe er ipso facto auch seine Freiheit auf. Endliche Freiheit ist nicht eine heterogene Ursache neben Gott. Gott ist nicht neben der endlichen Freiheit. Er ist nicht deren Begrenzung, sondern deren Ermöglichung. Auch die Freiheit ist ja ein Sein. Daher verdankt sie sich dem Sein Gottes, von dem sie abhängig ist. Gott ist aber so im personal-kreatürlichen Sein, dass er es nicht selbst ist. Vielmehr entlässt er den Menschen in sein eigenes Selbstsein. Gott ist mit seinem Akt so im Geschöpf, dass er zu jeder *actio* den Anstoß gibt. Die *actio* selbst aber ist wesentlich im Geschöpf situiert – als Effekt des Anstoßes *(actio non in agente, sed in patiente)*. Zum Akt Gottes gehört wesentlich der Effekt, d. h. der im Geschöpf erwirkte Akt. Nur dadurch kann Gott *causa efficiens* im Hinblick auf das geschöpfliche Dasein und Wirken sein.

6. Die Einteilung der Wirkgnade

Man hat bekanntlich verschiedene Einteilungen der Gnade vorgenommen.[162] Eine solche ist nicht ausausweichlich, bietet aber ein „Mehr" an Übersichtlichkeit. Darum soll dies hier nicht unerwähnt bleiben. Man könnte folgendem Schema folgen:

a) tätige und mittätige Gnade

Man hat unterschieden zwischen der Gnade, durch die Gott in uns ohne uns wirkt, die andere, wodurch Gott zugleich mit dem menschlichen Willen wirkt. Der Haupttätige ist Gott, der Mensch wirkt im Tun Gottes. Gott wirkt das Tun des Menschen. Insofern Gott in diesem Wirken die Initiative ergreift, spricht man von tätiger Gnade, insofern das menschliche Tun von Gottes Wirken verursacht wird, von mittätiger Gnade.

162 Vgl. M. Schmaus, Die göttliche Gnade, 243.

b) erweckende und beistehende Gnade

Insofern sie die innere Fähigkeit zum Handeln verleiht, ist sie erweckende Gnade, insofern sie mit den menschlichen Kräften der einheitliche Grund des tatsächlichen Handelns ist, ist sie helfende oder begleitende Gnade. Gott ist es, der das übernatürliche menschliche Tun erwirkt. Bei diesem Wirken lässt er sein Licht und seine Glut in die menschlichen Kräfte einstrahlen.

c) zuvorkommende und nachfolgende Gnade

Die erste geht der freien Willenszustimmung des Menschen voraus und zielt auf sie ab. Gott löst das Wirken des Menschen aus. Insofern der Mensch in der Bewegung des göttlichen Wirkens verharrt, sprechen wir von nachfolgender Gnade.[163]

---

163 Vgl. Tridentinum, sessio VI, cap 16.

selber v

VI. Warum bedarf es einer geschaffenen Gnade *(gratia creata)*?

1. Das theologische und metaphysische Verständnis der Tradition in der „Summa Theologiae" des Thomas von Aquin

Den ständigen Bezugspunkt bildet für Thomas das biblische Zeugnis über die Gnade. Daneben nimmt die Aufnahme der Ansätze zum Verständnis der Gnade, wie sie in der kirchlichen Tradition des Ostens und des Westens entwickelt wurden, einen breiten Raum ein. Thomas erarbeitet eine Synthese, in die er die griechische Tradition mit der Gnade als Vergöttlichung und die augustinisch-abendländische Tradition mit der Gnade als Hilfe aufnimmt. Mit Hilfe aristotelischer Kategorien sucht er, die metaphysische Intelligibilität beider zu erweisen.[164] In der *Summa Theologiae* entwickelt er vor allem die Lehre von der Gnade einer geistlichen Wiedergeburt des Gerechtfertigten und als besondere Qualität oder übernatürlicher *Habitus*, der der Seele eingegossen wird.[165]

„Gnade" kann die Liebe („dilectio"), besonders die Liebe Gottes zum Menschen, den er seiner eigenen Glückseligkeit teilhaft machen will, bezeichnen[166], die Gaben die er ihm aufgrund dieser Liebe zuteilt, und die antwortende Dankbarkeit des Menschen auf die göttliche Liebe.[167] Es ist klar, dass sie im letztgenannten Verständnis etwas in demjenigen voraussetzt, der sie empfängt:

---

164 Vgl. Thomas, Compendium Theologiae, 143 und 214; In II Cor 13,9, lect. 2.

165 Die Gnadenlehre findet sich in verschiedenen Teilen der Summa verteilt: In I 43 behandelt Thomas die Sendungen und die Einwohnung, in I–II 68–70 die Gaben des Heiligen Geistes, in II–II 171–178 die Charismen, in III 7–8 die Gnade Christi und in verschiedenen anderen Abschnitten der *Tertia Pars* die sakramentale Vermittlung der Gnade.

166 Vgl. In II Sent., d. 26, q. 1, a.1 ad 2.

167 Vgl. S.Th. I–II, q. 110, a. 1.

die frei geschenkte Gabe und die Dankbarkeit. Doch setzt sie dies nach Thomas auch als Liebe Gottes voraus. Im Unterschied zur Liebe des Menschen, die immer durch ein schon existierendes Gut motiviert wird, ist die Liebe Gottes kreativ. Sie bringt einen zeitlichen Effekt mit sich, auch wenn sie selbst ewig ist. Auf der einen Seite haben wir die Liebe Gottes, mit der Gott alle Geschöpfe liebt, sofern er ihnen das Sein, die Vollkommenheiten und das natürliche Wirkvermögen gibt, auf der anderen Seite die vollkommene Liebe der *dilectio*, durch die er sie erhebt und seiner eigenen Glückseligkeit teilhaft macht – so wie ein Freund sie dem Freund gewährt.[168]

Daher eignet sich der Ausdruck „Gnade" vor allem, um jene durch die göttliche Liebe in der Seele geschaffene Entität, die den Menschen rechtfertigt, ihn Gott angenehm macht und befähigt, wie ein Freund am Leben Gottes teilzuhaben, auszudrücken, auch wenn er bisweilen verwendet werden kann, um die ungeschaffene Gabe des Heiligen Geistes und die ewige Liebe der Vorherbestimmung (Auserwählung) zu bezeichnen.[169]

Der Mensch bedarf in seinem gegenwärtigen Status dieser geschaffenen Gabe aufgrund des übernatürlichen Zieles, zu dem ihn Gott gerufen hat und wegen der faktischen Unfähigkeit des gefallenen Menschen, abseits der Gnade der Sünde zu entkommen. Er braucht die Gnade vor allem, um Gott über alles lieben zu können[170], aber auch um das Wesen der Gebote Gottes – aus Liebe *(caritas)* zu ihm[171] – erfüllen zu können, um die Akte zu verwirklichen, die

---

168 Vgl. In II Sent., d. 26, q. 1, a.1, ad 2: „Sed illa est simpliciter et perfecta dilectio, quasi amicitiae similis, qua non tantum diligit creaturam sicut artifex opus, sed etiam quadam amicabili societate, sicut amicus amicum, inquantum trahit eos in societatem suae fruitionis, ut in hoc eorum sit gloria et beatitudo quo Deus beatus est: et haec est dilectio qua sanctos diligit, quae antonomastice dilectio dicitur."

169 Vgl. S. Th. I–II, q. 110, a. 1.

170 Vgl. S. Th. I–II, q. 109, a. 3.

171 Vgl. S. Th. I–II, q. 109, a. 4.

zum ewigen Leben hinführen[172] und um die Sünde vollkommen zu meiden[173].

Thomas verwendet die Analogie mit der natürlichen Welt, um zu zeigen, auf welche Weise Gott den Menschen auf sein übernatürliches Ziel hinlenkt. Gott nimmt seine Vorsehung im Hinblick auf alle natürlichen Dinge wahr, nicht nur, indem er sie zu ihren natürlichen Akten motiviert, sondern auch, indem er ihnen einige Formen und innere Vermögen einschafft, die Prinzipien von Akten sind und die von sich aus zu bestimmten Bewegungen hinführen. Auf diese Weise sind die Bewegungen, zu denen sie von Gott bewogen werden, ihnen konnatural und leicht. Wenn dies schon in der natürlichen Welt so ist, um wieviel mehr wird Gott dann im Hinblick auf das, was zur Erlangung des ewigen Lebens als eines übernatürlichen Gutes bewegt, einige Formen oder übernatürliche Qualitäten eingeben – nicht mit Gewalt oder Zwang, sondern mit Milde, Spontaneität und Freundlichkeit. Darum sagt Thomas, dass die von Gott eingegossene Gnadengabe eine gewisse Qualität sei.[174]

Keine der Kategorien der Philosophen reicht dazu aus, zu erklären, was die Gnade sei. Die Gnade ist eine Umgestaltung des Menschen durch Gott, bis zu dem Punkt, dass aus ihm ein neues Geschöpf wird. Thomas unterscheidet zwischen den aktuellen Bewegungen und Erleuchtungen *(gratiae actuales)* und einer habituellen Gabe (einer dem Wesen der Seele wurzelhaft mitgeteilten Qualität), die uns zu Kindern Gottes und der göttlichen Natur teilhaft macht und uns darüber hinaus befähigt, auf ihn als unserem letzten Ziel ohne irgendeine Gewalt zuzustreben – sanft und mit innerer Freude.[175]

Die eingegossene Qualität beschränkt sich nicht auf die theologische Tugend, sondern bringt einen gewissen *Habitus* oder eine Seinsweise *(habitudo quaedam)* mit sich, die den eingegossenen Tu-

---

172 Vgl. S. Th. I–II, q. 109, a. 5.
173 Vgl. S. Th. I–II, q. 109, a. 8.
174 Vgl. S. Th. I–II, q. 110, a. 2.
175 Vgl. S. Th. I–II, q. 110, a. 2.

genden (Glaube, Hoffnung, Liebe) als deren Wurzel vorausliegt.[176]
Wäre sie bloß Tugend, so würde die Gnade den Menschen nur in
seinem Wirken, aber nicht in seinem innersten personalen Sein betreffen. Es ist jedoch so, dass Gott, wenn er begnadet, nicht nur auf
die Vermögen der Seele oder die natürlichen Kräfte des Menschen
einwirkt: Er bezeichnet ihn vielmehr in seiner ontischen Wurzel
(dem Wesen der Seele) und in seinem personalen und relationalen
Zentrum (als Kind Gottes).[177] Daher ist das Subjekt dieser Qualität
oder dieses *Habitus* nicht das Vermögen der Seele, sondern ihr eigenes Wesen. So wie sich das natürliche Entstehen von etwas zuerst
und vor allem auf die Substanz selbst erstreckt und dann erst auf
die Vermögen, so erstreckt sich die Wiedergeburt zu Kindern Gottes
zuerst auf das Wesen der Seele, und erst dann auf deren Vermögen.[178]

Noch bevor der Mensch als Kind Gottes mit seinem Verstand
und Willen an der göttlichen Erkenntnis und Liebe teilnimmt, hat er
aufgrund einer Wiedergeburt oder Neuschaffung durch die Natur der
Seele teil – gemäß einer gewissen Ähnlichkeit – an der göttlichen
Natur.[179]

Manche haben an der thomanischen Lehre von der Gnade als
Habitus kritisiert, sie reduziere die Gnade zu einer physischen Realität oder einem geschaffenen Gut, über das jemand nach seinem
Gutdünken verfügen könne. Was ist dazu zu sagen? Indem Thomas
die geistliche Wiedergeburt in Analogie mit der aristotelischen Erklärung der natürlichen Entstehung von etwas begreift, betont er
nicht immer genügend die personale und interpersonale Dimension
der Gnade. Aber es ist nicht zu verkennen, dass er sie ausgehend
vom liebebewegten Vorhaben Gottes erklärt, den Menschen – wie
ein Freund den anderen – an seiner eigenen Seligkeit teilhaben zu
lassen. So ist der Rahmen, in dem er die Gnade erklärt, die freund-
schaftliche Begegnung von Gott und Mensch, die eine Entäußerung
Gottes und eine Erhebung des Menschen mit sich bringt. Dies ist der

---

176 Vgl. S. Th. I–II, 110, 3 ad 3.
177 Vgl. S. Th. I–II, q. 110, a. 4.
178 Vgl. ibid., sed contra.
179 Vgl. S. Th. I–II q. 110, a. 4.

eigentliche Horizont, in dem Thomas auf die Notionen von *qualitas* oder *habitudo* rekurriert – nicht, um die Gnade zu verdinglichen, sondern um die Weise, wie der Mensch freundschaftlich mit dem Gott der Gnade verkehren kann, ontologisch zu erklären, wobei er die Göttlichkeit Gottes und die Würde des Menschen als dessen Ebenbild gewahrt wissen will.[180]

Diese Würde besteht zu einem nicht geringen Teil darin, dass der Mensch mit Gott kooperiert und selbst diese liebende Hinbewegung auf sein letztes Ziel realisiert, auch wenn dies mit Hilfe eines Freundes geschieht, der sein Leben für ihn hingegeben hat, und der ihm durch die Sakramente seiner Menschheit eine Form und Qualität eingibt, die seine geistigen Fähigkeiten überformt und die ihn befähigt, mit diesem Freund am Werk der eigenen Erlösung und am Heil der anderen mitzuarbeiten.

Thomas besteht darauf, dass die Liebe Gottes und die Gegenwart des Heiligen Geistes im Gerechtfertigten das permanente Prinzip der im Menschen bewirkten Umwandlung und aller Handlungen, die er als erneuerter Mensch wirkt, sind. Deshalb schreibt er, dass „die Gnade den Glauben nicht nur dann hervorbringt, wenn dieser im Menschen anfängt, sondern bis dass dieser Glaube endet. Gott wirkt in jedem Moment die Rechtfertigung des Menschen, so wie die Sonne konstant die Luft erhellt".[181] Daher wird die Gnade nach Thomas in Joh 4,10–15 und 7,37–38 „lebendiges Wasser" genannt, weil sie mit ihrer eigenen Quelle, die der Heilige Geist (als ungeschaffene Gabe) ist, gegeben wird.[182]

---

180 Vgl. O.H. Pesch / A. Peters, Gnade und Rechtfertigung, 85–90.

181 Vgl. S. Th. II–II q. 4, a. 4, ad 3.

182 Vgl. In Ioann. 4, lect. 2, n. 577: „Viva autem aqua est quae suo principio continuatur, et effluit. Secundum hoc ergo gratia spiritus sancti recte dicitur aqua viva, quia ita ipsa gratia spiritus sancti datur homini quod tamen ipse fons gratiae datur, scilicet spiritus sanctus. Immo per ipsum datur gratia; Rom. V, 5: *caritas Dei diffusa est in cordibus nostris per spiritum sanctum, qui datus est nobis*. Nam ipse spiritus sanctus est fons indeficiens, a quo omnia dona gratiarum effluunt; I Cor. XIII, 11: *haec omnia operatur unus atque idem spiritus* et cetera. Et inde est quod si aliquis donum spiritus

2. Die Rezeption durch das Lehramt der Kirche

Das kirchliche Lehramt hat sich manche der erarbeiteten Unterscheidungen, die mit Hilfe von philosophischen Konzepten getroffen wurden, zu eigen gemacht. So hat z. B. das Konzil von Vienne die Notion und Realität der *gratia habitualis* bekräftigt, wenn es über die Taufe sagt, dass in ihr die Tugenden und „die informierende Gnade – *quoad habitum*" eingegossen würden.[183] Doch auch wenn es von der Gnade als *Habitus* spricht, so wird doch ihr Band mit der ungeschaffenen göttlichen und personalen Gnade nicht übersehen. In diesem Sinne wird gesagt, dass die Menschheit Christi das Wort Gottes selbst verwirklicht hat, um alle Menschen zu retten.[184]

Auch das Konzil von Trient hebt die Beziehung zwischen der ungeschaffenen Gnade in Jesus Christus und der geschaffenen Gnade als göttlicher Gabe hervor, wenngleich es die Distanz zwischen beiden markiert. So redet es von der geschenkhaften Wirkung der Taufgnade als einer Gnade unseres Herrn Jesus Christus[185] und von der Begnadung als dem Angenommensein als Söhne Gottes (Röm 8,14)[186]. In einem entscheidenden Passus sagt das Konzil, die einzige formale Ursache unserer Rechtfertigung sei die Gerechtigkeit Gottes, jedoch nicht jene, durch die er selbst gerecht ist, sondern die Gerechtigkeit, durch die er uns gerecht macht und rechtfertigt (Röm 3,16)[187]. Die geschenkhafte Wirkung der Taufe wird charakterisiert als Werk Gottes, in dem er uns besiegelt und mit dem Heiligen Geist der Verheißung salbt (vgl. 2 Kor 1,21ff).[188]

Hat Trient mit seiner Unterscheidung die Gnade des gerechten, gerechtfertigten Menschen von der Gnade Christi im Heiligen

---

sancti habeat, et non spiritum, aqua non continuatur suo principio, et ideo est mortua, et non viva."

183 DH 904.

184 DHZ 901.

185 DH 1515.

186 DH 1524.

187 DH 1529; auch 1560 und 1561.

188 DH 1529.

Geist getrennt, so wie manche meinten? Der *Catechismus Romanus* scheint darauf hinzuweisen, wenn er die Gnade exklusiv als göttliche Qualität, die der Seele inhäriert, definiert.[189] Trotzdem darf man nicht vergessen, dass Trient den Vorschlag des Seripando, General der Augustiner, zurückgewiesen hat, der von einer doppelten Gerechtigkeit gesprochen hatte: die eine, die Gerechtigkeit Christi, die uns imputiert wird, und die andere, die uns selbst zu eigen ist.[190] Durch die Zurückweisung des Vorschlags von Seripando wird die innere Einheit der Gerechtigkeit Gottes und jener des gerechtfertigten Menschen klar, bis zu dem Punkt, dass von einer einzigen *causa formalis* der Rechtfertigung die Rede ist. Die Gerechtigkeit, mit der Gott uns rettet, ist die seine. Sie zeigt sich in seiner Liebe zu den Menschen. Die Gabe dieser Gerechtigkeit erneuert wirklich unseren Geist und unser Sein. Wir werden nicht nur für gerecht befunden, wir sind es in Wahrheit. Deshalb empfängt ein jeder seine eigene Gerechtigkeit, die immer eine Gabe der Gerechtigkeit Gottes ist, gemäß der Gabe des Geistes und in dem Maß seiner eigenen Kooperation und Disposition.

Außerdem will das Tridentinum das Band zwischen der inhärierenden Gnade mit der *gratia increata* durch Christus und den Geist gewahrt wissen, sofern es die Rechtfertigung als Übergang von der Feindschaft zur Freundschaft mit Gott konzipiert[191] und letztlich – von ihrer Wirkung her – als Einwohnung des Heiligen Geistes und Inkorporation in Christus versteht.[192]

Es geht dem Konzil darum, die innere Umwandlung des Menschen zu unterstreichen. Was dem Menschen inhäriert, ist die Liebe Gottes, die in uns ausgegossen ist durch den Heiligen Geist. Daher ist die Umwandlung des Gerechtfertigten das Werk des in uns gegenwärtigen Gottes.

Nach Trient empfängt der Mensch durch Christus, dem er eingefügt wird, zusammen mit der Vergebung der Sünden den Glauben,

189 CR p. II, c. 2, q. 49.
190 Vgl. Franco Buzzi, Trento, 103–109.
191 DH 1528.
192 DH 1530.

die Hoffnung und die Liebe. Dies verbindet sich mit dem Thema der „Mitwirkung". Wenn die Vergebung der Sünden nicht das innerste Sein des Menschen beträfe (bloße „Nicht-Imputation" der Sünden), würde es keinen Sinn machen, von seiner Mitwirkung oder seiner Freiheit zu reden, mit der er das Handeln Gottes annehmen oder ablehnen kann. Wenn aber die Rechtfertigung die innere Erneuerung des Menschen miteinschließt, so wäre dies nicht real, wenn nicht die menschliche Freiheit in den Prozess der Rechtfertigung einbezogen würde. Letztlich wird die Rechtfertigung als Inkorporation in Christus gesehen: Allein dem Menschen, der Christus eingefügt wurde, kann die Gerechtigkeit inhärieren. Und diese hängt in jedem Augenblick von ihrer Quelle ab.[193]

Die katholische Lehre von der Unterscheidung und Einheit der Gnade hält sich bis zum Magisterium Johannes Pauls II. durch. In seiner Enzyklika „Dominum et Vivificantem" spricht er von der ungeschaffenen Gabe des Heiligen Geistes für die Menschen und von einer besonderen geschaffenen Gabe, die wegen der Überfülle der ersteren im Herzen jedes Menschen ihren Anfang hat, und durch die der Mensch der göttlichen Natur teilhaft wird. Und er unterscheidet, wenngleich er eine ursächliche Beziehung zwischen beiden zugibt, zwischen der Gabe des Heiligen Geistes, der das göttliche Leben mitteilt, und der heiligmachenden Gnade als formalem inneren Prinzip dieses übernatürlichen Lebens. Daneben nennt er die diversen Formen der übernatürlichen Lebenskraft, die es im Menschen gibt.[194]

Auch der KKK spricht von der heiligmachenden Gnade als einer stabilen und übernatürlichen Disposition der Seele, um mit Gott zu leben und die Werke der Liebe zu vollbringen, und unterscheidet dann zwischen der habituellen Gnade, der permanenten Disposition, um gemäß der göttlichen Berufung zu leben und zu wirken, und den aktuellen Gnaden, die die göttlichen Interventionen am Beginn der Bekehrung und im Lauf des Heiligungswerkes bezeichnen.[195]

---

193 DH 1547.
194 Vgl. Johannes Paul II., Dominum et vivificantem, Nr. 52.
195 Vgl. KKK, Nr. 2000.

3. Exkurs: Die gratia creata bei Bernhard Lonergan

sehr gut können

3.1. Die ungeschaffene Gnade ist Gott selbst, sofern er in den Sendungen zur Gabe wird

Als Ausgangspunkt dienen dem kanadischen Jesuiten die Sendungen der beiden göttlichen Personen des Sohnes und des Geistes[196] in die Welt – die eine sichtbar, die andere unsichtbar. Im Galaterbrief werden diese beiden Sendungen direkt angesprochen: „Als die Zeit erfüllt war, sandte Gott seinen Sohn, geboren von einer Frau und dem Gesetz unterstellt, damit er die freikaufte, die unter dem Gesetz stehen, und damit wir die Sohnschaft erlangen. Weil ihr aber Söhne seid, sandte Gott den Geist seines Sohnes in unser Herz, den Geist, der ruft: Abba, Vater. Daher bist du nicht mehr Sklave, sondern Sohn; bist du aber Sohn, dann auch Erbe, Erbe durch Gott" (Gal 4,4–7).

Der Sohn wird als Mensch gesandt; der Geist des Sohnes wird in das Herz des Menschen gesandt. Von der Sendung des Sohnes durch den Vater ist sodann oft, vor allem bei Johannes, die Rede (3,16f; 5,23; 8,16; 14,14; 20,21 usw.), genauso wie die Sendung des Heiligen Geistes durch den Vater und den Sohn auch an anderen Stellen ausgedrückt wird, etwa in Joh 14,26; 15,26.[197]

---

196 Vgl. dazu B. J. F. Lonergan, The Trinune God, 471–473. Es handelt sich um eine Übersetzung von De Deo trino: Pars systematica, Rom 1964. Dort wird das Thema der *„divinae missiones"* behandelt. Bei Thomas vgl. S. Th. I q. 48 „De missione divinarum personarum".

197 Paulus verwendet im Galaterbrief für beide Sendungen den Terminus *ex-apostellô*, der zusammen mit ähnlichen Termini wie *apostellô*, *pempô* im NT meistens einen technischen Sinn hat: Die Person, die gesandt wird, erhält von der Person, die sie sendet, eine besondere Vollmacht, um eine Aufgabe bei denen zu erfüllen, zu denen sie gesandt wird. Aber auch aus anderen Redewendungen geht deutlich hervor, dass der Heilige Geist gesandt wird, indem von ihm gesagt wird, dass er gegeben wird (Joh 14,16; Röm 5,5), dass er empfangen wird (Röm 8,11; Gal 3,2), dass Paulus ihn hat (1 Kor 7,40), dass er in den Gläubigen wohnt (Röm 8,9.11; 1 Kor 3, 16), dass er ausgegossen wird (Apg 2,33).

Die Ordnung der Sendung ist nicht umkehrbar. Die göttlichen Sendungen, von denen das NT spricht, schließen vielmehr eine entsprechende reale Beziehung des Ursprungs oder Ausgangs des Gesandten vom Sendenden ein. Eine göttliche Person wird nur von der Person (bzw. von den Personen) gesandt, aus der (bzw. aus denen) sie – innertrinitarisch – hervorgeht – Hervorgang, durch den sie als real unterschiedene Person konstituiert wird, weil die göttlichen *„missiones"* ad extra von den göttlichen *„processiones ab intra"* abhängen.[198]

Gott bleibt bei den Sendungen vollkommen frei, obwohl die heilsökonomische Trinität eine Konsequenz der immanenten Trinität ist, d. h. der Ratschluss, dem gefallenen Menschen durch das Erlösungswerk des Sohnes und das Heiligungswerk des Heiligen Geistes die Würde der göttlichen Sohnschaft wiederzugeben, folgt seiner freien Selbstbestimmung.

Wo aber im NT die Rede von uneigentlichen Sendungen ist (einer göttlichen Person wird etwas zugeschrieben, was eine endliche Wirkung schafft), sind es immer alle drei göttlichen Personen, die die Wirkung hervorbringen[199], weil alle Wirkungen Gottes *ad extra* durch sein Wissen und Wollen hervorgebracht werden, welche zu seinem Wesen gehören und deshalb allen drei Personen gemeinsam sind. Man spricht in dem Fall davon, dass etwas einer der drei göttlichen Personen bloß appropriiert wird.

Wenn wir theologisch von den Sendungen reden, so werden vom Vater und Sohn einander ausschließende, nicht beliebig austauschbare Prädikate ausgesagt (der Vater ist, was den Sohn betrifft, der Sendende und nicht umgekehrt). D. h. die Aussagen werden gemacht genau im Hinblick auf das, worin sich die göttlichen Personen voneinander unterscheiden. Dies ist aber ihre jeweilige Ursprungsrelation, die sie als göttliche Person konstituiert.[200]

---

198 Vgl. dazu G. Sala, Die gratia creata, 256 A, 202.

199 Allerdings nach derselben „Ordnung", nach der die eine göttliche Person von der anderen hervorgeht.

200 Aussagen über die Sendung einer göttlichen Person gehören nach Lonergan zu jener Klasse von Aussagen, die gewisse Prädikate von einer gött-

3.2. Geschaffene Partizipation an den innergöttlichen Relationen

Dass es eine geschaffene Gnade gibt, erscheint bei Lonergan häufig unter dem Begriff „Partizipation". Lonergan unterscheidet, entsprechend den vier Formen von geschaffener Gnade: *gratia unionis* in Christus – heiligmachende Gnade – *Habitus* der Liebe – *visio*, vier Weisen der Teilnahme an den innergöttlichen Hervorgängen. Diese stiften eine je eigene Beziehung zu den drei göttlichen Personen. Laut seinem Werk „Triune God"[201] und „The ontological and psychological constitution of Christ"[202] ergibt sich dabei für ihn folgendes Schema:

1) Sekundärer Existenzakt in der Inkarnation – geschaffene Partizipation an der Vaterschaft – besondere Beziehung zum Sohn

lichen Person im eigentlichen Sinne *(proprie)* und kontingent aussagen. Zu jener Klasse gehören überhaupt alle Aussagen, die die Heilsordnung betreffen. Solche Aussagen fügen der subsistierenden Relation (mit der göttlichen Person identisch) nur eine gedachte Relation *(relatio rationis)* hinzu. Sie bringen aber außerhalb Gottes eine angemessene geschaffene Wirklichkeit mit sich, die sich von sich her real auf die subsistierende Relation bezieht. So kann z. B. bei der Aussage von der Menschwerdung der zweiten göttlichen Person, die eine kontingente Wahrheit ist, der als Sohn subsistierenden Relation in Gott keine Realität hinzugefügt werden, ist sie doch – als mit dem göttlichen Wesen real identisch – genauso unveränderlich wie dieses selbst. Die Wahrheit dieser Glaubensaussage kann also nur auf eine angemessene geschaffene Wirklichkeit, die sich real auf die zweite göttliche Person bezieht, zielen. Vgl. B. J. F. Lonergan, The Ontological and Psychological Constitution of Christ, 49–53.

201 B. J. F. Lonergan, The Trinune God: Systematics.

202 Ders., The Ontological and Psychological Constitution of Christ, 145–149. Vgl. dazu den ausgezeichneten Aufsatz von N. J. Ormerod, Two Points or Four? – Rahner and Lonergan on Trinity, Incarnation, Grace, and Beatic Vision, in: Theological Studies 68 (2007) 661–673. Der Autor spricht hier von Lonergan's „Four-Point-Hypothesis": Vier-Punkte-Modell (666).

2) Heiligmachende Gnade – geschaffene Partizipation an der
   aktiven Hauchung – besondere Beziehung zum Geist
3) *Habitus* der Liebe – geschaffene Partizipation an der passiven Hauchung – besondere Beziehung zu Vater und Sohn
4) Visio beatifica – Partizipation an der Sohnschaft – besondere Beziehung zum Vater

Die *gratia unionis* beruht auf der sichtbaren Sendung des Gottessohnes in die Zeit: Derjenige, der von Ewigkeit her vom Vater gezeugt
wird, wird in der Zeit als Mensch gezeugt. Der Sohn, in seiner Person wesensgleich mit dem Vater, kann Mensch werden, ohne dass
dadurch seiner eigenen Realität als Gott etwas hinzugefügt werden
müsste und könnte. „Denn mit seinem unendlichen Sein, mit dem er
ewig subsistiert, beginnt er in der Zeit auch als Mensch zu existieren,
d. h. dieses selbe Sein macht die nicht subsistierende menschliche
Natur aus Maria der Jungfrau zu einer subsistierenden, so dass der
Sohn durch sein ewiges göttliches Sein sowohl als Gott wie auch
als Mensch existiert."[203]

Und auch diese Glaubensaussage, die etwas Kontingentes von
Gott aussagt, wird nur wahr durch einen angemessenen geschaffenen
Bezugspunkt *(terminus ad extra)*: ein substantielles, aber sekundäres
Sein in der angenommenen menschlichen Natur *(gratia unionis)*.
Es handelt sich um ein Sein, das absolut übernatürlich ist, weil es
innerhalb der angenommenen menschlichen Natur keine Proportion
dazu gibt.[204]

In diesem Sinne ist es zu verstehen, wenn Thomas von Aquin
immer wieder vom einzigen göttlichen Sein in der Menschwerdung
des Gottessohnes gesprochen hat. In seiner *Summa Theologiae* sagt

203 G. Sala, Gratia creata, 258.
204 Als der angenommenen Natur nicht proportioniert, bildet es mit ihr kein
    neues ens unum und damit keine menschliche Person.

er: „Es ist unmöglich, dass einem Ding nicht *ein* Seinsakt eignet."[205]
Aber in der *Quaestio disputata de unione Verbi incarnati* erkennt
Thomas ein sekundäres Sein im menschgewordenen Sohn Gottes
an – „nicht, sofern er ewig ist, sondern sofern er in der Zeit Mensch
geworden ist".[206] Für Thomas handelt es sich dabei um ein substantielles Sein. Es ist Folge der hypostatischen Union und daher ein
schlechthin übernatürliches Sein, die *gratia unionis*, die als geschaffene Teilhabe an der göttlichen Sohnschaft die reale Relation der
angenommenen menschlichen Natur zur zweiten göttlichen Person
begründet.[207] Durch dieses wird seiner eigenen Realität als Gott in
der Konstitution seiner Menschwerdung nichts hinzugefügt, doch
hat die Glaubensaussage über die Inkarnation des Gottessohnes –
mit der etwas Kontingentes von Gott ausgesagt wird – darin ihre
Wahrheit.

Wenn man das Prinzip der Kontinuität der Sendungen mit den
ewigen Hervorgängen auf die Sendung des Heiligen Geistes anwen-
det, die in der Rechtfertigung des Menschen geschieht, bedeutet
dies: Gott Vater und Sohn senden – als ein einziges Prinzip – den
Heiligen Geist als jene einzige Liebe, die aus ihnen hervorgeht. „Zur

---

205 S. Th. III q. 17, a. 2 („De unitate Christi quoad esse"): „Impossibile est
quod unius rei non sit unum esse."

206 Vgl. Thomas von Aquin, QD de unione Verbi, a. 4: „[…] sicut Christus est
unum simpliciter propter unitatem suppositi, et duo secundum quid propter
duas naturas, ita habet unum esse simpliciter propter unum esse aeternum
aeterni suppositi. Est autem et aliud esse huius suppositi, non in quantum
est aeternum, sed in quantum est temporaliter homo factum. Quod esse,
etsi non sit esse accidentale – quia homo non praedicatur accidentaliter de
Filio Dei, ut supra habitum est – non tamen est esse principale sui suppositi,
sed secundarium. Si autem in Christo essent duo supposita, tunc utrumque
suppositum haberet proprium esse sibi principale. Et sic in Christo esset
simpliciter duplex esse. – Den Hinweis auf die Stelle verdanke ich Herrn
Roland Krismer.

207 Für den einmaligen Fall der hypostatischen Union ergibt sich das so schwer
Denkbare, dass es ein konstitutives esse gibt, aber dann, eben aufgrund
dieses *esse* gleichsam ein zweites, das mit dem kontingenten Element
dieser Union korrespondiert, ohne dass das zweite *esse* das erste weiter
bestimmen würde.

Konstitution der Sendung (aktiv genommen) genügt jene unendliche Vollkommenheit der zwei sendenden Personen, die identisch ist mit der [...] Vollkommenheit des einen Wesens Gottes."[208] Denn das göttliche Wesen kann in jeder der drei Personen – gemäß der Ordnung, in der sie dieses Wesen „haben" – all das werden, was es in seiner Weisheit, Güte und Macht erkennt und will. Wenn nun die drei göttlichen Personen die aus Gott hervorgehende Liebe als ihre Gabe zum Gerechtfertigten senden wollen, so nimmt der Heilige Geist bei ihm Wohnung. Zwar kommt damit für den Heiligen Geist selber nur eine *relatio rationis* hinzu, dies bedeutet aber keineswegs, dass er sich dem Gerechten nicht wirklich schenkte. „Wir sind wiederum mit dem Paradox konfrontiert, dass Gott wirklich und wahrlich die Welt erschafft, ohne dass sein reales Erschaffen ihm als eine neue Realität (in ihm) hinzugefügt würde."[209]

„Insofern aber die Sendung einer göttlichen Person etwas Zeitliches und Kontingentes meint, verlangt sie eine entsprechende geschaffene Realität als *conditio consequens ad extra*."[210] Von dem Gerechtfertigten soll die wahre Aussage möglich sein, dass Vater und Sohn ihm den Heiligen Geist gesandt haben. „Diese Realität ist die geschaffene Gnade im Gerechtfertigten. Sie ist der Garant dafür, dass die Sendung *ad extra* wirklich stattgefunden hat."[211]

Von der heiligmachenden Gnade unterscheidet Lonergan den *Habitus* der Liebe, den er als Teilnahme an der passiven Hauchung versteht. Der Heilige Geist gewinnt durch das Gesandtsein zum Menschen keine neue Realität zu seiner unendlichen Vollkommenheit hinzu. Jedoch muss man eine endliche Realität im Menschen voraussetzen, zu dem er gesandt ist und von dem wahr sein soll, dass der Heilige Geist bei ihm Wohnung genommen hat. Diese Weise der geschaffenen Teilnahme[212] an einem innergöttlichen Hervorgang sieht

---

208 G. Sala, Gratia creata, 257.
209 Ebd.
210 Ebd.
211 Ebd.
212 Vgl. J. M. Strebbins, 51: „Lonergan calls the reality that meets these conditions ‚a created communication of the divine nature' and defines it as ‚a

Lonergan im *Habitus caritatis*. Er ist eine Teilnahme an der passiven Hauchung[213] und begründet als solche eine besondere Relation des Gerechtfertigten zum Vater und Sohn. Dadurch wird der Mensch fähig, diese beiden göttlichen Personen mit jener übernatürlichen Liebe zu lieben, die der in ihm wohnende Heilige Geist ist.

Akte der Liebe und der Gottesschau sind in dieser Weise nur möglich, wenn es einen *Habitus* gibt, der mit ihnen korrespondiert. Für die beseligende Gottesschau ist dieser das *lumen gloriae*.[214] Dass schließlich die *visio* eine besondere Beziehung zum Vater mit sich bringt, kann zunächst im Hinblick auf Christus selbst eingelöst werden, in dem sich alle vier Weisen der Teilnahme an der göttlichen Natur finden. In ihm findet sich eine „geschaffene Teilnahme an der Vaterschaft", sofern die göttliche Sohnschaft in seine Menschheit hineingezeugt wird, aber auch an der göttlichen Sohnschaft, sofern er ja die beseligende Gottesschau besitzt.[215]

3.3. Zur Theologie der geschaffenen Gnade

Bei der geschaffenen Gnade geht es um die Rechtfertigung des Menschen, die in der Vergebung der Sünden und der Heiligung durch Gott besteht. Sie bezeichnet eine geschaffene Qualität im Gerechtfertigten, die als Fundament für die neue Relation zu Gott dient.

---

created, proportionate, and remote principle whereby there are in a creature operations by which God is attained uti in se est'. "

213 Vgl. G. Sala, Gratia creata, 258.

214 Vgl. J. M. Strebbins, The Divine Initiative: Grace, World-Order, and Human Freedom in the Early Writings of Bernard Lonergan, Toronto 1995, 223: „Acts of charity are found only in the justified, who possess the habit of charity that flows from sanctifying grace; and, in the same way, the beatific vision is an operation found only in those who have received the light of glory. hence, these two supernatural acts have corresponding supernatural habits as their necessary prerequisites."

215 Vgl. J. M. Strebbins, 50.

Als Grundlage seiner Theorie schickt Lonergan folgende, an sich philosophische These voraus: „Das, was kontingent von den göttlichen Personen als wahr ausgesagt wird, ist so durch die göttliche Vollkommenheit selbst konstituiert, daß ein geeigneter terminus ad extra die folgende Bedingung dieser Wahrheit ist."[216]

Die geschaffene Gnade zeigt, dass die göttliche Sendung tatsächlich stattgefunden hat. Sie ist das Fundament für die Wahrheit von kontingenten Aussagen über die Realität des Gesandtseins. Die Realität der *gratia creata* zu verstehen, steht und fällt mit dem Verständnis von Metaphysik (Erkenntnislehre), wie es von der Tradion entwickelt und von Lonergan weitergeführt wird.[217]

Lonergan wollte ein philosophisches Argument vorlegen, aus dem folgt, dass man außer dem *„primum donum"*[218], nämlich dem Heiligen Geist, mit dem der Gerechtfertigte beschenkt wird, auch ein *donum creatum* anerkennen muss.[219] Das Argument arbeitet mit dem metaphysischen Prinzip, dass eine kontingente Aussage über Gott nicht wahr sein kann, wenn ihr nur die absolute Realität Gottes entspricht. Durch die Begnadung ändert sich nicht real etwas in Gott, sondern nur im begnadeten Menschen. Erst durch eine kontingente Realität, die damit korrespondiert, kann die genannte Aussage wahr sein. Die Rechtfertigung ist ein solches kontingentes Ereignis, durch das der Mensch die Gnade geschenkt bekommt, Kind Gottes zu sein und an der göttlichen Natur teilzuhaben.

Wie nun die geschaffene Gnade zu *verstehen* sei, bleibt durch das vorgelegte Argument weitgehend offen. Dies hat seinen Grund darin, dass unsere Erkenntnis der *gratia creata* wie übernatürlicher

---

216 Vgl. Lonergan, Triune God. Part 2, 217 (Assertum XV).

217 Vgl. M. Stickelbroeck, Christologie im Horizont der Seinsfrage. Über die epistemologischen und metaphysischen Voraussetzungen des Bekenntnisses zur universalen Heilsmittlerschaft Jesu Christi, (MThSt 59), St. Ottilien 2002, 543–557.

218 Vgl. S. Th. I, q.38, a.2)

219 Vgl. L. Scheffczyk, „Ungeschaffene" und „geschaffene" Gnade, 81–97. Im Artikel werden die wesentlichen Elemente der Gnadenlehre dargelegt mit besonderer Berücksichtigung der protestantischen Ablehnung einer geschaffenen Gnade und der katholischen Lehre von derselben.

Wirklichkeiten überhaupt durch den Glauben nicht davon abhängt, wie weit es uns gelingt, ein Verständnis von ihnen zu erreichen.[220] Die theologische Tradition hat sich immer wieder intensiv mit dieser Frage beschäftigt.[221] Die scholastische Lehre von der geschaffenen Gnade hat als *analogatum princeps* die philosophische Lehre vom natürlichen Leben bemüht. Die theologische Durchdringung der Offenbarung versteht ja die Erhöhung des Menschen zum Adoptivsohn Gottes als ein ihm geschenktes höheres Leben. In Anwendung dieser Analogie wird die Gnade als ein absolut übernatürlicher *Habitus* aufgefasst, der als akzidentelle Form[222], näherhin als Qualität[223] in das Wesen der Seele (also in die substantielle Form des Menschen) aufgenommen wird.[224] Als akzidentelle Form unseres substantiellen Wesens bewirkt die Gnade eine gewisse Wiedergeburt oder Wiedererschaffung des begnadeten Menschen, wodurch dieser der göttlichen Natur teilhaft wird.[225]

Aus diesem *Habitus* gehen die göttlichen Tugenden hervor. Sie sind voneinander spezifisch verschiedene, nächstliegende Prinzipien von entsprechenden Handlungen; sie gehen aus der Gnade hervor, ähnlich wie unsere Vermögen aus dem Wesen der Seele hervorgehen.[226] Derselben Gnade entspringen auch die Gaben des Heiligen Geistes, die den Begnadeten dazu disponieren, dem Antrieb des Heiligen Geistes zu folgen.[227] „Die Gnade ist aber nicht nur die Quelle

220 Vgl. G. Sala, Gratia creata, 259.
221 Die Theologie der Gnade, die bis vor einigen Jahrzehnten in der katholischen Kirche als *doctrina recepta* galt und auch in lehramtliche Aussagen Eingang gefunden hat, vor allem in die des Trienter Konzils, geht auf jene systematische Durchdringung der Glaubenswahrheiten zurück, die im elften Jahrhundert mit der Scholastik einsetzte. Vgl. z. B. das mehrbändige Werk von A. M. Landgraf, Die Gnadenlehre. Dogmengeschichte der Frühscholastik, Regensburg 1952ff.
222 Vgl. S. Th. I–II q.110, a. 2 ad 2.
223 Vgl. ebd., a. 2c.
224 Vgl. ebd., a. 4
225 Vgl. ebd.; auch G. Sala, Gratia creata, 259.
226 Vgl. G. Sala, Gratia creata, 259.
227 Vgl. S. Th. I–II q. 68, a. 1.

der eingegossenen göttlichen Tugenden, welche sich unmittelbar auf Gott beziehen; durch sie werden auch die natürlichen, sittlichen Tugenden zu Prinzipien übernatürlicher Akte, die das menschliche Leben mehr und mehr zum Leben eines Kindes Gottes gestalten. Durch die übernatürlichen Tugenden und die Gaben des Heiligen Geistes werden die niedrigeren Teile der Seele der Vernunft und die Vernunft Gott unterstellt."[228] Dadurch entsteht im Menschen jene Gerechtigkeit, durch die er von Gott zum ewigen Leben bewegt wird.

Es kommt zu einem Zustand, in dem die göttlichen Personen dem Menschen präsent werden wie ein Erkannter im Erkennenden und ein Geliebter im Liebenden. Diese Präsenz der göttlichen Personen im Menschen heißt „Einwohnung".

3.4. Zwei andere Erklärungen des Verhältnisses zwischen ungeschaffener und geschaffener Gnade

Nach katholischer Lehre besteht die Rechtfertigung nicht nur in der Vergebung der Sünden, sondern sie ist auch „Heiligung und Erneuerung des inneren Menschen"[229]. Die Gabe Gottes, der Heilige Geist, wird dem Menschen geschenkt, und er empfängt die heiligmachende Gnade als ihm inhärierende Teilhabe an der göttlichen Natur.[230] Wäh-

---

228 G. Sala, Gratia creata, 260; vgl. S. Th. I–II, q. 113, a. 1.

229 Vgl. DH 1528.

230 Dass die Rechtfertigung auch die Heiligung des Menschen miteinschließt, scheint heute auch bei den lutherischen Theologen anerkannt zu sein. In der Tat spricht die Gemeinsame Erklärung zur Rechtfertigungslehre (vgl. http://www.möhlerinstitut.de/sites/ger/docug/geg.html) vom „Empfang des Heiligen Geistes in der Taufe" (11). Ferner, „beide Aspekte des Gnadenhandelns Gottes dürfen nicht voneinander getrennt werden [...] sowohl die Vergebung der Sünden als auch die heiligende Gegenwart Gottes" (22). Sogar der Umstand, dass dieselben Theologen jegliche geschaffene Gnade ablehnen, weil die Gnade „nur in der Identität des Heiligen Geistes gefunden werden kann" (so gibt Scheffczyk die Position des protestantischen Theologen W. Dantine wieder, in: „Ungeschaffene und geschaffene Gnade", 82)

rend nun alle katholischen Theologen in der Anerkennung sowohl der ungeschaffenen wie der geschaffenen Gnade einig sind, treten doch erhebliche Differenzen auf, wenn es darum geht, das Verhältnis beider zueinander zu erklären.

Lonergan erwähnt zwei andere Theorien, die zu diesem Thema gebildet worden sind: Eine erste Theorie, die auf Gabriel Vazquez SJ (†1604) zurückgeht[231], setzt zwar die göttlichen Hervorgänge voraus, die den Sohn und den Heiligen Geist als göttliche Personen konstituieren, lässt aber die Sendung des Heiligen Geistes zum Gerechtfertigten durch den *terminus ad extra* – nämlich durch die dem Gerechtfertigten geschenkte heiligmachende Gnade – bedingt sein. Da diese aber das *gemeinsame* Werk der drei göttlichen Personen ist, kommt es dieser Theorie zufolge zu einer bloß appropriierten Beziehung des Gerechtfertigten zur dritten Person in der Heiligsten Dreifaltigkeit.

Die andere Theorie wurde von Dionysios Petavius SJ (†1652) begründet. Er führt die Heiligung des Menschen darauf zurück, dass der Heilige Geist ihn durch seine substantielle Gegenwart als *„quasi forma"* heiligt und durch die Verbindung mit ihm zum Adoptivsohn macht.[232] Diesen Ansatz haben im 20. Jahrhundert Maurice de la Taille SJ[233] und Karl Rahner SJ[234] weiterentwickelt.

In Analogie zu der Zusammensetzung endlicher Dinge aus Potenz und Akt, Materie und Form, geht sie davon aus, dass der Heilige Geist im Gerechtfertigten wie eine Form gegenüber der Seele wirkt – in quasi-formaler Kausalität.[235] Auch die Menschwerdung des Got-

---

scheint die Heiligung des Menschen als Bestandteil der Rechtfertigung zu bestätigen.

231 Als modernen Vertreter dieser Theorie verweist Lonergan auf P. Galtier SJ, De SS. Trinitate in se et in nobis, Paris 1933; vgl. auch ders., L'habitation en nous des trois Personnes, Rom 1949.

232 Vgl. Ch. Baumgartner, Petavius, in: LThK², Bd. 8, 314.

233 Vgl. M. de la Taille, „Actuation créé par acte incréé, 253–268.

234 Vgl. K. Rahner, Zur scholastischen Begrifflichkeit der ungeschaffenen Gnade, 347–375; Gott „teilt sich in quasi formaler Ursächlichkeit dem endlichen Seienden mit" (hier: 362).

235 Vgl. Fußnote 114 auf S. 99

tessohnes als Prototyp jeder Begnadung wird dadurch erklärt, dass sein göttliches Sein auf eminente Weise ein individuelles menschliches Wesen (Natur) aktuiert.

Bekanntlich hat der frühe Rahner einen Thomastext für die Begründung dieses Begriffs herangezogen. Es handelt sich um die Stelle aus dem Supplementum der *Summa Theologiae*, an der Thomas von der *visio* spricht, die er so versteht, dass die göttliche Wesenheit dabei unseren Verstand so wie die Form die Materie informiert.[236] Rahner geht in der Interpretation dieses Textes davon aus, dass die beseligende Gottesschau das Höchstmaß und die Erfüllung des Gnadenlebens darstellt, so dass sie sich als Ausgangspunkt für das Verständnis von Gnade überhaupt anbietet. Dieses Verständnis der göttlichen Selbstmitteilung als Quasiform wird so weit ausgedehnt, dass sie sich auch auf die Menschwerdung erstreckt: Gott teilt die „Quasi-Form" der Gottheit in der Begnadung der menschlichen Seele akzidentell und der Menschheit Christi substantiell mit. Die Inkarnation ist die Mitteilung des Wortes, das Gnadenleben die Mitteilung des Geistes.

Es stellt sich allerdings die Frage, ob die beseligende Gottesschau tatsächlich der geeignete Bezugspunkt für das Verständnis von Gnade ist. Nach der Auffassung der Heiligen Schrift stellt die Gottesschau eher die Vollendung des Glaubens als die Erfüllung des Gnadenlebens dar, weshalb man in der Tradition davon ausging, dass dem irdischen Jesus kein Glaube nötig war. Der den Glauben mit uns nicht geteilt hat, weil er in der Schau war, an dessen Gnade nehmen wir aber alle teil, und zwar so, dass sie sich bis zur Vollgestalt *(plenitudo)* auswachsen soll.[237]

---

236 Vgl. S.Th. Supp. III, q. 92, a. 3.

237 Einen Vergleich zwischen Rahner und Lonergan bietet Ormerod in seinem Beitrag, der um den Zusammenhang von Trinität, Inkarnation und Gnade bemüht ist. Im Vergleich mit Rahner, dessen Gnadentheologie noch immer sehr wirkmächtig ist, macht Ormerod den trinitarischen Ausgangspunkt Lonergans klar und zeigt auf, wie die Beziehung zwischen Trinität, Relationen (in Gott) und geschaffener Realität im begnadeten Menschen zu einem fruchtbaren Ansatz in der systematischen Theologie werden könnte.

4. Eine heute wieder zu entdeckende Tradition

In der katholischen Tradition werden sowohl die Einheit wie die Unterschiedenheit der unerschaffenen Gnade des Heiligen Geistes und der geschaffenen Gnade betont. Etwas anderes ist die theologische Reflexion über deren Zueinander. Das biblische Zeugnis drückt mit dem Sinngehalt von „Gnade" das Ausmaß und die Bedeutung der Gemeinschaft mit Gott in der Geschichte Israels, in Jesus Christus und der Kirche aus.

Der Theologie war in der Geschichte ihrer Reflexion die Aufgabe gestellt, verschiedene Unterscheidungen anzubringen, um das Ereignis der Gnadenmitteilung, wie es im NT bezeugt ist, in seiner metaphysischen Intelligibilität zu verstehen. In der Tat wird man immer von diesem Gnadenereignis auszugehen haben, das die freie Selbstgabe Gottes in seinem Sohn durch den Heiligen Geist meint, die in der Kirche und in den Herzen der Gläubigen gegenwärtig ist – die Gabe der Liebe Gottes, die der vollkommene Akt der trinitarischen Gemeinschaft ist, und die sich über das menschgewordene Wort bis zu den Gerechtfertigten hin erstreckt. Durch diese gnadenhafte Mitteilung können die Gläubigen persönlich und als Gemeinschaft mit dem trinitarischen Gott kommunizieren. In der Gnade eröffnet Gott dem Menschen sein inneres Leben.

In dem Augenblick, in dem die Theologie die Beziehung von Gnade und menschlicher Freiheit erklären musste, wurde die Unterscheidung zwischen ungeschaffener und geschaffener Gnade konzeptuell geboren. Die Freiheit des Menschen findet ihren Grund in der göttlichen Freiheit; sie ist in dieser impliziert. In der Erschaffung des Menschen nach seinem Bild und Gleichnis, als mit Freiheit begabte Person, mit der er in der Geschichte einen Bund eingehen wollte, hat Gott sich selbst in seiner Freiheit festgelegt.

Je näher eine geschaffene Natur zu Gott steht, desto mehr eignet ihr auch eine Ähnlichkeit mit der göttlichen Würde, die es verbietet, von etwas Äußerem zu ihm hin bewegt zu werden. Daraus folgt für diese Natur, dass sie umso weniger von außen und umso mehr von innen her bewegt wird, wenn sie sich Gott nähert. Deswegen steht der gerecht gemachte Mensch in der größeren Möglichkeit, von innen her durch den dreifaltigen Gott bewegt zu werden, der ja durch den Heiligen Geist in seinem Herzen wohnt. Diese von innen her evozierte Bewegung des menschlichen Geistes auf Gott hin wollte die katholische Tradition mit der Lehre von der habituellen Gnade erklären. So hat etwa Thomas von Aquin mit seiner Lehre von der Gnade als einer Qualität oder einem *Habitus* klarzumachen versucht, dass Glaube, Hoffnung und Liebe, die das christliche Leben ausmachen, zu derselben Spontaneität, Leichtigkeit und beherztem Schwung führen, wie sie dem (vitalen) Leben an sich schon aufgrund seiner natürlichen Voraussetzungen eigen sind. Es war ihm auch darum zu tun, die personale Würde des Menschen konzeptuell zu wahren. Dazu durfte in der Beschreibung der Leitung durch die Gnade dessen Selbstwertgefühl nicht verletzt werden, weil er etwa nicht hätte mitwirken können. Es kommt letztlich darauf an, der Gnade zuzustimmen und die Bewegung zum Heil selbst auszuführen. Dies ist aber nur möglich, wenn dem Menschen irgendeine übernatürliche Qualität oder Form eingegossen wird, die sich seinen natürlichen Kräften so mitteilt, dass sie mit ihm ein einziges Wirkprinzip konstituiert.

Auf diese Weise gehen die heilsrelevanten Akte aus der vereinten Aktion der Gnade Gottes und dem freien Antrieb des Menschen hervor. Es ist dies, was Augustinus in den festen katholischen Grundsatz fasste: Gott, der dich erschaffen hat ohne dich, will dich nicht erlösen ohne dich.[238] Dabei handelt es sich nicht um theologische Spekulation, sondern um eine von der Kirche gelehrte Glaubenswahrheit.[239]

Dass der Mensch in seiner Freiheit als von Gott Angerufener dasteht, hängt mit dem dialogischen Charakter beider Freiheiten – der menschlichen und der sie ermöglichenden göttlichen – zusammen. Indem der Mensch aus dem trinitarischen Ratschluss geschaffen wurde, hat Gott es zulassen wollen, durch die menschliche Freiheit bestimmt zu werden. Diese göttliche Selbstzurücknahme im

---

238 Augustinus, Sermo 169, 13.
239 Vgl. DH 390 (Can. 20 des 2. Konzils von Orange 529); DH 1525 (Konzil von Trient, Dekret über die Rechtfertigung, cap. 52).

Hinblick auf den Menschen bildet den letzten Grund von dessen Freiheit.

Man kann diese menschliche Freiheit theologisch nicht abseits der sie gründenden, liebenden Freiheit Gottes verstehen. Als geschaffene Freiheit bildet sie zur absoluten schöpferischen Freiheit Gottes keine Konkurrenz; vielmehr wird sie durch den immer aktuellen freien Liebeswillen Gottes selbst aktuiert. Sie ist umschlossen von der Selbstbestimmung der göttlichen Freiheit.

Von diesem trinitarischen Ratschluss Gottes zur Erschaffung einer endlichen Freiheit fällt ein neues Licht auf „Gnade": Als vollkommene und definitive Selbstschenkung an den Menschen in Christus und im Heiligen Geist ist sie die Weise, in der Gott in der Geschichte, die ein Dialog zwischen ihm und dem Menschen ist, seinen ursprünglichen Ratschluss verwirklicht. Die menschliche Freiheit wird durch die Gnade nicht bedroht oder eingeschränkt, sondern findet darin ihre Sinnbestimmung. Der Mensch ist gerufen, um durch seinen freien Gehorsam an der Liebe Gottes teilzunehmen, die in Christus zum Äußersten entschlossen ist.

Die Gegenwart des Geistes garantiert die reale Möglichkeit, dass die wesentlich relationale Dimension der Freiheit sich in Richtung auf eine Gemeinschaft mit Gott und den anderen entfalten kann. Der Geist macht uns nicht nur unsere Beziehung zu Gott als dessen Kinder bewusst. Es ist sein vornehmlichstes Werk, uns in einen realen Kontakt mit der ganz geheiligten und angenommenen Menschheit Christi zu bringen. Er bewirkt auch unseren Anschluss an die sich opfernde Selbsthingabe Christi und gießt uns zugleich damit die dazu nötigen Dispositionen ein. Nur so finden die freie Spontaneität und die Freude des christlichen Lebens eine Erklärung.

Von diesem dialogischen Verständnishorizont her lässt sich nun auch besser verstehen, was der hl. Thomas über die „Selbstbewegung" freier Ursachen sagt: „Frei ist der, der sich von sich her bewegt und *causa sui* ist – im Unterschied zum Sklaven, der nur ‚von außen' bewegt wird und darum ‚*causa domini*' ist."[240] Thomas will damit sagen, dass Gott den Menschen nicht bloß durch äußere Mittel und

---

240 In II ad Cor. 3,3, n. 112; In Gal. 5,3, n. 302.

Beweggründe zur Annahme der ihm geschenkten Berufung und zur Antwort auf seine Liebe führt, sondern auch, indem er ihm durch seinen Geist gewisse Formen eingießt und zu eigen gibt, die ihn instand setzen, dem Ruf des dreifaltigen Gottes mit seinen eigenen Akten zu entsprechen. Damit gewinnt der Mensch die Fähigkeit, sich an den göttlichen Personen zu erfreuen und sich selbst auf die definitive Begegnung mit ihnen beim Erreichen seines letzten Zieles hin zu bewegen.[241]

Der eingegossenen habituellen Gnade kommt so eine Vermittlungsrolle zu, die im Dienst der Gemeinschaft mit den göttlichen Personen und der Verwirklichung der Berufung zur Freiheit der Kinder Gottes steht. Die ungeschaffene Gnade allein – personalisiert in der Selbstgabe der göttlichen Personen – vermag nicht die volle Realität der Gnade im Menschen, so wie sie im NT bezeugt ist, zu erhellen.

So wie er ist, bleibt der Mensch – von sich aus – total indisponiert und unvorbereitet für die personale und innige Vereinigung mit Gott. Und der Heilige Geist kann sich der Seele des Menschen nicht wie eine innere Form mitteilen, die ihn gerecht und heilig und – ontologisch – Gott-gemäß macht:

„Die heiligmachende Gnade disponiert die Seele, eine göttliche Person zu empfangen (indem der Heilige Geist im Gerechtfertigten wie in einem Tempel wohnt). Das ist gemeint, wenn es heißt, dass der Heilige Geist gemäß der Gnadengabe geschenkt wird. Und doch ist die Gnadengabe selbst vom Heiligen Geist (als Gabe und Geber zugleich). Darum heißt es: ‚Die Liebe Gottes ist ausgegossen in unseren Herzen durch den Heiligen Geist.'"[242]

---

241 Vgl. De veritate 22, 8c; auch S.Th. III q. 69, a. 9.

242 S.Th. I q. 43, a. 3, ad 2. Thomas ist darauf in seiner Antwort an Petrus Lombardus eingegangen, der die eingegossene Tugend der Liebe mit dem Heiligen Geist identifiziert hatte. Vgl. ders., Sententiae I d. 17; auch S. Th. I–II 1. 118, a. 1.

Damit der Mensch – unter dem Antrieb des Heiligen Geistes – heilshafte Akte, die Gott adäquat sind, realisieren kann, ist eine Form der Gnade verlangt, die in ihm als formales, inhärentes und operatives Prinzip wirkt.

Die Funktion und Notwendigkeit der geschaffenen Gnade liegt in Bezug auf die *gratia increata*, d. h. die Selbstmitteilung Gottes in der hypostatischen Einwohnung des Heiligen Geistes, in der Veränderung des Seinsbestandes der Kreatur, so dass sie Ausgangspunkt *(terminus a quo)* einer neuen Beziehung zu Gott sein kann. Durch sie vermag die geistbegabte Kreatur in eine Beziehung zu Gott zu treten, die die Relation von Geschöpf und Schöpfer transzendiert. Die geschaffene Gnade ist Fundament, Voraussetzung und Bedingung für die hypostatische Einwohnung und Bezogenheit.

Weil diese Gnade geschaffen ist, gehört sie in die Ordnung des kreatürlichen Seins. Sie ist der *terminus a quo* der neuen Relation zu Gott. Mit ihr wird es dem Begnadeten möglich, die ungeschaffene Gnade, die Gott selbst ist, zu erreichen. Bei der Umwandlung des Seinsbestandes behält die Kreatur ihr Eigensein. Auch die Einwohnung selbst, die von der geschaffenen Gnade vorbereitet wird, verändert die Eigenheit der Kreatur nicht, sondern bringt nur die Präsenz der göttlichen Personen mit sich.

Ein weiterer Aspekt tritt in der Auseinandersetzung mit der reformatorischen Theologie[243] hervor: Für Luther ist Gnade in Bezug auf den Menschen kein Seinsstand. Sofern Gnade hingegen einen Status Gottes meint, ist Gnade für ihn von großer Bedeutung. Sie wird jedoch nie zum ontologischen Proprium des Menschen. Sie ist kein *Habitus*. Nicht ein *Habitus* macht uns vor Gott gerecht, sondern die von außen auf den Menschen zukommende Liebe Gottes. Nach katholischer Auffassung, die aus dem Studium der thomanischen Philosophie erwachsen ist, kann der Mensch aber nur dann gerecht vor Gott sein und handeln, wenn der Seinsbestand des Menschen irgendwie verändert ist. Wollte man dies bestreiten, so setzte man den Menschen damit seinsmäßig auf die Stufe Gottes oder Gott auf

---

243 Vgl. das folgende Kapitel.

die Stufe des Menschen. In beiden Fällen ließe man Gott nicht mehr Gott sein, denn der geschaffene Ansatzpunkt *(terminus a quo)* der neuen Relation mit Gott würde fehlen.

VII. Sünde und Rechtfertigung

1. Der Begriff der Rechtfertigung

1.1. Die Frage nach dem Recht-Sein des Menschen

Die Frage nach Gerechtigkeit ist eine fundamentale Existenzfrage, lebt doch in einem jeden das Verlagen vor sich selbst und den anderen rechtschaffen dazustehen. Ein Zugang zur Rechtfertigungsproblematik kann sich ergeben, wenn man bedenkt, dass Rechtfertigung zunächst Befreiung von der Sünde, Befreiung von der Selbstsucht, Lösung aus einer subjektiven Haltung besagt. Solcherart Rechtfertigung liegt dem modernen Denken von Gerechtigkeit voraus. Sie nimmt dem Menschen die Sorge um seine Selbsterhaltung, verleiht Freiheit. Erst danach kann Gerechtigkeit Wirklichkeit werden. Und erst, wenn wir diese Gerechtigkeit voraussetzen, kann sie gerechte Strukturen ermöglichen.

Rechtfertigung dient also der Welt, indem sie auf die Weitergabe der Liebe pocht, die Gott selber ist. Die Haltung zu Gott wird zum Impuls für das zwischenmenschliche Leben.

1.2. Die Unentbehrlichkeit des Begriffs „Rechtfertigung"

Wir nähern uns der Sache zunächst vom Begriff her, von der Wortbedeutung, um dann präziser zu werden und zum Inhaltlichen zu kommen.

Wenn man von Gnade als Rechtfertigungsgnade spricht, dann kommt dieses Moment stärker in den Vordergrund, dass der Mensch Empfänger der Gnade ist, aber der Mensch, sofern er in der Sünde steht. Gerechtigkeit bedeutet recht sein, eine Gott gebührende Haltung. Es geht um den Menschen als gottbezogenes Wesen. Rechtfertigung ist die wirksame Gerechterklärung und auch Gerechtmachung in Gottes Urteil und Gericht und damit das Heil des Menschen.

Die neue Gerechtigkeit (δικαιοσύνη) meint nach Paulus den Kern und Inbegriff des Christentums überhaupt. Darin ist enthalten, dass Gottes Heilshandeln unverdient die Sünde des Menschen aufhebt. Der Begriff ist ein unerlässliches Gefäß, in dem das zum Ausdruck gebracht wird, worum es im Christentum geht.

Gott verändert im Akt der Rechtfertigung das Sein des Menschen. *wird verändert* Er bringt ihn so in eine neue Beziehung zu sich. Rechtfertigung richtet sich unmittelbar primär auf den Menschen als Sünder. Wichtig ist hier der Aspekt einer neugeschaffenen Relation. Die Lehre von der Rechtfertigung geht also vor allem darauf ein, was sich im Geschöpf selbst ändern müsse, wenn es von Gott begnadet wird und somit am Leben Gottes selbst teil bekommt.

Gott richtet, bevor er begnadet. Er sieht die Sünde und ist für ihre Realität sensibel. Dies liegt daran, dass Gott affektiv mit dem Menschen engagiert ist.[244] Die Rechtfertigung offenbart somit ein Doppeltes:

a) Gott bleibt als Vater der urteilende Richter;
b) die Rechtfertigung des Sünders erscheint als das für die Ratio Unbegreifliche.

Die Gerechtigkeit des Urstandes, die Gerechtigkeit des ersten Adam, ist nach Auffassung der Heiligen Schrift eine geschuldete Gerechtigkeit, eine Gerechtigkeit, die der Mensch Gott schuldig ist, die Gott dem Menschen geschenkt hat, damit er sie in sich bewahrt. Darum kann man auch umgekehrt sagen, Gott hat ein Recht auf diesen Gehorsam, den er vom Menschen in der Gnade verlangt hat. Hier liegt eine neue Gotteserfahrung zugrunde, nämlich die, dass Gott der Heilige ist, dass es ein Gericht gibt, und dass der Verlust dieser Gerechtigkeit, die wir Gott schulden, den Ausschluss aus der Gottgemeinschaft nach sich zieht. Mit der Rechtfertigung erhält

244 Vgl. Benedikt XVI., Enzyklika „Deus Caritas est", Nr. 9 u. 10.

Harmatia = Sünde   *Wie sieht sich Gnade...*

also „Gnade" eine hamartiologische Zuspitzung. Gnade erscheint
als medizinelle Wirklichkeit, die den Menschen immer wieder auch
heilend begleiten muss, damit er zum Guten fähig ist. Diese Recht-
fertigungstheologie hat vor allem bei Paulus, Augustinus und Luther
ein besonderes Gewicht bekommen.

Gott spricht nicht den gerecht, der schon gerecht ist, sondern
paradoxerweise den, der nicht gerecht, also schuldig ist. Gott erweist
sich so in seiner über dem Gesetz stehenden göttlichen Souveränität.
Kein anderer Begriff vermag das Wesen des Gnadenaktes so präzise
wiederzugeben wie der Begriff „iustificatio" = Gerechtmachung.

Dieser Inhalt wird von der katholischen wie von protestantischer Seite ernstgenommen, wenn auch der Akt der Rechtfertigung
in seiner philosophisch-theologischen Struktur nach katholischer
Lehre ein anderer ist als nach lutherischer. Rechtfertigung meint
Verurteilung des Sünders und zugleich seine Befreiung.

K.-H. Menke hat in seiner Gnadenlehre herausgestellt, dass die
Gnade von der Christologie her gesehen werden muss. Wie er klar-
macht, war es im Laufe der Theologiegeschichte verhängnisvoll,
wenn man die Gnade von der Christologie abgekoppelt hat.[245] Wo
man nur noch von der inneren Gnade spricht und nicht mehr von
der Bedeutung des Christusereignisses für alle her denkt, kommt es
zur Trennung zwischen diesem und der Rechtfertigung des Sünders.
Es bleibt aber festzuhalten, dass im Christusereignis ebenso wie im
Ereignis der Adamssünde etwas geschehen ist, das für alle Menschen
aller Zeiten Bedeutung hat. Weil der göttliche Sohn auf die Seite
Adams getreten ist, konnte Adam selbst dem Vater ein Lösegeld
für seine Schuld zahlen. Seither erfährt jeder Adamit, der Jesus
als den Christus glaubt, eine Rückkehr in das Rechtsein. Nicht die
Verkündigung Christi in Wort und Sakrament und nicht die Kirche
vermitteln die Gemeinschaft mit dem Vater, sondern die innerlich
wirkende Gnade. Die Gnade muss im Menschen wirken, damit er
zu Christus hinfindet.

---

245 Menke sieht diese Tendenz bei Anselm, aber auch schon bei Augustinus.
Vgl. K.-H. Menke, Kriterium, 87f.

1.3. Zur Aktualität von Rechtfertigung

1.3.1. Das Problem der nicht erlangten Rechtfertigung in der Literatur

Dem Thema „Rechtfertigung" widmet sich M. Walser in einer Klein-schrift, in der er auf das verzweifelte Suchen nach einer nicht zu findenden Rechtfertigung in der Literatur eingeht, um dann die Abwesenheit des Bedürfnisses nach Rechtfertigung im heutigen Zeitgefühl zu diagnostizieren.[246] Eine ersehnte, doch ausgebliebene Rechtfertigung seiner selbst, seines Daseins, begegnet etwa in der Gestalt des Handlungsreisenden Samsa und des Josef K. in Kafkas „Die Verwandlung" und „Der Prozess", wie schon 50 Jahre früher bei Dostojewski („Aus dem Dunkel der Großstadt"). Aber auch das konträre Lebensgefühl ist möglich, das sich in allem, was jemand „fühlt und denkt, gerechtfertigt" sieht und das den Tonio Kröger in Thomas Manns gleichnamigem Roman sagen lässt: „Es ist gerade genug, daß ich bin, wie ich bin, und mich nicht ändern will und kann."[247]

„Rechtfertigung", so wie sie in der heutigen Öffentlichkeit durch-geführt wird, verleitet in der Selbstinszenierung nach Walser zu jenem Superioritätsgefühl, das jemandem die Überzeugung eingibt, auf der Seite derer zu stehen, die die bessere Moral haben („Su-perioritätsfuror").[248] So scheint sie denn für Walser – und darin dürfte er von K. Barth inspiriert sein[249] – nur noch als ständiges Rechthabenmüssen mit seinen Strategien der Selbstrechtfertigung

---

246 M. Walser, Über Rechtfertigung. Eine Versuchung, Hamburg [4]2012.
247 Zit. nach Walser, 8–9.99
248 Vgl. ebd., 13–16.
249 Der Autor bezieht sich immer wieder ausdrücklich auf Barths Vorstellung von der Rechtfertigung: „Das ist der Boden [...] wo der ‚Ruhm' aufhört und die reale Gerechtigkeit Gottes anfängt" (K. Barth, Römerbrief, zit. nach Walser, 28). Begeistert wird auch die Aussage über das totale Defizit des Menschen angesichts der Gerechtigkeit Gottes referiert: „Der Mensch Gott gegenüber, wie sollte er je und irgendwie etwas Anderes sein als der Angeklagte?" Vgl. ebd., 50; auch ebd., 55ff.

möglich zu sein.[250] Es scheint ihm besser, jemand fühle sich, obzwar unter diesem Desiderat stehend, nicht gerechtfertigt. Von dem einstigen Bedürfnis nach Rechtfertigung ist indes das Rechthabenmüssen übrig geblieben.[251] Walser deckt einen Mangel im gegenwärtigen Zeitgefühl auf, wenn er dann diagnostiziert: „Was wir hinter uns gelassen haben: Rechtfertigung überhaupt von, sagen wir, oben zu erwarten. Heute genügt es, dass es einem gut geht, dann ist sein Rechtfertigungsbedarf schon gedeckt."[252]

Auf der anderen Seite begegnet gerade in Europa als Relikt einer calvinistischen Pflichtethik, die zur Selbsvergewisserung im wirtschaftlichen Erfolg treibt, die getriebene Geschäftigkeit unserer Gesellschaften. Sie rührt daher, dass dem Menschen eingeschärft wurde, jene Selbstgewissheit sei nur durch rastlose Berufsarbeit zu erlangen.[253]

Die Ausführungen Walsers zeigen, dass das Thema „Rechtfertigung" nicht erledigt ist, auch wenn mancher Zeitgenosse es gerade als Glück erlebt, keine Rechtfertigung nötig zu haben oder sie sich durch Arbeit – als vergesellschaftete Größe – oder durch ein der *political correctness* entsprechendes Verhalten und Reden aneignen zu können.

1.3.2. Das Auftreten der Sinnfrage

Das Anliegen Luthers war ein für seine Zeit epochales: In ihm sprach sich die Not seiner Zeit aus, die eine neue Ansage des Glaubens nötig machte. Historischer Hintergrund war die Auflösung der mittelalterlichen Lebensordnung, die apokalyptische Stimmung, die Angst vor

---

250 Vgl. ebd., 29.
251 Vgl. ebd.
252 Ebd., 41.
253 Vgl. ebd., 45: „Bei Max Weber hieß das noch, es sei eine ‚Pflicht', im täglichen Kampf sich die subjektive Gewißheit der eigenen Erwähltheit und Rechtfertigung zu erringen." Wo die Rechtfertigung rein gesellschaftlich geworden ist, gilt: „Gnade kann da kaum noch vorkommen." Ebd., 43.

Gott. Darum, so Luther, konnte nur der Glaube heilswirksam sein und nicht die Werke. Wie ist es heute mit der Rechtfertigungsfrage? Stellt sie sich überhaupt noch?

Auch wir leben in einer Zeit des Umbruchs. Dieser Umbruch wird jedoch selten als religiöse Erfahrung erlebt, höchstens als ein Verschwinden Gottes. Viele, besonders der jüngeren Generation Angehörige, leben nicht mit dem Anspruch, eine Rechtfertigung für ihr Sosein zu suchen. Das Gefühl dafür, dass mit dem Menschen etwas nicht in Ordnung sei, hat sich verloren. Der Zeitgenosse ist zufrieden mit sich selbst. Wo man sich die eigentlichen Fragen des Lebens überhaupt noch stellt, dort steht heute nicht die Frage nach Vergebung, sondern die Sinnfrage im Mittelpunkt. Unser Fragen richtet sich nach Mensch und Welt, nicht nach Gott. Dennoch ist auch heute eine religiöse Sensibilität möglich, weil die Frage nach Gott durchaus in der Frage nach dem Sinn beschlossen liegt.

Etwas hat nur Sinn, wenn es auf ein Absolutes gerichtet ist. Damit hat man zugleich den theologischen Bezug. Sinn aber wird mir gegeben, ich kann ihn nicht selbst schaffen. Der Mensch versucht, seinem Dasein Sinn zu geben. Dabei stößt er auf die Schwierigkeit der totalen Sinngebung. Totale Sinngebung ist nur möglich, wenn es eine Konvenienz der Teilbereiche mit dem totalen Sinn, d. h. dem Absoluten, gibt. Der Mensch vermag seinem Dasein keinen Sinn zu geben; er kann nur von dem ganz Anderen her erwartet werden.

2. Gnade und Rechtfertigung bei Paulus

selber lesen

2.1. Thorafrömmigkeit

Die Antithetik von Gesetz und Evangelium, die gerade in der reformatorischen Lesart das maßgebliche Rezeptionsmuster für die paulinische Theologie bildet und die lange Zeit die Paulusinterpretation überhaupt (auf evangelischer wie katholischer Seite) bestimmt hat, ist durch die neuere Paulusforschung erheblichen Erschütterungen ausgesetzt gewesen. Unter Berufung auf Exegeten wie U. Wilckens, E. P. Sanders, H. Räisänen und H. Merklein hat K.-H. Menke[254] den Paradigmenwechsel systematisch ausgewertet:

Auch die jüdische Thora ist – richtig verstanden – bereits Gnade. Interessanterweise beruft sich Paulus in seinem Römerbrief, wo er auf das *sola gratia* zu sprechen kommt (2,28f.), auf die Stelle Dtn 30,6, wo den im Exil lebenden Israeliten die Einhaltung der Thora neu eingeschärft wird:

„Der Herr, dein Gott, wird dein Herz und das Herz deiner Nachkommen beschneiden. Dann wirst du den Herrn, deinen Gott, mit ganzem Herzen und mit ganzer Seele lieben können, damit du Leben hast." Der Gehorsam gegenüber der Thora ist eine Antwort, die von der Gnade möglich gemacht wird.[255] Thorafrömmigkeit ist das Eingehen des Menschen auf die von Gott gestiftete Bundesordnung und nicht das Vertrauen auf das selbstsüchtige Fleisch.

Was meint Paulus mit der Bemerkung, „dass der Mensch aus Werken des Gesetzes nicht gerechtfertigt wird" (vgl. Gal. 2,15f.)? Will er damit sagen, dass das Bemühen des Menschen, durch Erfüllung des Gesetzes sein Heil zu gewinnen, ihn nur in die Sünde hineinführt, ja selber schon Sünde ist?

Um die Frage zu beantworten, muss man sich vergegenwärtigen, was das Gesetz für Paulus zuerst und vor allem ist: Es ist zuerst gnä-

---

254 Vgl. K.-H. Menke, Kriterium, 66. Ein Abriss der einschlägigen Literatur findet sich ebd., Anm. 76.

255 Vgl. ebd., 68.

dige Gabe Gottes. Es ist die Bundesordnung, die Israel auszeichnet. Als solche muss es natürlich auch befolgt werden.

Es wäre abwegig, zu meinen, dass das Bemühen, durch Erfüllung des Gesetzes das Heil zu gewinnen, in die Sünde hineinführe oder sogar selbst Sünde sei. Als Bundesordnung, die Israel auszeichnet, birgt das Gesetz eine Lebensverheißung, an der auch Paulus nicht zweifelt. So kann er Röm 2,13 sagen: „Denn nicht die Hörer des Gesetzes sind vor Gott gerecht, sondern die Täter des Gesetzes werden gerechtfertigt werden." Für Paulus ist nicht das Tun der Thora, sondern deren Übertretung Sünde. Für jeden, der sie erfüllt, erweist sich die Thora als Gemeinschaft mit Jahwe und also als Gnade.

Etwas anderes wäre es, wenn jemand sich durch das Erfüllen der Thora selbst recht machen will. Darin liegt aber eine Verkehrung des Gesetzes. Und nur in diesem Sinn spricht Paulus vom „Fluch des Gesetzes". Wenn er aber sagt, der Mensch sei „nicht gerecht aus Werken des Gesetzes", so richtet er sich damit nicht gegen das Gesetz als solches, denn im Tun der Thora bekundet sich der Glaubensgehorsam. Paulus muss die Thora schon deswegen hochhalten, weil sich die Annahme des Bundes darin bekundet, dass jemand ihren Forderungen nachkommt. Dies veranlasst K.-H. Menke zu sagen: „Paulus hält also fest an dem *soteriologischen Prinzip* des Gesetzes, das auf dem *Tun* beruht."[256]

Die neuere Paulusforschung hat eine Erkenntnis zutage gefördert, die man als Gegenthese gegen die alte lutherische Paulusauslegung formulieren könnte: *Auch die jüdische Thora wurde von Paulus bereits als Gnade verstanden.*

Doch letztlich versagt der Mensch vor dem ganzen Anspruch des Gesetzes. Das Gesetz zeigt dem Menschen den Weg, wie er vor Gott gerecht leben könnte; es hat aber andererseits nicht die Kraft, den Menschen gerecht zu machen. Paulus konzentriert sich auf das Kreuz. Das Kreuz ist ein Angebot von Gottes Seite an den Menschen, durch das diesem das Vermögen geschenkt wird, tatsächlich gemäß dem νόμος δικαιοσύνης (Röm 9,31–33), also ge-

---

256 Ebd., 69.

rechtfertigt vor Gott zu leben. Ein Zwiespalt bricht am Gesetz auf: Auf der einen Seite steht die Gerechtigkeitsforderung Gottes und auf der anderen das Unvermögen des Menschen. Dadurch befindet sich der Mensch in einem Zwiespalt. Durch die Gnade Jesu Christi befreit ihn Gott aus seiner Schwäche. Dem Menschen wird die Möglichkeit geschenkt, in ihm das ganze Gesetz zu erfüllen. Der Weg dazu führt nur über das Kreuz. Der Mensch erlangt die Gerechtigkeit Gottes nicht dadurch, dass er das Gesetz erfüllen könnte, denn allein Gott kann ihm die notwendige Gerechtigkeit in seinem Heilshandeln zuwenden. Dies ist für Paulus das ganze Εὐαγγέλιον (das Heilshandeln, das uns Gott in Jesus Christus schenkt).

2.2. Sünde und Rechtfertigung

Der göttliche Logos ist in die Welt gekommen, um stellvertretend für die Menschheit Sühne zu leisten am Kreuz. Durch seinen Sühnetod sind wir geschenkweise gnadenhaft von der Fessel der Sünde befreit. In der paulinischen Christologie wird die ontologische Qualität Jesu von Nazareth nicht direkt angesprochen. Paulus sieht Jesus mehr in seiner geschichtlich-funktionalen oder soteriologischen (Erlöser-) Bedeutung. Paulus geht es darum, was Christus für uns vollzieht, wie Christus uns vor Gott dem Vater Gerechtigkeit erwirkt. Bezeichnend für die paulinische Gnadentheologie ist die Personalisierung der Gnade in Jesus Christus. Die Gnade ist bei Paulus strikt persongebunden. Sie ist ganz in ihm geschenkt, er ist für uns die Gnade Gottes. Christus ist einzige Gnadengabe. Ist Christus aber die Personifizierung der Gnade, dann ist er auch Personifizierung der Rechtfertigung, „denn Christus ist das Ende des Gesetzes, und jeder, der an ihn glaubt, wird gerecht" (Röm 10,4). Bereits im Credo haben wir eine Christologie: „propter nos homines et propter nostram salutem descendit" (er ist herabgestiegen und hat unsere Knechtsgestalt angenommen).

Dem Εὐαγγέλιον des Paulus gelingt die Vermählung der beiden Pole Gerechtigkeit und Gnade. Das Kreuz stellt in der paulinischen Theologie den Brennpunkt dar; dort konzentriert sich alles. Es ist der

Ort, wo Gott sich offenbart, und zwar in seiner Wahrheit und seiner Gerechtigkeit. Gott sieht von seiner Gerechtigkeit nicht ab, dadurch kommt es über die Sünde zum Kreuz. Vom Kreuz des Sohnes Gottes her fällt Licht auf das, was Sünde und Schuld, Gericht und Strafe besagen. Im Kreuz vollzieht sich das Gericht über die Sünde. Gottes gnädige Zuwendung, die Rechtfertigung des Menschen erfolgt einzig und allein auf dem Weg der Sühne. Die Sühne bleibt als einziger Weg der Rechtfertigung stehen. Vergebung geht für Paulus nicht am Kreuz und nicht an der Sühne vorbei.

Durch die Erlösung wird dem Menschen ein neuer Lebensbereich eröffnet. „Durch ihn haben wir auch den Zugang zu der Gnade erhalten, in der wir stehen, und rühmen uns unserer Hoffnung auf die Herrlichkeit Gottes" (Röm 5,2). Durch den Heiligen Geist werden wir hineingenommen in die Sphäre des Auferstandenen; wir gewinnen Anteil an seinem Leben, das er als Auferstandener führt.

Christus hat unsere Sündensituation auf sich genommen. Er hat erfahren, was es heißt, wie die sündigen Menschen von Gott getrennt zu sein. Christus ist hinabgestiegen in die Sündensituation, obwohl er nicht zum Sünder wird. Weil er als der göttliche Logos ohne Sünde war, aber doch ganz Mensch, konnte er die Sünde sühnen. Christus musste dem Fleisch nach in den Tod gehen und musste dem Geiste nach auferstehen. Er ist in eine pneumatische Daseinsweise übergegangen, und in dieser finden wir ihn.

In diese christologische Polarität – *gemäß dem Fleisch, gemäß dem Geist* – wird der Mensch notwendig mit einbezogen, wenn er der Erlösung teilhaftig wird. Wie Christus zwischen beiden Polen kämpfen musste, so muss auch die Neuwerdung des Menschen in der Absage an die Macht Satans durch das Kreuz „secundum carnem" und andererseits durch den Eintritt in das Leben durch die Auferstehung „secundum spiritum" erfolgen.

Das Ergebnis des rechtfertigenden Geschehens ist das Neugeschaffensein, das Geheiligtsein, die Errichtung eines neuen Lebensbereiches (vgl. Röm 5,2). Durch den Heiligen Geist werden wir hineingenommen in die Sphäre des Auferstandenen. Jedoch ist der Zugang zu dieser Sphäre ausschließlich im Tod zu erlangen. Wir erhalten den Geist der Kindschaft, der uns mit Christus verbindet

(Röm 8,9). Christus und der Geist bilden ein Totalprinzip. Christus sendet den Geist, während der Geist uns Christus assimiliert.

3. Die Rechtfertigungsgnade bei Martin Luther

Die Lehre Luthers über die Rechtfertigung hat deren hohen Stellenwert entscheidend mitbestimmt. Darum kann es keine Abhandlung über „Gnade" geben, in der diese keine Berücksichtigung findet.

Luther macht die Erfahrung der eigenen Sündhaftigkeit und erkennt das Unvermögen, einen gnädigen Gott zu finden. Das Grunderlebnis Luthers ist die Schreckenserkenntnis der Spannung, vor Gottes Anspruch des Gerechtseins nicht bestehen zu können, da er sich selbst als Sünder sieht. Die Befreiung von dieser Angst war für Luther der *Glaube* an die Rechtfertigung durch Gott. Dieser Glaube hat für ihn die Gestalt absoluter Heilsgewissheit. Es ist die Funktion des Glaubens, sich des eigenen Heils zu vergewissern. Nicht schon die Gewissheit des Geglaubten als ein objektiver Sachverhalt der Glaubenserkenntnis, sondern erst der Glaube als ein subjektiver Akt des Vertrauens macht das Geglaubte auch für mich wirksam.[257] „Der Glaube ist Christi Tat *in* mir. Dieser Glaube äußert sich zwar in meinem festen Vertrauen auf die bedingungslos rechtfertigende Gnade; aber er ist deswegen in keiner Weise *mein* Akt. Denn geschaffene Gnade *(gratia creata)* darf es nicht geben; damit würde die Alleinwirksamkeit Christi ausgehebelt und die Gemeinschaft der Begnadeten doch wieder eine sichtbare Körperschaft."[258]

Hier liegt im Vergleich mit mittelalterlichen Konzeptionen m. E. eine nicht leicht zu überschätzende Akzentverschiebung vor. Für Thomas von Aquin etwa gibt es die *fides quae* und die *fides qua*. Die *fides quae* beinhaltet die Dinge, an die ich glauben muss, die Gott mir geoffenbart hat, weil ich ihn als die absolute Wahrheit anerkenne und die *fides qua* ist mein innerer subjektiver Glaube, durch den ich im Vertrauen Gott anhange und ihm eben diese Hingabe

---

257 Vgl. WA 39, I, 45,35ff (Disputatio de fide).
258 K.-H. Menke, Sakramentalität, 147.

meiner selbst auch entgegenbringe. Hier ist der Glaube nicht nur ein subjektives inneres Moment − Vertrauen auf Gott −, sondern er kennt auch eine objektive Seite: Ich glaube und halte für wahr, was Gott gesprochen hat.

Luther differenziert dann wiederum den Vertrauensglauben, wenn er ihn auf die Versicherung des eigenen Heils festlegt: Glaube bedeutet, dass ich mir gewiss sein kann, zu den Geretteten zu gehören. Damit ergibt sich eine enorme *Subjektivierung* des Glaubens, veranlasst durch die besondere Fragestellung Luthers, die durch die Angst und den Schrecken vor Gott evoziert war.[259]

Durch diese Gewichtsverlagerung wird die Ordnung der drei göttlichen Tugenden: Glaube − Hoffnung − Liebe gewissermaßen umgekehrt. Bei Luther ist es die Hoffnung, am Ende das Heil zu erlangen, die − in ein katholisches Koordinatensystem eingetragen − die Rolle des Glaubens übernimmt.[260] So wird denn die Hoffnung die zentrale Tugend, weniger der Glaube, der in verschiedener Weise denkbar ist. Glaube hat nicht mehr Gottes Heilstaten in der Geschichte zum Objekt, sondern ist in seiner Verlagerung auf das

---

259 Vgl. P. Hacker, Das Ich im Glauben bei Martin Luther, Graz/Wien/Köln 1966; auch, J. Martin-Palma, Gnadenlehre, 16.

260 Nach Auffassung von O.-H. Pesch hat Luther, indem er „hinter die mittelalterliche und augustinische Tradition auf Paulus" zurückgreife, „den ganzheitlichen Glaubensbegriff der Bibel" erst wiederhergestellt. Vgl. Pesch, Frei sein aus Gnade. Theologische Anthropologie, Freiburg. u. a. 1983, 228. Sein Versuch, die Wirksamkeit des Glaubens bei Luther der Funktion der Liebe in der Scholastik gleichzusetzen, wobei Glaube und Liebe ihm als die zwei Weisen gelten, wie der „eine ganzmenschliche Akt der Heilsannahme von Gott" (Pesch, Hinführung zu Luther, 171) verstanden werden kann, muss m. E. als unsachgemäß betrachtet werden. Die von der Scholastik häufig applizierte Formel „fides caritate formata" will die Hinwendung des ganzen Menschen zu Gott aussagen. Weil Luther aber den Willen des Menschen, seine Liebeskraft, als ganz auf sich selbst und gegen Gott gerichtet versteht, hat gerade das „Ganzmenschliche" in seinem Glaubensbegriff keinen Ort mehr. Deshalb meint er mit seinem Glaubensbegriff sachlich auch etwas ganz anderes, als was in der Formel „fides caritate formata" zum Ausdruck kommt.

Subjekt in erster Linie Heilsgewissheit.[261] Es kommt zu einer starken Konzentration auf das Geschehnis zwischen Gott und dem Sünder. Die ontologisch-seinshafte Fassung des Gnadenbegriffs wird durch funktionalistische Kategorien ersetzt. Der pneumatologische Grundvollzug der Gnadenlehre wird radikal christologisch umgeprägt. Zum großen Thema wird jetzt die Situation des Menschen vor Gott. Gnade wird zum reinen Relationsbegriff, d. h. es zählt nur noch die neue Relation zu Gott. Geschaffene Gnade als umgestaltende Qualität im Menschen fällt weg.

3.1. Die fremde Gnade (gratia aliena)

Durch den Glauben an das, was Christus uns ein für allemal am Kreuz erwirkt hat, geschieht Rechtfertigung des Sünders. Dabei wird dem Menschen keine neue Qualität eingestiftet, die jetzt das Fundament einer neuen Relation zu Gott bildet. Welches sind aber die Voraussetzungen, dass eine solche neue Beziehung überhaupt zustande kommt? Sie werden auf seiten des Menschen von einer extremen Auffassung von der Ursprungssünde, die dem Menschen nicht nur vererbt wird, sondern die er – sofern er mit der Konkupiszenz behaftet ist –, auch personal mitvollzieht, bestimmt: von seiner radikalen Unfähigkeit zum Guten. D. h. es ist nicht nur mit der Erbsünde zu rechnen, die den Menschen vom Streben zum Guten wegzieht. Vielmehr ist der Mensch allein dadurch, dass die Erbsünde sich in ihm bemerkbar macht, immer schon ein aktueller Tatsünder. Der Vollzug der Sünde Adams wird von ihm gleichsam imitiert. So vermag der Mensch, dessen freier Wille von der Sünde völlig beherrscht und versklavt wird, von sich aus nichts Gutes mehr zu wirken. Diese Auffassung bildet die extreme Gegenposition zum Pelagianismus, der das andere Extrem repräsentiert: Während der Pelagianismus behauptet, der Mensch könne auch ohne die Gnade

---

261 In der katholischen Tradition ist es der Akt des die Hoffnung *(sperare)* überschreitenden *exesperare*, die sich nach der Erfüllung von etwas ausstreckt, das von Natur her nicht greifbar wäre.

das ganze Gebot Gottes erfüllen, meint der Reformator, der Mensch sei so geschädigt, dass er überhaupt nichts Gutes mehr aus sich heraus zu vollbringen vermöge.

Mit Vehemenz verwirft Luther, der die theologische Tradition vor ihm des Semipelagianismus beschuldigt, den Grundsatz, dem Menschen werde, so er nur vollbringe, was an ihm liege, die Gnade nicht versagt werden[262] – ein Prinzip, das dann von Ockham sehr stark zur Anwendung gebracht wurde. Für Luther wäre damit nicht nur der Majestät Gottes Abbruch getan, sondern auch die Nichtigkeit des Menschen vor Gott geleugnet. Die Rettung aus der Sünde kann für ihn allein von Gott kommen. Sie geschieht allein durch Gott in Jesus Christus und allein durch die Gnade und im Glauben (*solus Christus* und *sola gratia*).[263] Diese Gnade kann nicht erworben werden; sie steht im Gegensatz zu allen Werken. Für sie kann sich der theologisch unfreie Wille nicht einmal entscheiden. Dieser kann eigentlich gar nicht auf die Gnade innerlich eingehen, weil die Entscheidung darüber allein auf seiten Gottes liegt. Gnade geschieht als Sündenvergebung in der Rechtfertigung. Dem an Christus Glaubenden wird die Sünde nicht mehr angerechnet.

Die Gnade ist „ungeteilt"[264]. Sie gewährt dem Menschen nicht formellen Anteil an sich. Sie ist über uns *(supra nos)*, außer uns *(extra nos)*, uns fremd *(alienum)*.[265] Im Rechtfertigungsgeschehen wird die fremde Gerechtigkeit, die von Christus herkommt, dem Sünder

---

262 Vgl. S.Th. I–II 109, q. 6.

263 Vgl. K.-H. Menke, Sakramentalität, 61: „In Luthers Darstellung ist die Rechtfertigungslehre nicht eine Funktion der Christologie, sondern umgekehrt die Christologie eine Funktion der Rechtfertigungslehre. Gott benutzt das Leben, Leiden und Sterben Jesu, um dem Sünder vor Augen zu stellen, was er von sich aus – als Sünder – verdient hat, nämlich den Tod; und er offenbart ihm gleichzeitig seine unbedingte Liebe, weil Jesus die Strafe, die der Sünder verdient, freiwillig auf sich nimmt. Wo diese Liebe ‚sola fide' geglaubt wird, da geschieht die Rechtfertigung ‚sola gratia' – nicht geschichtlich vermittelt durch das Ursakrament Jesus, sondern durch das unmittelbare und unsichtbare Wirken Gottes (= Heiliger Geist)."

264 WA 8, 107,3f.

265 Vgl. WA 40, I, 370, 15–18.

angerechnet. Sie bleibt dem Mensch jedoch als Gnade äußerlich. Darum ist sie *gratia aliena*. Sie ist und bleibt fremde Gnade, die dem Menschen nicht innerlich zu eigen wird. Rechtfertigung beruht demnach auf einem Urteil Gottes über den Menschen, der in seinem Wesen nicht verändert wird. Gnade ist zunächst eine Eigenschaft Gottes. Gott erweist sie dem Menschen äußerlich im Zuspruch der Vergebung.[266] Aber sie wird nicht innerlich so mitgeteilt, dass der Mensch daran partizipieren könnte. Es gibt keine wirkliche Teilhabe an der Gnade. Trotzdem ist nach protestanischer Lehre daran festzuhalten, dass es doch zu einer Gottgemeinschaft des Gerechtfertigten kommt. Diese Relation ist aber im Grunde mit der Beziehung des Glaubens zu Gott identisch. Daher bleibt die Gottgemeinschaft wesentlich *Communio fidei*.

Dieser dynamische Charakter der Rechtfertigung erweist sich auch noch in anderen Teilaspekten dieser Lehre, so etwa in der Unterscheidung zwischen *gratia* und *donum* – d. h. der ersten Rechtfertigung im Wohlwollen Gottes und dem Geschenk des Heiligen Geistes – oder in der Unterscheidung zwischen *peccatum regnatum* und *peccatum regnans* – eine beherrschte und eine den Menschen beherrschende Sünde. Auch zwischen dem rechtfertigenden Glauben und den Werken waltet diese Differenz. Solche Zweiteilungen sind ein Spiegel der ersten, fundamentaleren Unterscheidung. Luther hat die Werke als Frucht der Rechtfertigung nicht geleugnet. Er hat sie aber für die effektive Rechtfertigung als irrelevant erklärt. Dies musste sofort zur Ablehnung des Jakobusbriefes führen, in dem steht, dass zu einem lebendigen Glauben auch die Werke gehören.

Das hinter den dialektischen Formulierungen stehende Anliegen Luthers erweist sich durchaus als verständlich: Es soll weder die

---

266 Vgl. WA 56, 269,27 ff: Iusti a Deo reputantur. Ergo sibi ipsis et in veritate iniusti sunt, […] Re vera peccatores, sed reputatione miserentis Dei iusti […] peccatores in re, iusti autem in spe." Für die imputatio iustitiae, die dem Ungerechten zugesprochen wird, lassen sich mühelos weitere Belege – auch im Spätwerk Luthers – finden. Vgl. WA 40, II, 353,36 ff.; auch WA 39, I, 356,31 f.

Gnade zum Besitz des Menschen werden noch die Rechtfertigung als ein in der irdischen Zeit abgeschlossenes Geschehen verstanden werden. Es geht dem Reformator darum, die Dynamik des Wirkens Gottes wie auch der menschlichen Existenz zu erhalten. Die Welt stellt den Kampfplatz zwischen Gut und Böse, zwischen Gott und dem Teufel, dar, wobei man in Kauf nehmen muss, dass der freie Wille des Menschen ein bloßer Titel bleibt – *„titulus sine re"*, sagt Luther.[267]

Wenn die Gnade dem Menschen aber so äußerlich bleibt, wie ist es dann um das wirkliche Zusammensein von Gott und Mensch in der Gnade bestellt? Es tut sich eine Spannung auf zwischen forensischer und effektiver Rechtfertigung. Eine Rechtfertigung nur von außen – wie kann diese dann aber effektiv werden?

3.2. Die doppelte Gerechtigkeit

Für Luther sind beide Arten von Gerechtigkeit, *gratia* und *donum*, streng auseinanderzuhalten: die *iustitia* auf der einen Seite und dann das Verhalten des Menschen unter dem *donum* auf der anderen. Es sind dies zwei „Standorte", die nicht nur ein verschiedenes Verhältnis des Menschen zu Gott, sondern auch Gottes zum Menschen bezeichnen. Luther geht darauf ein, wenn er sagt:

„Vor Gott bin ich ein Ehebrecher und alles. Wenn du die 10 Gebote erklären willst, will ich mich nicht rühmen, sondern ich setze Jesus Christus gegen Gott, aber wir rühmen trotzdem die guten

---

267 WA 1, 354,5f. (Heidelberger Disp., Th. 3): „Liberum arbitrium post peccatum res est de solo titulo, et dum facit quod in se est, peccat mortaliter." Vgl. Luther, Vom unfreien Willen (hrsg. von H. H. Borchert u. G. Merz) München 1983: „Wir teilen nämlich den freien Willen nicht in zwei verschiedene Naturanlagen ein, so dass die eine wie Ton ist, die andere wie Wachs oder die eine wie bestelltes Land, die andere wie unbestelltes Land, vielmehr sprechen wir von dem einen in allen Menschen gleicher Weise ohnmächtigen freien Willen, der nichts als Ton, nichts als unbestelltes Land ist, eben weil er das Gute nicht wollen kann."

Werke, weil sie eine Zuversicht bringen vor Gott im Gericht, weil er sie befohlen hat."[268]

Und weiter:

> „Vor dir bin ich Sünder, aber weil ich der undankbaren Welt gedient habe, deshalb wird er mir die Krone geben, obwohl dadurch nicht das Heil kommt, aber der Ruhm, die Krone und die Herrlichkeit wird da sein. Meine Werke, die Gott loben, danken für seine Gaben. Dem Nächsten raten, helfen [...] diese Werke gehen unter uns her. Diese Werke will Gott sonderlich preisen bei seinem letzten Gericht, aber Verzeihung der Sünden gewähren, ist Gottes Werk allein."[269]

Wie *gratia* und *donum* sich zueinander verhalten, so auch Glaube und Liebe:

> „Ist denn beides wahr? Dass wir durch den Glauben in Gott bleiben und er in uns und auch durch die Liebe? Ja, es ist beides wahr, doch sofern, dass du es recht scheidest und ortest; denn so man's untereinander will werfen, so kann es nicht beieinander stehen. Das ist aber die Unterscheidung, die ich allzeit gelehrt habe aus der Schrift."[270]

Der Generalschlüssel lautet: „Der Glaube allein wirkt in uns ohne uns, alle anderen Tugenden wirken in uns und durch uns."[271]

In einer späteren Disputation kommt Luther auf die Auslegung von Lk 7,47 zu sprechen und sucht sowohl die Zusammengehörigkeit wie die Trennung von Glaube und Werken, bzw. Glaube und Liebe, in den Worten Christi zu finden. Bei Lk heißt es: Ihr (Maria Magdalena) werden viele Sünden vergeben, weil sie viel geliebt

---

268 WA 36, 451,1.
269 WA 37, 275,1–4. Luther geht in seiner Auslegung davon aus, dass man dem „quia" eine doppelte Kausalität zugrundelegen kann.
270 WA 36, 448, 15–23.
271 WA 6, 530, 17.

hat. Luther: „Wörtlich heißt es bei Lk: ‚Ihre vielen Sünden sind vergeben, darum hat sie viel geliebt; wem aber wenig vergeben wird, liebt wenig.'"[272] Die Zusammengehörigkeit von Glaube und Werken findet er darin begründet, dass Christus die beiden Gerechtigkeiten verkündet. Er spricht uns nach Luther verborgen gerecht im Geist vor Gott und offen gerecht vor den Menschen. Die Trennung dieser beiden Gerechtigkeiten aber sucht er zu kennzeichnen, indem er die scholastische Sprache differenziert. Er spricht von einer doppelten Kausalität: „Wir geben schließlich zu, dass der Mensch sich selbst rechtfertige als ausübende Ursache *(causa effectiva)*, nicht als bewirkende Ursache *(causa efficiens)*. Die einzig bewirkende Ursache ist Gott allein."[273] Wie aber können gegensätzliche Aussagen über den Christen zugleich möglich sein? Luther würde antworten: In Christus kommen gegensätzliche Aussagen miteinander überein. Wenn du die Werke betrachtest, sind sie Sünde, aber vertraue, dass sie in Christus Gott gefallen! Ob du sündigst oder nicht, stütze dich nur fest auf Christus! Damit wird aber auch gesagt, dass die Werke, die der Mensch vollbringt, von sich her immer sündig bleiben.

Die Trennung von Glauben und Werken bildet die Grundlage für die Lehre von der doppelten Gerechtigkeit.[274] Die erste Vergebung, von Gott gewirkt, ist nur im Glauben zu haben und verdient viel. Die andere ist im Fühlen gelegen und kann mit Lohn rechnen.[275] Der Stellenwert der Liebe entspricht dem Lohn, während die erste Rechtfertigung *sola fide* geschieht und folglich auch ohne Liebe denkbar ist. In einer Disputation mit Melanchthon von 1536 über die Rechtfertigung unterscheidet Luther zwischen der personalen Gerechtigkeit und der Herrlichkeit als Frucht des Lohnes.

---

272 WA 39, I , 93,6–14.
273 WA 39, I, 93,10–14; vgl. ebd., 15: „Concedimus ergo finaliter, quod homo se ipsum iustificet, quo ad effectivam causam, non quo ad efficientem."
274 Vgl. zu dieser Thematik T. Beer, Der fröhliche Wechsel, 137–174.
275 Vgl. WA 2, 117, 15–25.

Dort heißt es:

> „Ich halte dafür, dass der Mensch werde, sei und bleibe gerecht
> oder eine gerechte Person ganz allein durch die Barmherzigkeit.
> Dies ist nämlich die vollkommene Gerechtigkeit, die Zorn, Tod,
> Sünde entgegengesetzt wird und alles Böse absorbiert und den
> Menschen schlechthin heilig und rein macht, als ob wirklich in
> ihm keine Sünde wäre. [...] *Nach* (post) dieser Gerechtigkeit ist
> und heißt der Mensch gerecht durch das Werk oder die Früchte,
> die Gott ebenfalls fordert und belohnt. Diese nenne ich die äußere
> oder Werkgerechtigkeit, welche in diesem Fleisch und Leben
> nicht schlechthin heilig sein kann."[276]

Diese Rechtfertigung ist ein Als-Ob, da sie die Sünden nur zudeckt
und keine innere Umwandlung bewirkt. Daraus lässt sich der Impe-
rativ ableiten: Handle so, wie wenn die Sünde gar nicht in dir wäre!
Den Werken dagegen kann man keine personale Gerechtigkeit vor
Gott zuschreiben. Die Person machen sie nicht gerecht, denn wir
alle sind in gleicher Weise gerecht in dem einen Christus, alle in
gleicher Weise geliebt und wohlgefällig nach der Person.

Und trotzdem: Für das Selbstverständnis des Glaubenden haben
die guten Werke nie zuvor eine derartige Bedeutung gehabt wie
innerhalb der Lutherschen Rechtfertigungslehre, denn einerseits ist
die Wirklichkeit des Heils allein im Glauben zu ergreifen und schließt
jedes Mitwirken des Menschen aus, doch ist die Tatsächlichkeit

---

276 WA Br. 12, 191,27–35: „Hominem sentio fieri, esse et manere iustum, seu
iustum personam simpliciter sola misericordia. Haec est enim iustitia perfecta, quae opponitur irae, morti, peccato etc., et absorbet omnia et reddit
hominem simpliciter sanctum et innocentem, ac si revera nullum in eo esset
peccatum [...] *Post hanc iustitiam homo est et dicitur iustus opere seu*
fructibus, quos et ipsos requirit Deus et remunerat. Hanc ego externam
et operum iustitiam voco, quae simpliciter sancta esse non potest in hac
carne et vita." Der von Luther redigierte lateinische Text weicht erheblich
ab von der Wiedergabe des Johannes Aurifaber: Disputatio Philippi Melanchthons mit D. Martin Luther allein gehalten über den Artikel von der
Rechtfertigung Anno 1536 (= WA TR Nr. 6227).

dieses Ergreifens im Hinblick auf das Subjekt des Glaubens ohne substantiellen Halt. Darum ist eine ständige Selbstvergewisserung nötig, ohne die sie nicht erkannt zu werden vermag. Zwar gehören sie nicht zum *locus iustificationis*, aber weil sie der *locus iudicii*[277] sind, kommt ihnen, weil sie das Vertrauen zu Gott unter Beweis stellen, keine geringere Bedeutung zu als der objektiven Heilsverheißung durch Gott.[278] Für Luther gibt es eine Doppelform der Sünde. In seinem Römerbriefkommentar heißt es darum:

„Ich kämpfte mit mir, da ich nicht wusste, dass die Vergebung zwar wirklich ist, dass aber trotzdem die Wegnahme der Sünde nur in der Hoffnung vorhanden ist, d. h. dass sie weggenommen wird und die Gnade geschenkt ist, die die Sünde wegzunehmen beginnt, so dass sie nicht mehr als Sünde angerechnet wird."[279]

Es gibt kaum etwas, das Luther systematisch so stark durchgehalten hat wie die Lehre von der doppelten Gerechtigkeit: „Es gibt eine doppelte Gerechtigkeit des Christen, wie es eine doppelte Sünde des Menschen gibt."[280] Christus verschlingt zwar die Sünde in sich selbst, aber nicht so, dass sie nicht mehr auf dem Menschen läge:

„Da der reiche, edle, fromme Bräutigam Christus das arm verachtet böse Hürlein zur Ehe nimmt und sie endledigt von allem Übel, zieret mit allen Gütern, so ist nit möglich, dass die Sünd sie verdamme, denn sie liegen nu auf Christo und sind in ihm verschlunden. So hat sie so eine reiche Gerechtigkeit in ihrem Bräutigam, dass sie abermals wider alle Sünd bestehen mag, ob sie schon auf ihr liegen."[281]

---

277 Diese Begriffe stammen nicht von Luther selbst, sondern sind von ihm her gebildet. Vgl. O. Modalski, Gericht, 55, Anm. 227.

278 Dies wird ebenfalls in der Confessio Augustana 20,1–2 konstatiert. Vgl. O.-H. Pesch, Hinführung zu Luther, 166.

279 WA 55, 274,8–10.

280 Luther, Tischrede 2, Nr. 2393 A / B.

281 Luther, Von der Freiheit eines Christenmenschen, WA 7, 26,5–10.

In den Predigten nach dem Reichstag zu Augsburg greift Luther das Thema wieder auf, wenn er sagt:

> „Auch wenn ich die Sünden fühle, so sind sie doch hoch erwürget, geschlachtet und verbrannt, dass sie mich nicht können verdammen, weil ich sage: Dort hänge dich an den Hals hinan. Das kann ich nur fass durch den Glauben. So wird man, sagt Petrus (1 Petr 2,24) fromm und die Sünde los, weil er selbst sich dargebracht hat. Das ist unsere Doctrin. Diese hat der Papst unterdrückt und ist auch in Augsburg verurteilt worden. [...] Er (Christus) soll der Sündenwürger, Töter sein. Ich kann sie nicht erwürgen."[282]

Der doppelten Gerechtigkeit entspricht eine Verdoppelung in der theologischen Anthropologie, so dass es im Menschen kein einheitliches Subjekt geben kann. Er besitzt zwei Naturen, diese heißen „Sünde" und „Gnade".[283]

4. Melanchthons Abschwächung

Eine Abschwächung der nicht leicht eingängigen Lehre Luthers finden wir bei Philipp Melanchthon, aus dessen Feder die *Confessio Augustana* hervorgegangen ist. Melanchthon hat in seiner Theologie katholisierende Positionen aufgenommen. Die Unterscheidung zwischen Gnade und Gabe, von der Luther sagt, sie könne nicht genug eingehämmert werden, wird von Melanchthon nicht akzeptiert. Melanchthon sagt: Man kann doch nach der hl. Schrift nicht von der Gnade allein sprechen, ohne dass man auch von der Liebe

---

282 WA 43, I, 359, 15–30.

283 Vgl. WA 56, 312, 15–17: „Die Sünde ist, so wollte ich es sagen und sage es nun, als Selbststand zu bezeichnen in jedem guten Werk, solange wir leben." Darum spricht Luther immer von „duo toti homines", von zwei ganzen Menschen im Gerechtfertigten. Vgl. WA 9, 83, 30; 2, 586,16; 40, I 386,16.

reden muss. Und so steht es schließlich auch im Johannesevangelium. Die Liebe ist genauso wichtig und ohne sie können wir nicht gerechtfertigt sein.[284]

Melanchthon ist auf die Unterscheidung der Funktionen Christi nicht offen eingegangen. Dadurch ist es ihm gelungen, diese Lehrdifferenz zwischen ihm und Luther nicht aufbrechen zu lassen. Weil Luther und Melanchthon verschiedene Vorstellungen von *gratia* und *donum*, d. h. mit anderen Worten von Rechtfertigung und Heiligung haben, darum ist auch die Zuordnung dieser beiden Begriffsinhalte verschieden. Außerdem hat Melanchthon nie die doppelte Gerechtigkeit im Sinne Luthers übernommen. Luther sagt: Rechtfertigung und Heiligung kann man trennen und Melanchthon, der sich stärker an die vorreformatorische Tradition gebunden fühlt, sagte, dass man das nicht könne, dies gehöre zusammen. Die Orientierung Melanchthons an Augustinus wurde im ökumenischen Gespräch theologisch begrüßt. Der Preis dafür war der Verzicht darauf, das zentrale Problem der Rechtfertigung lehren zu können. Melanchthon spricht vom *donum*, von der Gabe des Heiligen Geistes und ihrer Heiligungskraft, die nach der Vergebung der Sünden das neue Leben im Menschen hervorbringt. Damit ist aber noch keine Teilhabe an der Gerechtigkeit Christi gemeint.

Gegen diesen Funktionalismus hat ein gewisser Osiander, der in Königsberg lehrte genau wie später Kant den Einwand gemacht: Die Sündenvergebung sei doch nur Voraussetzung für die wesentliche Gerechtmachung. Diese sei effektiv und seinshaft zu verstehen, und zwar wegen der Einwohnung der göttlichen Natur. „Osiander hat das alte seinsmäßige Modell der Rechtfertigung wiederhergestellt, bei dem die heiligmachende Gnade essentiale Teilhabe an der wesentlichen Gerechtigkeit Christi ist und diese wiederum Teilhabe

---

284 Vgl. J. Martin-Palma, Gnadenlehre, 27: „Die bedeutsamste Korrektur in seinem Glaubensverständnis liegt im Zugeständnis, daß er nichts gegen die Einschließung der Liebe im rechtfertigenden Vertrauen einzuwenden hat." Vgl. Melanchthon, Commentarii in Epistolam Pauli ad Romanos (StA V 99); Confessio Augustana (CR 26, 354); Loci praecipui (CR 21, 750).

an Gottes wesensmäßiger Gerechtigkeit. Beide Modelle nehmen Bezug auf eine wirkliche, in dem Gerechten tatsächlich existierende Gerechtigkeit, was Melanchthon in Kategorien der Relation und Funktion, Osiander in real-absolute Kategorien übersetzt.",[285]

Melanchthon hat dies aber klar abgelehnt, denn die Rechtfertigung würde damit ihren forensischen Charakter verlieren.

Dies ist der Beweis, dass das effektive Moment der Gnade bei den Reformatoren nicht im ontischen Sinn verstanden wurde. Der Versuch Osianders, die forensische Rechtfertigungslehre zu überwinden, wurde dann von der sogenannten Konkordienformel (wichtiges protestantisches Lehrdokument) zurückgewiesen. Die Konkordienformel ist die Wiederholung und Erklärung umstrittener Artikel in der *Confessio Augustana*. 1577 verfasst, ist sie ein wichtiges Lutherisches *Corpus Doctrinae*, auf das sich jeder, der sich zur protestantischen Orthodoxie rechnet, immer wieder berufen hat. Die Konkordienformel hat die katholisierende Interpretation in der Rechtfertigungslehre abgewiesen.

5. Die Antwort des Konzils von Trient

Die Bestimmungen des Rechtfertigungsdekretes umfassen 16 Kapitel, die in aller Ausführlichkeit die Rechtfertigungslehre darlegen. Dazu kommen noch 33 Kanones des Dekretes. Diese Kanones stellen nochmals ein Exzerpt der Kapitel dar.

Diese 16 Kapitel und 33 Kanones[286] entfalten das individuelle Heilsgeschehen vom Ursprung im Heilsplan Gottes und seiner Verwirklichung im Geheimnis der Menschwerdung bis hin zu seinem Fruchtbarwerden in den guten Werken des Menschen mit ihrem gnadenhaften Verdienstcharakter. Dem Beginn mit der Heilsabsicht Gottes entspricht am Ende der Hinweis auf das Gericht Gottes, so dass das individuell-subjektive Geschehen in den Rahmen der Heilsgeschichte eingefügt erscheint. Das Konzil wendet sich ge-

---

285 J. Martin-Palma, 28.
286 DH 1520–1583.

gen die reformatorischen Lehrsätze von der äußerlich bleibenden Gerechtsprechung.[287] Es spricht von der Eingießung der heiligmachenden Gnade, welche die Rechtfertigung zur Gänze verwirklicht, indem sie zugleich mit der Sündenvergebung die Heiligung zustande bringt. Es ist nicht Gott selbst, sondern eine Gabe, mit der wir von ihm beschenkt werden und die dem Gerechtfertigten als innere Heiligungsform inhäriert. Damit werden Rechtfertigung und heiligmachende Gnade nicht einfach gleichgesetzt, insofern ja alle genannten Ursachen ihre Bedeutung behalten und die genannte *causa formalis* mit der Gott eigenen Gerechtigkeit in Verbindung bleibt. Das Konzil gliedert die Ursache der Rechtfertigung nach dem Augustinischen Schema auf. Nach der klassischen Ursachenlehre des Aristoteles ergeben sich dabei fünf Aspekte:

1) Die causa finalis ist die Ehre Gottes.
2) Die causa efficiens ist die Barmherzigkeit Gottes.
3) Die causa meritoria (wodurch sie verdienstlicherweise zustandekommt) ist das Leiden Christi am Kreuz für uns und seine Genugtuung für uns für Gott den Vater.
4) Die causa instrumentalis ist die Taufe.
5) Die causa formalis ist das rechtfertigende Moment im Menschen.

Die *causa formalis* ist die *iustitia Dei passiva* – Gerechtigkeit, wodurch uns Gott heilig und gerecht macht. Es ist jene Gerechtigkeit, an der er uns teilnehmen lässt, damit wir gerecht sind.

Das Konzil sagt nun auch weiter, dass wir nicht nur Gerechte heißen, sondern es auch wahrhaft sind. Um zu betonen, dass in der Gnade nicht nur das Verhalten Gottes uns gegenüber anders wird, während wir doch bleiben, was wir sind, sondern dass durch Gottes Verhalten uns gegenüber sich auch an uns grundlegend etwas ändert,

287 Zur Deutung des Dekretes vgl. L. Scheffczyk, Heilsverwirklichung, 467–491; auch M. Hauke, Die Antwort des Konzils von Trient, 75–109.

spricht das Konzil von einer anhaftenden Gnade oder von der *gratia inhaerens*. Darin sieht das Konzil die innere Begründung für unsere Heiligung gelegen. Die Liebe Gottes, die im Heiligen Geist in unser Herz gesenkt wird, ist uns mit dieser Gnade innerlich geworden.

Über den Glauben wird festgestellt: Der Glaube meint bei Paulus den ganzmenschlichen Akt der vertrauensvollen Hingabe und des Anschlusses an das Verdienst Christi. Um hier den Gegensatz zu verstehen, muss auf die Scholastik zurückgeblickt werden, denn hier wurden Glaube, Hoffnung und Liebe den einzelnen Seelenvermögen zugeordnet. Der Glaube ist es, der das Erkenntnisvermögen überformt, die Liebe, die den Willen entflammt, und die Hoffnung, die das Gedächtnis des Menschen auf Gott ausrichtet. Dies hat freilich schon in der biblischen Sprechweise seine ersten Ansätze. Wird der Mensch als ganzer von Gott ergriffen, so muss er auch mit dem Gesamtvollzug seiner Seele antworten, d. h. alle drei Seelenvermögen des Menschen sind in diese Antwort an Gott hineingenommen. Dabei muss eben auch der Wille Gott antworten, nicht nur das Verstandesvermögen. Der Glaube als kognitiver Akt genügt nicht. Er kommt vielmehr im erneuerten Willen wesentlich zur Erscheinung. Da letztlich Gottes Gnade Liebe ist, wird sie in der letzten Tiefe durch die Liebe beantwortet. Darum verstehen die Konzilsväter die Liebe als die innerste Vollendung des Glaubens und als die innerste Form allen Handelns, das dem neuen Menschen zukommt. Die Caritas ist *forma virtutum* – die Kraft, die noch einmal alle anderen Tugenden des Menschen überformt.

6. Der forensische Charakter der Rechtfertigung bei den Reformatoren

Die Reformatoren behaupten, dass der sündige Mensch seine Freiheit total verloren hat, so dass er zu nichts anderem fähig ist als zur Sünde. Das Sein des Menschen ist nach reformatorischer Lehre zerstört. Es ist somit konsequent gedacht, wenn der Mensch dann nur noch gebrochene, sündige Handlungen setzen kann.

Gegen diese einseitige Theozentrik wandte sich das humanistische Denken der Renaissance, der Epoche, die auf das Reformationszeitalter folgte. Die Polarität Gott – Mensch wird in ihr zu Gunsten des Menschen interpretiert. Damit entfernt man sich von der reformatorischen Theozentrik des *Solus Deus* und öffnet sich einer einseitigen Anthropozentrik. Die Frage, die letztlich bleibt, ist die nach dem Verhältnis von Gott und Welt. In der Sicht der Reformatoren ist das Gnadengeschehen etwas, was nur von Gott ausgeht. Man leugnete wegen der Zerstörung der menschlichen Natur jede Qualität im Menschen, die ihm gegeben ist und die es ihm möglich macht, bei der Rechtfertigung mitzuwirken. Rechtfertigung kann mithin keine Seinswirklichkeit im Menschen besagen, sondern nur eine von Gott ausgehende neue Beziehung zwischen Mensch und Gott. Darum fasste Luther die Rechtfertigung als einen *actus forensis* auf, durch den Gott den Sünder für gerecht erklärt, obwohl er innerlich – ontologisch – ungerecht und sündhaft bleibt: *simul iustus et peccator!*[288]

Luther betont in seiner Rechtfertigungstheorie den Gegensatz zwischen Gesetz und Evangelium: Das Gesetz ist etwas, das mein Verhältnis zu Gott unerquicklich macht, weil ich es nicht erfüllen kann, und darum versetzt es mich in das Bewusstsein, Sünder zu sein. Das Gesetz ist eine Überforderung. Darum ist das Gesetz bei ihm ein negativ aufgeladener Begriff.

Die Rechtfertigung *sola fide* beinhaltet das *solo Deo* und *sola gratia*. Das „*solus*" besagt, dass der Mensch von jeder Mitbeteiligung ausgeschlossen ist. Zwar muss der Gerechtfertigte gute Werke

---

288 Vgl. O.-H. Pesch, Simul iustus et peccator, 146–167.

verrichten. Die Frage ist nur, ob sie der Rechtfertigung vorausgehen oder ihr folgen. Nach Luther bewirkt einzig der Glaube den Status der Heiligung.

Die Dialektik in der Auffassung von der Rechtfertigung bereitet nicht nur der Deutung Schwierigkeiten, sie nährt auch den Verdacht, dass die Realität dieser Momente ins Sprachliche aufgelöst wird und das zuletzt Gemeinte ein existentielles Verhalten des gläubigen Bewusstseins ist.

7. Die katholische Position

Nach Trient aber ist die einzige Formalursache der Rechtfertigung nicht ein äußerlicher Akt, sondern die heiligmachende Gnade.[289] Sie verändert den Menschen innerlich und hebt ihn auf eine neue, höhere Ebene.

Der Mensch vermag ohne Gott nichts. Gott wirkt alles. Aber er wirkt es nicht allein. Mit der Gnade Gottes vermag der Mensch gnadenmäßig frei zu handeln.

Dem liegt eine positivere Sicht des Menschen zugrunde: Die Gnade Gottes befreit den Menschen, d. h. die menschliche Geisteskraft, zur Mitwirkung. Der Beziehung Gottes zum gerechtfertigten Menschen muss eine neue Seinsqualität entsprechen. Ohne diese könnte der Mensch nicht in eine Heilsbeziehung mit Gott treten. Anders auch die Wertung des Gesetzes: Nicht der Inhalt des Gesetzes macht den Menschen zum Sünder, sondern die Unfähigkeit, es zu erfüllen.

---

289 Um genau zu sein, ist es die „Gerechtigkeit Gottes", aber „nicht jene, durch die er selbst gerecht ist, sondern die, durch die er uns gerecht macht, mit der von ihm beschenkt wir nämlich im Geiste unseres Gemütes erneuert werden". Vgl. DH 1529. Es ist die Gnade, die von Gott kommt, die uns aber dann so zuteil wird, dass sie uns zu eigen ist. Es wird die Gnade

7.1. Der Mensch als mittätiger Empfänger der Gnade

Nach Luther erklärt Gott den Menschen gerecht, erst dann macht er ihn gerecht. Denn eine innere Heiligung des Menschen kommt nach Auffassung Luthers nicht zustande, es geht nur um eine Nichtanrechnung der Sünden, weil Gott auf deren Anrechnung verzichtet. Obwohl der Mensch nie wirklich heilig sein kann, ist er dennoch gerechtfertigt, weil er nach dem Urteil Gottes als gerechtfertigt gilt. Bei dieser forensischen Rechtfertigung ist der Mensch *vollkommen passiv*. Dass der Mensch von sich aus unfähig ist, sich in die neue Gottesbeziehung zu versetzen, hängt mit der Erbsünde zusammen, die nach Luther eine bleibende Wirklichkeit ist und die dann von den Reformatoren mit der Konkupiszenz gleichgesetzt worden ist – einer Realität, die immer im Menschen bleibt, von der er nie frei wird.

Nach katholischer Lehre ist die menschliche Natur durch die Erbsünde nur verletzt, nicht zerstört, so dass die Gnade durchaus einen Angriffspunkt hat, um das geschaffene Sein zu erheben. Die Welt hat noch ein positives Eigensein. „Gratia praesupponit naturam" ist ein immer wieder aufscheinendes Axiom in der Gnadenlehre. Die katholische Gnadenlehre beruht deshalb auf einer positiven Auffassung des geschaffenen Seins, das als Substanz für die Gnade dient.[290] Deshalb kann das Konzil von Trient das aktive Moment auf der Seite des Menschen unterstreichen, denn dem Handeln des Menschen liegt ein Seinsmodus zugrunde. Dieser entspricht der von Gott ausgehenden rechtfertigenden Gnade. Die Gnade macht dem Menschen tatsächlich ein neues eigenes Handeln möglich. Das Handeln folgt immer dem Sein.

Die Gnade Gottes befreit den Menschen mit seiner Geisteskraft, dem erkennenden Durchdringen der Wirklichkeit und dem liebenden

hier zwar nicht „*Habitus*" genannt, gemeint ist aber die heiligmachende Gnade, die uns einwohnt. Zur Diskussion vgl. auch K.-H. Menke, Kriterium, 124f.

290 Für die Reformatoren ist solches ontologische Denken schon wegen der allgemeinen Seinszerstörung unmöglich.

Wollen des Guten, zur Mitwirkung. Daher muss der Beziehung Gottes zum Menschen eine neue Seinsqualität entsprechen. Ohne diese könnte der Mensch nicht in eine Heilsbeziehung mit Gott treten. Der Mensch vermag zwar ohne Gott nichts. Gott wirkt letztlich alles, aber er wirkt es nicht allein. Mit der Hilfe Gottes vermag der Mensch aus der Gnade zu handeln.

Erreichen oder Rechtfertigung steht im Zshg mit der Kirche

7.2. Die ekklesiale Dimension der Rechtfertigung

gut lesen

Nach Luther ist die Rechtfertigungslehre das Zentrum, um das sich die gesamte Theologie zu bewegen hat. Katholisches Verständnis nimmt die Frage der Rechtfertigung von Paulus her auf, ohne damit anderes in den Hintergrund zu schieben: Man wird nicht davon ausgehen, dass zentrale Glaubensgeheimnisse wie das Geheimnis der Menschwerdung, der bleibenden Gegenwart Christi in den Sakramenten der Kirche, wie in dieser überhaupt, ferner die Fragen um die Vollendung des Menschen weniger wichtig wären. Wird man tatsächlich sagen können, dass die Unterschiede in der Rechtfertigungslehre nur noch den Begriffen nach, nicht aber der Sache nach bestehen? Oder liegt einem solchen Urteil die nomimalistische Einstellung zugrunde, der zufolge die in den Begriffen erfasste Sache gar nicht mehr wahrgenommen werden kann?

Die Positionierung der Rechtfertigungslehre in den Konfessionen tut ihre Wirkung auf die Gewichtung aller anderen Glaubensdinge. Im protestantischen Bereich haben wir es bei ihr mit dem zentralen Seins- und Erkenntnisprinzip des Glaubens zu tun. Alle anderen Glaubensdinge werden ihm unterworfen. Die Entschiedenheit und Radikalität der evangelischen Glaubenshaltung sieht in ihr das einzig gültige und verbindliche Moment, die Antwort auf die Frage nach der Mitte der Heiligen Schrift sowie der Mitte des Glaubens. Deshalb lassen theologische Stimmen keinen Zweifel daran aufkommen, dass es im ökumenischen Gespräch nicht nur um eine Anerkennung der Rechtfertigungslehre, sondern um ihre Durchsetzung als Maßstab und Form aller anderen Glaubensdaten gehe. In konkreter Anwendung dieses Grundsatzes sprechen evangelische Theologen von „Nebenzentren" in der katholischen Kirche. In diesen komme – entgegen der den Sünder freisprechenden Gerechtigkeit Gottes – eine menschliche Eigengerechtigkeit zur Geltung, so dass statt dem befreienden Evangelium wiederum das tötende Gesetz aufgerichtet werde.[291]

Katholischem Verständnis entsprechend stellt sich der Glaube jedoch immer in der gelebten Kirchengliedschaft dar. Um ein Katechumenat zu durchlaufen, brauche ich den anderen, der sich schon durch Kirchengliedschaft und Treuebekenntnis ausweist, sofern er im Mitvollzug des kirchlichen Lebens steht. Schon die Taufe ist wesentlich ein Schritt in die *communio* der Kirche, deren Gemeinschaft der Täufling eingefügt wird.[292] Taufe und Kirchengliedschaft sind untrennbar verbunden. Taufe ist nicht nur Sündenvergebung, sondern Inkorporation in Christus, Einfügung in den sakramentalen Leib der Kirche – ein Vorgang, der durch den lebendigen Vollzug der Eucharistie vertieft wird.

Der Glaube steht nicht für sich, sondern entfaltet sich im eigenaktiven Mitvollzug kirchlichen Tuns, in Leiturgia, Martyria und Diakonia. Darum steht schon das tridentinische Rechtfertigungsdekret insgesamt für ein wesentlich ekklesial und sakramental geprägtes Verständnis des Rechtfertigungsvorgangs.

Das katholische, ekklesial und sakramental bestimmte Verständnis der Rechtfertigung erschließt sich im Rückblick auf zentrale biblische und heilsgeschichtliche Sachverhalte. An erster Stelle steht hier die Bedeutung der Gliedschaft in der Kirche als einer aus Juden und Heiden zusammengefügten Gemeinschaft. Dieser *Ekklesia*, dem von Gott zusammengerufenen einen Volk, anzugehören ist die von Gott vorgesehene Weise der Aneignung seiner rechtfertigenden Gnade. Dies artikuliert sich schon in den knappen Aussagen des Konzils

---

291 Als solche illegitimen Nebenzentren werden u. a. genannt: die neuere Mariologie, die Ekklesiologie und auch die Messopferlehre. Vgl. H. G. Pöhlmann, Rechtfertigung, 49; 382; auch E. Jüngel, Das Evangelium, 145.

292 Jeder Gläubige wird in der Taufe nicht nur Glied einer Ortskirche, sondern zuerst und vor allem Glied der Gesamtkirche, so wie die Eucharistie feiernde Kirche den Leib Christi nicht nur empfängt, sondern durch den Empfang auch „Leib Christi" ist.

von Trient, die davon sprechen, dass die Rechtfertigung des Sünders „baptismo" geschehe. Eine breitere Entfaltung der Sakramentalität der Kirche liegt im 11. Kapitel der Konstitution „Lumen Gentium" über die Kirche vor. Hier wird dann die entsprechende Kennzeichnung der Taufe geboten, der zufolge die Gläubigen durch die Taufe der Kirche „einverleibt" werden.[293] Die in Glaube, Hoffnung und Liebe vollzogene Gliedschaft in der Kirche ist die Weise, in der nach katholischer Auffassung Gottes rechtfertigende Gnade empfangen wird. So ist denn auch die Taufe von der Tendenz bestimmt, sich in eine lebendige Teilhabe am Beten und Tun des Gottesvolkes zu entfalten. Man kann sie nicht als ein in sich geschlossenes Ereignis oder Erlebnis – im Sinne einer rein punktuellen, ein für allemal in Besitz genommenen Rechtfertigung – verstehen. Die Taufe begründet ein sakramentales Band der Einheit unter denen, die durch sie wiedergeboren sind. Sie ist aber nur ein Anfang und Ausgangspunkt, da sie ihrem ganzen Wesen nach auf die Erlangung der Fülle des Lebens in Christus hinzielt. Daher ist die Taufe hingeordnet auf das vollständige Bekenntnis des Glaubens, die völlige Eingliederung und Inkorporation in die eucharistische Gemeinschaft.

Nach lutherischem Kirchenverständnis, wie es in Artikel 7 der *Confessio Augustana* zum Ausdruck kommt, wird Kirche in ihrer Einheit wesentlich dadurch konstituiert, dass „das Evangelium einträchtig im reinen Verständnis gepredigt und die Sakramente dem göttlichen Wort gemäß gereicht werden".[294]

---

293 Vgl. K.-H. Menke, Sakramentalität, 263: „Es gibt keine geschichtlich unvermittelte Begnadung; kein Wirken des Geistes an dem Sohn vorbei, der alle Menschen eingestalten will in seinen Leib. Ein unmittelbares Wirken des Heiligen Geistes im Inneren des je einzelnen Sünders wäre gleichbedeutend mit Prädestination und Apokatastasis. Die rechtfertigende Gnade ist kein einseitiges Geschenk Gottes am Menschen, sondern ein Bundeshandeln." Die rechtfertigende Gnade Christi bedarf der „extensiven und intensiven Sakramentalität der Kirche". Vgl. ebd., 276.

294 Vgl. Confessio Augustana, hrsg. von J. Lortz (Studienausgabe) Göttingen 1980. Aus protestantischer Sicht ist die Kirche die immer erst nachträgliche Versammlung der Sünder, die ihren Glauben an die Rechtfertigung allein aus Gnade als solchen bezeugen. Vgl. K.-H. Menke, Sakramentalität, 245:

Kirche ist nicht eine universale Vorgabe für den Glauben, sondern sie ereignet sich im Hier und Jetzt, wann immer Menschen zusammenkommen und Gottesdienst feiern, als *congregatio fidelium*. Weil die lutherischen Kirchen auf dem Hintergrund von *Confessio Augustana 7* zwar ein funktional begründetes Miteinander von Abendmahl und Pfarramt kennen, nicht aber die sakramentale Verfassung einer Weltkirche mit einer unverfügbaren apostolischen Amtsstruktur, hat die katholische Kirche im Ökumenismusdekret von einem „Defectus" in der Kirchenauffassung der reformatorischen Christenheit gesprochen.[295] In diesen Zusammenhang muss auch die „Gemeinsame Erklärung zur Rechtfertigung"[296] von 1997 gestellt werden, die 1999 in Augsburg durch die „Gemeinsame Offizielle Feststellung"[297], unterzeichnet vom Lutherischen Weltbund und dem Präsidenten des Päpstlichen Rates für die Einheit der Christen (Kardinal Cassidy) bestätigt wurde:

Das Dokument läuft auf die Aussage hinaus, dass die alte lutherisch-katholische Kontroverse über das rechte Verständnis der Rechtfertigung des Sünders weitgehend aufgearbeitet sei und ihre kirchentrennende Kraft verloren habe. Dies wäre im Hinblick auf die Ökumene von größter Bedeutung. Wenn dieses Dokument eine verbindliche Zustimmung von lutherischer und katholischer Seite

---

„Die Kirche ist Objekt der Alleinwirksamkeit des Erlösers; und in keiner Weise Subjekt des Geschenkes, das sie von Christus empfängt."

295 Vgl. II. Vatikanisches Konzil, Unitatis Redintegratio, Nr. 3.

296 DH 5073.

297 Von Seiten des Vatikans handelt es sich um vier Dokumente: die GE von 1997, verantwortet von Einheitssekretariat und Lutherischem Weltbund, die vatikanische „Antwort" von 1998, die „Gemeinsame Offizielle Feststellung" und deren „Anhang" von 1999. Vgl. „Die Gemeinsame Erklärung zur Rechtfertigungslehre. Alle offiziellen Dokumente von Lutherischem Weltbund und Vatikan" (Text aus der VELKD 87/1999). Dort nicht abgedruckt ist ein fünftes Dokument des Einheitssekretariates vom 22.6.1999, in dem konstatiert wird, dass GOF und Anhang keine „Leugnung der Vergangenheit" beinhalten, sondern einen „gemeinsamen Schritt vorwärts" unternehmen wollen.

fände,[298] dann wäre es an der Zeit, dem Miteinander zwischen der Catholica und den protestantischen kirchlichen Gemeinschaften eine neue Gestalt zu geben, die auch die wechselseitige Anerkennung der kirchlichen Ämter implizieren würde.

Wer die Erklärung genau studiert, dem drängt sich allerdings der Eindruck auf, dass in ihr stärker die lutherische als die katholische Kirchenauffassung grundgelegt ist. Es wurde ein Konsens erzielt, indem bestimmte Punkte nicht erwähnt wurden, so z. B. die sakramentale Struktur der Kirche und ihre bischöfliche Verfassung, bei der es nach katholischem Verständnis um eine „institutio divina" geht.

Nach katholischer Auffassung ist die Mitteilung der Rechtfertigungsgnade ein Geschehen, das konstitutiv immer auch eine ekklesiale Dimension hat. Schon Can. 11 des Trienter Rechtfertigungsdekrets[299] weist den Begriff der *„imputatio"* zurück, weil die Gnade dem Menschen innerlich zu eigen *(gratia inhaerens)* werden muss. Dieser Canon bringt in der Begrifflichkeit seiner Zeit die Sakramentalität und Ekklesialität des Rechtfertigungsgeschehens zur Geltung. Unternimmt man eine Relecture der tridentinischen Texte und interpretiert man sie auf dem Hintergrund der in *Lumen Gentium* entwickelten

---

298 Dem steht allerdings entgegen, dass gerade von protestantischer Seite erhebliche Einsprüche gegen die Unterzeichnung der „Gemeinsamen offiziellen Feststellung" erfolgt sind. Vgl. dazu exemplarisch F. Flogaus, Von Regensburg nach Würzburg: Hoffnungsvoller Fortschritt oder alter Dissens in neuem Gewand? Zur Diskussion um die „Gemeinsame Erklärung zur Rechtfertigungslehre", in: Theologische Literaturzeitung 123 (1998) 713–728; H. Leiner (Hg.), Allein durch den Glauben: kein Konsens in der Rechtfertigung, Neuendettelsau 1998; C. Schwöbel, Konsens in Grundwahrheiten? Kritische Anfragen an die „Gemeinsame Erklärung", in: B. J. Hilberath / W. Pannenberg (Hg.), Zur Zukunft der Ökumene. Die „Gemeinsame Erklärung zur Rechtfertigungslehre", Regensburg 1999, 100–128; D. Wendebourg, Zu früh gefreut: doch keine Übereinstimmung in der Rechtfertigungslehre, in: Evangelische Kommentare 32 (9/1999), 28–30; vgl. auch die Stellungnahme theologischer Hochschullehrer zur geplanten Unterzeichnung, mit den Namen der Unterzeichner publiziert im Internet: http://www.wordalone.org/de-profprot-de.htm; siehe auch epd-Dokumentation 45/1999, 23–26.

299 Vgl. DH 1561.

Kirchenauffassung, so zeigt sich, dass die Väter von Trient den theologisch bedeutsamen Sachverhalt im Visier hatten, dass die Mitteilung der Rechtfertigungsgnade sich innerhalb eines kirchlichen Relationsgefüges ereignet. Zumindest für den ordentlichen Heilsweg gilt: Um diese Gnade zu erlangen, kommt es wesentlich auf die Gliedschaft in der Kirche als dem Leib Christi an.

Wie aber schon Luther von 1520 an gelehrt hat, ist nach protestantischem Verständnis die Kirche die unsichtbare Gemeinschaft der Gerechtfertigten, die auch den „Leib Christi" bilden. Deren Glieder sind die „wahrhaft Gläubigen", die durch den Glauben Christus einverleibt sind. Wie zuletzt K.-H. Menke an verschiedensten, auch zeitgenössischen Beispielen hinreichend dargetan hat, kann von einem sakramentalen Kirchenverständnis in der geistigen Nachfolge Luthers keine Rede sein.[300] Auch legen die „sola"-Formeln protestantischer Orthodoxie eine rein pneumatische Mitteilung des Erlösungsgeschehens in Christus nahe. Zur Annahme der Gnade bedarf es nicht einer geschichtlich gelebten, d. h. sakramentalen Verähnlichung ihrer Empfänger mit dem Jesus der Geschichte. Es genügt der Glaube allein. Es braucht so wenig eine geschichtliche Hineinnahme der Erlösten in Christi Stellvertretung wie es eine sakramentale Kirche braucht. Der universale Heilswille Christi gelangt durch das ausschließliche, unmittelbare und unsichtbare Wirken des pneumatischen Christus an sein Ziel.

Es scheint, dass dieser entscheidende Aspekt – der kirchlichen Vermittlung von Gnade – in dem genannten Dokument weitgehend ausgeklammert geblieben ist. Wenn es trotzdem einen „Konsens in Grundwahrheiten der Rechtfertigungslehre" reklamiert, so kann dies nur dadurch geschehen, dass es sich in seiner Aussage einem Konzept von Rechtfertigung anschließt, das sich am neuzeitlichen Subjekt mit seinen Anfechtungen und Tröstungen ausrichtet, aber nur wenig an seine Einbettung in kirchliche Kontexte interessiert ist. Es findet seinen theologischen Nährboden im Bereich des reformatorischen Denkens.

---

300 Vgl. K.-H. Menke, Sakramentalität, 145; 147–151.

VIII. Gnade und Heil: Der allgemeine Heilswille Gottes

1. Die Prädestination

1.1. Prädestination und Kontingenz

Im weitesten Sinn versteht man unter „Prädestination" jeden ewigen göttlichen Willensentschluss. Im engeren Sinn bedeutet „Prädestination" jenen ewigen göttlichen Willensentschluss, der sich auf das übernatürliche Endziel der vernünftigen Geschöpfe bezieht, mag er die Aufnahme in die ewige Seligkeit oder den Ausschluss von derselben zum Gegenstand haben. Im engsten Sinn ist damit der ewige göttliche Ratschluss gemeint, bestimmte vernünftige Geschöpfe in die Seligkeit des Himmels aufzunehmen.

Wovon hängt aber die Prädestination ab? Spielt der Mensch dabei eine Rolle? Das Erkenntnisprinzip der ewigen Erwählung ist die Offenbarungsgeschichte, das, was in der Zeit inmitten der Schöpfung geschieht. Die Erwählung im Sohn wird in der Schöpfung ausgeführt. Prädestination vollzieht sich in der Geschichte als Ermöglichung ihrer selbst. Sie ist nicht von der geschichtlichen Form ihrer Verwirklichung zu trennen, denn sie ist identisch mit dem geschichtlich ergangenen Ruf Gottes. Die absolute Freiheit Gottes spielt hier eine zentrale Rolle. Gottes Initiative ist entscheidend, nicht menschliche Leistung. Auf der anderen Seite aber steht die kontingente Freiheit des Menschen. Der Ruf Gottes verlangt persönliche Entscheidung. Er appelliert an den guten Willen.

Für Calvin ist Prädestination ein von Gott ausgehendes Dekret, welches Gott ohne jeden Bezug zur Heilsgeschichte fasst. Durch dieses Dekret werden einzelne verurteilt, andere zum Heil berufen. Calvin geht von einer *reprobatio directa ad interitum* aus, weil nach seiner Lehre nichts – auch nicht das Selige und Verdammte hinterlassende Gericht – außerhalb der Allmacht Gottes stehen kann. Somit ist auch eine Anzahl der Erwählten wie eine Anzahl der Verdammten in Gottes allmächtigem Ratschluss festgelegt. „Den einen wird das ewige Leben, den anderen die ewige Verdammnis vorher zugeordnet."[301]

Wenn aber jeder Tag derart von Gott her bestimmt bzw. in der Ewigkeit determiniert ist und echte Kontingenz ausgeschlossen wird, welchen Sinn haben dann noch Geschichte, Freiheit, Verantwortung? Wozu dann noch der menschliche Selbsteinsatz, dem Evangelium zu folgen?

1.2. Der exegetische Befund

Deckt sich die Calvinische Definition der Prädestination mit den Aussagen der Schrift? Gibt es eine Vorherbestimmung einzelner, also nicht aller? Als allgemeiner exegetischer Befund ergibt sich die Feststellung, dass die Schrift keine doppelte Prädestination kennt.[302] Zwar leugnet sie nicht die Möglichkeit eines definitiven Heilsverlustes. Aber der Begriff „Prädestination" nimmt Bezug auf die Heilserwählung. Diese erfolgt jedoch „protologisch", während die Reprobation erst im Gericht stattfindet; sie ist eschatologisch. Die Verurteilung zum Heil oder Unheil steht immer in Verbindung mit dem eschatologischen Gericht. Sie meint eine richtende Reaktion Gottes auf die Entscheidung des Menschen und enthält ein noch nicht fixiertes Urteil Gottes beim Eschaton. Positiv bedeutet „Prädestination" den unwiderruflichen Entschluss Gottes, das Heil des Menschen zu wirken. Im Folgenden soll darauf noch etwas näher eingegangen werden.

---

301 Calvin, Institutio christianae religionis (1559) III 21,5 (ed. Weber, 619); vgl. W. Hauck, Calvin und die Rechtfertigung, Gütersloh 1936.

302 Die Aussagen in Röm 9–11 über die souveräne Auswahl Gottes beziehen sich auf Israel und die christliche Gemeinde (kollektive Größen). Vgl. B. Mayer, Prädestination, 467–468.

1.3. Positive Bedeutung

Nach den Aussagen der Heiligen Schrift lässt sich sagen: Die ganze Welt ist als Schöpfung Erwähltsein im Sohn. In diesem Sinne lehrte im Mittelalter Johannes Duns Scotus die absolute Prädestination Christi. Dies bedeutet nach der von ihm gesetzten Priorität: In der Schöpfungsordnung ist zunächst ein Geschöpf gewollt, das Gott in höchster Weise lieben kann und das zu höchster Herrlichkeit bestimmt ist. Die Vollkommenheit der Liebesantwort ist in Christus gewährleistet. Seine Erlöserfunktion ist dem nachgeordnet. Die Vollendung der menschlichen Natur in Christus ist vorgängig zur Erlösung gedacht. Es gibt einen ontologischen Primat Christi, der seine Entsprechung in der Lehre von der absoluten Prädestination findet.[303] Die Erlösung der Menschen findet um der Prädestination Christi willen statt.

Gott will alle Menschen im Sohn vereinen und zur Kirche versammeln. Der Grund für diese Welt ist Gottes Wille. Sie geht aus der Selbstbestimmung der göttlichen Freiheit hervor. Diese Welt setzt Gott jedoch nicht außerhalb der Wirklichkeit des Logos, der das persönliche Wort Gottes ist. Der Sohn ist der umgreifende Sinn der Welt.

1.4. Motive für die – irrtümliche – doppelte Prädestination (praedestinatio gemina)

Vier Motive lassen sich schematisch für das Aufkommen der Vorstellung von der doppelten Prädestination anführen:

a) das Prinzip „sola gratia": Der Mensch ist konzipiert als reine Passivität gegenüber dem göttlichen Wirken. Er ist nur noch Objekt, nicht mehr antwortendes Subjekt der Gnade.

---

303 Vgl. M. Burger, Personalität im Horizont absoluter Prädestination, 154–165.

b) das Kausalitätsdenken: Gott und Mensch verhalten sich ding-
   haft, gleichsam apersonal. Die Alleinwirksamkeit Gottes macht
   es schwer, noch eine menschliche Freiheit anzuerkennen.[304]

c) die göttliche Allmacht: Gott allein wirkt, was von ihm von
   Ewigkeit her gewollt ist. Alles, was sich am Ende der Geschichte zeigt, hat Gott von ewig her „ad se" und „ad intra"
   beschlossen. Es gibt keinen offenen Ausgang einer Geschichte
   mit kontingenten Ereignissen.

d) der Ewigkeitsbegriff: Ewige Erwählung wird in der Weise eines
   sukzessiv-zeitlichen Geschehens gedacht, das in ein „Vorher"
   und „Nachher" zerlegbar ist. Ewigkeit ist nicht simultan
   und gleichunmittelbar zu allen geschichtlichen Zeitpunkten,
   sondern sie liegt *vor* aller Zeit und wird selbst zeitlich gedacht.

Die Bibel hat jedoch kein quantitativ-chronologisches Zeitverständnis.
Zeit ist vielmehr personal strukturiert, insofern sie Entscheidungszeit
ist. Das „προ" des NT ist nicht temporal, sondern ontologisch intuitiv.
Es verweist auf das intime Moment Gottes, von dem alles ausgeht.
Gottes Wort ruft zur Entscheidung. Gottes Ruf und meine Entscheidung
sind temporal gesehen einig, ontologisch jedoch unterschieden, weil
Gott stets „vor" mir ist. Gott ist insofern ewig, als er sich auf mich
hin aktualisieren kann, so dass Ewigkeit in meinem Jetzt präsent ist.
So wird der dialogische Charakter von Ewigkeit sichtbar. Was Gott in
seiner Ewigkeit beschlossen hat, ist jetzt wirksam, denn Ewigkeit ist
jede Zeit – Vergangenheit, Gegenwart, Zukunft. Sie ist mit jeder Zeit
koextensiv.

---

304 Vgl. Ch. Morerod, Ecumenism and Philosophy, bes. 83–102 (chapter 3:
    „Divine and Human Causality in Luther and Calvin"). Der Autor geht
    kritisch auf die Lehre vom geknechteten Willen bei Luther ein: „[...] he
    has to conclude that man cannot execute any choice which would give him
    an active part in this work of salvation. This is why he rejects the operation
    of free will within man's relation to God" (85). Zu Calvin bemerkt der
    Autor: „His theology of Divine Providence can view the normal course of
    nature only in terms of rivalry with God" (99).

Erkenntnisprinzip der Prädestination ist die Offenbarung Gottes in der Geschichte. Diese Offenbarung zeigt aber, dass das Verhältnis zwischen Gott und Welt dialogisch ist. Diese Dialogik ist begründet im Eigensein der Schöpfung. Gott ist so transzendent, dass er das Eigensein der Schöpfung nicht aufhebt. Er ist so souverän, dass er auch außer sich frei sein lassen kann. Neben der göttlichen Freiheit und durch diese bedingt gibt es endliche Freiheit. So ist die Heilsgeschichte das Zueinander zweier Subjekte. Geschichte darf darum nicht verstanden werden als das Durchsetzen eines vor aller Zeit determinierten Planes, sondern als Dialog von Gott und Mensch, dem Gott in allen zeitlichen Phasen gleichzeitig ist. Dieses Gott-Welt-Verhältnis wäre ohne innertrinitarische Relationen unmöglich.

Einige zentrale Begriffe und Gedanken der Heiligen Schrift im Hinblick auf die Prädestination verdienen noch eine kurze Erwähnung:

Zunächst handelt es sich um eine *Erwählung* (von griech.: ἐκλέγειν). Dieses Wort insinuiert, dass es eine Masse gäbe, aus der einige auserwählt würden. In der Tat herrscht im AT der Gedanke des Aussonderns vor (so bei Abraham, Israel etc.). Diese Aussonderung geschieht jedoch im Rahmen universaler Heilsvermittlung. Bei dieser Erwählung geht es um die absolut freie Tat Gottes; sie geht nie vom Erwählten aus und kann darum von Gott jederzeit verworfen werden. Vom Menschen her gesehen ist die Erwählung bedingt. „Ihr sollt mir ein Königreich von Priestern und ein heiliges Volk sein" (Ex 19,5), lautet die Verheißung des Sinaibundes. Sofern Israel gehorcht, wird es erwählt.

Im NT wird der Akt des ἐκλέγειν vervollkommnet, indem es nun personalisiert und an eine Person gebunden ist. Gottes erwählende Gnade ist Jesus Christus. Wer sich zu ihm bekennt, ist erwählt. An Christus glauben und erwählt sein ist das Gleiche. Dieser Akt des Glaubens ist aber ein Akt der Entscheidung, die als solche der Erwählung Gottes synchron ist. Gott erwählt den sich für Christus Entscheidenden. Eine *praedestinatio gemina* verträgt sich nicht mit dem biblischen Gottesverständnis und der Soteriologie: Wenn Gott die einen zum Heil, die anderen zum Unheil vorherbestimmt, ohne zu beachten, was der einzelne tut, dann ist es widersprüchlich, den biblischen Gott als Gott der Liebe zu predigen. Gott wäre selbst *auctor peccati*. Was würde schon ein zur Hölle Bestimmter, d. h. zum Nein der Sünde Vorherbestimmter, gegenüber dem absoluten Willen vermögen?

Auch mit der biblischen Soteriologie verträgt sich die Auffassung nicht. Wenn alles im Voraus von Gott determiniert wäre, dann bedeutete dies einen absoluten Determinismus, in dem weder irgendeine Freiheit noch Kontingenz noch sittliche Verantwortung Raum hätten.[305] Welchen Sinn hätte dann aber das Evangelium mit seinem Ruf zur Entscheidung? Der allgemeine Heilswille Gottes ist klar ausgedrückt in 1 Tim 2,1–4. Gott will, dass alle Menschen gerettet werden (θέλει σωθῆναι). Dieses θελεῖν meint ein ernstes Wollen, aber kein absolutes (bedingungsloses) Wollen; es bleibt die Freiheit des Menschen. Das Heil muss im Glauben angenommen werden, aber in voller Freiheit. Wie die Offenbarungsgeschichte zeigt, ist Gottes Heilswille trotz der Erbsünde nicht gebrochen.

---

305 Bereits 1277 wurden durch den Bischof von Paris, Etienne Tempier, 219 Thesen verurteilt, die eine Theologenkommission, der u. a. auch Heinrich von Gent angehörte, ausgearbeitet hatte. Diese Thesen enthalten den in jener Zeit virulenten, aus einer strikten Aristoteleslektüre fixierten Nezessitarismus. These 21 lautet: „Nichts geschieht zufällig, sondern alles aus Notwendigkeit. Und alles Zukünftige, das sein wird, wird aus Notwendigkeit sein. Alles, was nicht sein wird, kann unmöglich sein. Blickt man auf die Ursachen, geschieht nichts kontingenterweise." Und These 194: „Die Seele will nichts, außer sie werde dazu von einem anderen bewegt. Deswegen ist der Satz falsch: Die Seele selbst will von sich aus […]". Vgl. K. Flasch, Aufklärung im Mittelalter?, 117; 241.

2. Das Heil der Nichtglaubenden

Das Thema „Heil" ist nicht allein an den Religionen festzumachen. Die Heilsfrage muss viel differenzierter vom Ganzen der menschlichen Existenz her angegangen werden. Die Theologie steht nicht primär vor der Aufgabe, unbedingt eine schlüssige Theorie zu „erfinden", wie Gott retten kann, ohne der Einzigkeit Christi Abbruch zu tun.[306]

2.1. Jesus Christus – universaler Mittler des Heils

Im Neuen Testament begegnet uns Jesus Christus als der Mittler des Heils. Gott „will, dass alle Menschen gerettet werden und zur Erkenntnis der Wahrheit gelangen. Denn: Einer ist Gott, Einer auch Mittler zwischen Gott und den Menschen: der Mensch Christus Jesus, der sich als Lösegeld hingegeben hat für alle (1 Tim 2,4–6). Nach dem Selbstverständnis des NT sollen alle Menschen zur Erkenntnis dieser Wahrheit gelangen, dass Einer Gott ist und Einer auch der Mittler zum Heil aller, der Mensch Christus Jesus.

Im Christentum geht es um eben diese Vermittlung zwischen Gott und Menschheit, um diesen Einheitspunkt von Göttlichem und Menschlichem, wie er geschichtlich in Jesus Christus, dem menschgewordenen Gottessohn, verwirklicht ist.

Dass Jesus in seinem Menschsein eine universelle Heilsbedeutsamkeit besitzt, drückt sich in seinem irdischen Leben darin aus, dass sich durch ihn die eschatologisch-endgültige Königsherrschaft Gottes, seines Abba-Vaters, ereignet. Im NT tritt Jesus mit dem Anspruch auf, aus der Offenbarungseinheit mit dem Vater der definitive Mittler des Heils zu sein. Darum bindet er das eschatologische Geschick des Menschen an das Bekenntnis zu ihm.[307] Jesus steht

---

306 Vgl. J. Ratzinger, Theologische Prinzipienlehre, 44.
307 Vgl. J. Gnilka, Matthäusevanglium, 389ff; ders., Jesus von Nazaret, 141–165; auch H. Schürmann, Gottes Reich, 143.

in einer Offenbarungseinheit[308] mit dem Vater, so sehr, dass er selbst die Offenbarung des Geheimnisses der Gottesherrschaft ist. Dies ist der hermeneutische Schlüssel für den Inhalt der Botschaft vom Reich Gottes. In diesem Sinne hat Origenes von der „Autobasileia"[309] gesprochen: Es geht nicht um eine von ihm selbst verschiedene Sache. Vielmehr gibt es eine unmittelbare Einheit von Gehalt und Vermittlung der *Basileia,* und diese Einheit ist er selbst.

Heute wird der Zusammenhang zwischen der Reich-Gottes-Verkündigung Jesu und dem damit von ihm erhobenen Anspruch, der definitive Heilsmittler zu sein, sowie der darauf antwortenden kirchlichen Bekenntnisbildung, von den Ergebnissen einer selbstkritisch operierenden historisch-kritischen Exegese unterstrichen.[310]

Dass Christus tatsächlich dieser universale Mittler des Heils auch sein kann, setzt voraus, dass er die beiden miteinander zu verbindenden Seiten, das Göttliche und das Menschliche, vollkommen umfasst und darstellt. Nur so kann das von Gott kommende Heil ganz in die menschliche Geschichte eingehen und in Jesus Christus in seiner ganzen Fülle präsent sein. Darum hängt die Schlüssigkeit der christlichen Soteriologie am chalcedonischen Bekenntnis, das sowohl das unverkürzte Menschsein Jesu, mitsamt seinem menschlichen Willen, einschließt als auch das ungeschmälerte Gottsein des inkarnierten Logos, der die hypostatische Mitte dieses Menschseins bildet.[311]

---

308 Vgl. J. Gnilka, Theologie des Neuen Testaments, 158: „Als ‚der Sohn' ist Jesus das einzigartige Gegenüber des Vaters und gleichzeitig ihm untergeordnet, wenn es ihm überläßt, Tag und Stunde festzulegen (13,32). Für Markus ist der Gottessohn dann jener, der in seiner Erwählung, Ausrüstung und Gottverbundenheit allein befähigt ist, das mit der Gottesherrschaft gesetzte Heil zu vermitteln."

309 Origenes, Comm. in Mt 14,7 (GCS 40, 289).

310 Vgl. R. Schnackenburg, Die Person Jesu Christi, 58–66; 327–354.

311 Vgl. M. Stickelbroeck, Christologie im Horizont der Seinsfrage, 169–182.

2.2. Die Lehre des II. Vatikanischen Konzils

Ausgangspunkt für die Entfaltung der Heilsmöglichkeit für jene, die noch nicht zu Christus und seiner Kirche gefunden haben, ist das schon bei Thomas von Aquin bekannte Axiom, dass die Gnade Gottes nicht an die Grenzen der sichtbaren Kirche gebunden ist.[312] Nach der Lehre des II. Vatikanischen Konzils sind jene, die das Evangelium noch nicht empfangen haben, „auf das Gottesvolk auf verschiedene Weise hingeordnet". Wer den unbekannten Gott sucht, sei es denn auch „in Schatten und Bildern" (vgl. Apg 17,25–28), und seinem rechten Gewissen folgt, dem wird von der göttlichen Vorsehung das zum Heil Notwendige nicht verweigert werden. Das ehrliche Bemühen wird als Vorbereitung auf das Evangelium und auf die Erleuchtung Gottes verstanden:

> „Wer das Evangelium Christi und seine Kirche ohne Schuld nicht kennt, Gott aber aus ehrlichem Herzen sucht, seinen im Anruf des Gewissens erkannten Willen unter dem Einfluss der Gnade in der Tat zu erfüllen trachtet, kann das ewige Heil erlangen." (Lumen Gentium, 16).

Auch in der Erklärung *Nostra Aetate* findet sich eine Stellungnahme zum Verhältnis der Kirche zu den nichtchristlichen Religionen: Es wird gesagt, dass sich die Vorsehung Gottes und seine Heilsratschlüsse auf alle Menschen bezögen. Die Menschen sind auf der Suche und erwarten von den verschiedenen Religionen Antwort auf die ungelösten Rätsel des menschlichen Daseins, auf die Frage nach dem Sinn des Lebens und des Leides, nach dem Guten und dem Gericht, das nach dem Tod kommt.[313] Die katholische Kirche lehne nichts ab, „was in diesen Religionen wahr und heilig ist". Doch ebenso wird hervorgehoben, dass die Kirche Christus verkündigen muss, der „der Weg, die Wahrheit und das Leben" (Joh 14,6) ist.

---

312 Vgl. Thomas von Aquin, S.Th. III q. 64, a. 7.
313 II. Vatikanisches Konzil, Nostra Aetate, Nr. 1.

Es muss aber klar sein, was mit „Gewissen" gemeint ist. Das Gewissen beruht darauf, dass Gott selbst im Inneren eines jeden unverbildeten Menschen spricht, dass er sein „Gesetz" in das Herz des Menschen geschrieben hat – eine Entdeckung, die den hl. Augustinus veranlasste zu sagen: Die Heiden klagen sich an in ihrem Gewissen gegen sich, d. h. sie, die ohne das geoffenbarte Gesetz des Mose leben, unterscheiden das Böse in ihren Taten und können darüber richten. So weist das Wort des Augustinus in die richtige Richtung: Das Gewissen muss orientiert bleiben am objektiv Guten.[314]

Das Gewissen macht für den Menschen eine Selbstüberschreitung möglich: „Nach dem Gewissen leben heißt nicht sich in seine sogenannte Überzeugung einschließen, sondern diesem Ruf, der an jeden Menschen ergeht, folgen; dem Ruf auf Glaube und Liebe hin."[315]

2.3. Die heilshafte Stellvertretung der Kirche

Eine Religion, die an die Menschwerdung Gottes glaubt und mit der Inkarnation ernst macht, d. h. alle Folgerungen aus diesem Glauben zieht, ist vom Wesen her etwas anderes als die anderen Religionen und muss einem missionarischen Impetus folgen, der sie auf die anderen hin öffnet und um deren Heil besorgt sein lässt.

Das Dekret *Ad Gentes* des II. Vatikanischen Konzils über die Missionstätigkeit der Kirche widersteht allen aktuellen Tendenzen zur Relativierung der Kirche im Verhältnis zu den Religionen: Gott hat in seinem Heilsplan beschlossen, „auf eine neue und endgültige Weise in die Menschheit einzutreten".[316] In der Kirche, dem Leib Christi, soll das weitergehen, was bereits in der Menschwerdung „ein für allemal zum Heil vollzogen worden ist".[317] In dieser Kirche „soll sich die Vereinigung der Völker in der Katholizität des Glaubens

---

314 Vgl. J. Ratzinger, Das neue Volk Gottes, 356ff.
315 Vgl. ebd., 357.
316 Ad Gentes, 3.
317 Ebd., 4.

vollziehen".[318] Durch die Kirche, die „Zeichen und Werkzeug für die innigste Vereinigung mit Gott (wie für die Einheit der ganzen Menschheit)"[319] ist, soll allen Völkern „der freie und sichere Weg zur vollen Teilhabe am Christusgeheimnis eröffnet werden".[320] Das Dekret hält auch an der Heilsnotwendigkeit der Kirche fest, die von Christus selbst bekräftigt wurde.[321]

Zu erwähnen wäre in diesem Zusammenhang das aus der Väterzeit bekannte Axiom „Außerhalb der Kirche kein Heil", das recht verstanden sein will, soll sich daraus kein falscher Superioritätsanspruch des Christentums ergeben. Dazu muss man wissen, dass der von Origenes im Dialog mit den Juden formulierte und von Cyprian aufgegriffen Satz in erster Hinsicht gegen die Trennungen und Abspaltungen von der Kirche gerichtet ist, und diesen konventikelhaften Sonderkirchen das Recht bestreiten will, sich als Heilsveranstaltungen Gottes *neben* der einen wahren Kirche auszugeben.[322] Dass damit allein über die Heilsmöglichkeiten von Nichtchristen noch nichts gesagt ist, wird schon deutlich, wenn rigoroser urteilende Kirchenväter,[323] aber auch viele kirchliche Lehrdokumente, die diesen Grundsatz aufnehmen, immer wieder betonen: Die Gnade wird jedem Menschen angeboten, und jeder, der guten Willens ist, kann sie aufnehmen.

Die Kirche sah sich zudem genötigt, zwei Sätze zu verurteilen, die den allgemeinen Heilswillen Gottes verdunkeln und die Gnadenlehre in ein schiefes Licht rücken. Der erste stammt von Jansenius, der sich verbal auf Augustinus beruft, aber dessen authentische Sicht verfehlt. Er lautet: „Es ist semipelagianisch, zu sagen, Christus sei

---

318 Ebd., 5.
319 II. Vatikanisches Konzil, Lumen Gentium, Nr. 1.
320 II. Vatikanisches Konzil, Ad Gentes, Nr. 5.
321 Vgl., ebd., Nr. 7; auch M. Figura, Außerhalb der Kirche kein Heil?, in: ThPh 59 (1984) 560–572.
322 Das 4. Laterankonzil hatte hieran angeknüpft, wenn es erklärte, dass es „eine universale Kirche der Gläubigen gibt, außerhalb derer überhaupt keiner gerettet wird". Vgl. DH 802.
323 Vgl. Augustinus, De catechizandis rudibus XXII, 40 (CCL 46, 164).

für alle gestorben."[324] Und der andere Satz stammt von Quesnel:
„Außerhalb der Kirche gibt es keine Gnade."[325] Das Lehramt schafft
damit noch keine positive neue Konzeption, doch es zieht eine Grenze
gegenüber einem falschen Augustinismus, wie ihn die Jansenisten
vertreten haben. Dies gilt es immer mitzubedenken, wenn von dem
oben erwähnten Axiom die Rede ist. Der frühe Ratzinger schreibt
darüber: „Der Satz ‚Außer der Kirche kein Heil' konnte und kann
fortan nur noch in dialektischer Einheit mit der Verwerfung der
Behauptung ‚Außer der Kirche keine Gnade' genannt werden. Das
bewusste Aufnehmen dieser Dialektik entspricht fortan allein dem
Stand der kirchlichen Lehre."[326]

> Wie eine für uns Heutige anstößige Verschärfung der katholischen
> Auffassung über die Heilsnotwendigkeit der Kirche könnte sich
> die Stellungnahme Pius IX. in seinem Syllabus ausnehmen, in
> dem er unter dem Leitwort „Indifferentismus" den Satz verwirft:
> „Man kann wenigstens gute Hoffnung hegen hinsichtlich des
> ewigen Heils derer, die der wahren Kirche Chrisi in keiner Weise
> angehören."[327] Wenn in diesem Schreiben betont wird, dass die
> Bindung des Heils an die Römische Kirche „ex fide tenendum"
> sei und die Formel damit als Dogma qualifiziert wird, so liegt
> darin sicher eine Verschärfung. Doch muss die Aussagerichtung
> dieser Festlegung beachtet werden.

Pius IX. spricht sich in seinem Syllabus nicht über die realen
Heilsmöglichkeiten jener aus, die nicht in der Kirche stehen, sondern
verwirft den religiösen Indifferentismus.

Ein religiöser Indifferentismus hat nach Ratzinger folgenden Sinn:
Alle Religionen sind nur Formen und Chiffren für das Unsagbare und

---

324 DH 2005.
325 DH 2429.
326 J. Ratzinger, Das neue Volk Gottes, 348.
327 DH 2917.

Unfassbare. Letztlich ist nicht der Inhalt, sondern „allein das formale Element des ‚Religiösen' als solchen von Bedeutung".[328]

Indifferentismus „meint die Gleichsetzung aller Religionen, die auf einem rein formalen und symbolistischen Konzept von Religion beruht, das den religiösen Inhalt immer nur als austauschbare Chiffre und nie eben als Inhalt zu werten bereit ist."[329] Dass das Lehramt aber keine Einschränkung des universalen Heilswillens Gottes formulieren wollte, geht schon aus der Aussage Pius' IX. hervor, dass es nicht angehe, „der göttlichen Barmherzigkeit, die grenzenlos ist, Grenzen zu setzen".[330]

In der Erklärung *Dominus Jesus* (2000) fällt der für das Verhältnis der christlichen Offenbarung zu den Religionen entscheidende Satz, dass Christus „mit und durch seinen Geist über die sichtbaren Grenzen der Kirche hinaus auf die ganze Menschheit wirkt".[331] Trotzdem gilt auch das andere:

Da die Fülle Christi in der Kirche präsent ist, geschieht auch die außerkirchliche Begnadung der Menschen nicht ohne die Kirche und nicht an ihr vorbei: Die Kirche bleibt das universale Heilssakrament, von dem die Gnade Christi kommt und und zu dem sie hinführt. Die Früchte der von Jesus Christus bewirkten Erlösung kommen in irgendeiner Weise allen Menschen zugute, d. h. sie können daran partizipieren, wenn auch nicht in der Kirche, so doch durch die Kirche. In diesem Sinne ist auch die Aussage des II. Vatikanischen

---

328 J. Ratzinger, Das neue Volk Gottes, 349.

329 Ebd.

330 In seiner Ansprache „Singulari quaedam" vom 9. 12. 1854 hat derselbe Papst einerseits die Wahrheit von der Kirche als der „einzigen Arche des Heils", aber zugleich die Schuldlosigkeit dessen unterstrichen, „der in unüberwindlicher Unkenntnis der wahren Religion lebt". Erweitert findet sich diese Auffassung auch in einer Enzyklika aus dem Jahre 1863, in der es heißt, dass solche Menschen „das ewige Leben erlangen können", wenn sie das von Gott ihrem Herzen eingeschriebene Gesetz einhalten. Vgl. DH 2866; auch J. Ratzinger, Das neue Volk Gottes, ebd.

331 Vgl. Kongregation für die Glaubenslehre, Erklärung „Dominus Jesus" vom 6. August 2000, Nr. 12 (VApS 148).

Konzils zu verstehen, das die Überzeugung der Kirche seit den ersten Jahrhunderten in Erinnerung ruft, wenn es sagt:

„Gestützt auf die Heilige Schrift und die Tradition lehrt sie (= die heilige Synode), dass diese pilgernde Kirche zum Heil notwendig sei. Christus allein ist Mittler und Weg zum Heil, der in seinem Leib, der Kirche, uns gegenwärtig wird; indem er aber selbst mit ausdrücklichen Worten die Notwendigkeit des Glaubens und der Taufe betont (Mk 16,16; Joh 3,5), hat er zugleich die Notwendigkeit der Kirche, in die die Menschen durch die Taufe wie durch eine Tür eintreten, bekräftigt."[332]

---

332 II. Vatikanisches Konzil, Lumen Gentium, Nr. 14.

Bibliographie

ATHANASIUS, Orationes contra Arianos (PG 26,12–468).

AUER, J., Das Evangelium von der Gnade (KKD, 5), Regensburg 1980.

AUGUSTINUS, De Civitate Dei (CCL 47–48).

– Sermones (PL 38).

BASILIUS, De spiritu sancto (FC 12).

BAUMGARTNER, Ch., „Petavius", in: LThK², Bd. 8, 314.

BEER, Th., Der fröhliche Wechsel und Streit. Grundzüge der Theologie Martin Luthers, Einsiedeln 1980.

BENEDIKT XVI., Deus Caritas est (VApS 171), Bonn 2005.

BERGER, K., Ist mit dem Tod alles aus?, Gütersloh 1999.

BONAVENTURA, In Sententia: Opera Omnia, Bd. I–IV, Quaracchi 1882–1902.

BURGER, M., Personalität im Horizont absoluter Prädestination. Untersuchungen zur Christologie des Johannes Duns Scotus und ihrer Rezeption in modernen theologischen Ansätzen (BGPhThMA, NF 10) Münster 1994.

BUZZI, F., Il Concilio di Trento (1545–1563). Breve introduzione ad alcuni temi teologici principali, Mailand 1995.

BREYTENBACH, C., „Charis" und „eleos" in Paul's Letter to the Romans, in: U. Schnelle (Hg.), The Letter to the Romans (BEThL 226), Leuven 2009, 247–277.

CALVIN, Institutio christianae religionis (1559), dt. von O. Weber, bearb. und neu herausgegeben von M. Freudenberg, Neukirchen-Vluyn ²2008.

CLARET, B., Geheimnis des Bösen. Zur Diskussion um den Teufel (IThS 49), Innsbruck ²2000.

CYRILL VON ALEXANDRIEN, Commentarius in Isaiam Prophetam (PG 70,9–1398).

– Expositio in Joannis Evangelium (PG 73,9–938).

COLLANTES, C., La fe de la Iglesia Catolica, Madrid 1983.

DIEDRICH, F., Gnade (II. Altes Testament), in: LThK³, Bd. 4, 763–765.

DIONYSIUS AREOPAGITA, De ecclesiastica hierarchia (PG 3,369–585).

FIEDROWICZ, M., Theologie der Kirchenväter, Freiburg 2007.

FIGURA, M., Außerhalb der Kirche kein Heil?, in: ThPh 59 (1984) 560–572

FLASCH, K., Aufklärung im Mittelalter? Die Verurteilung von 1277. Das Dokument des Bischofs von Paris übers. und erklärt, Mainz 1995.

FLOGAUS, F., Von Regensburg nach Würzburg: Hoffnungsvoller Fortschritt oder alter Dissens in neuem Gewand? Zur Diskussion um die „Gemeinsame Erklärung zur Rechtfertigungslehre", in: Theologische Literaturzeitung 123 (1998) 713–728.

GALTIER, P., De SS. Trinitate in se et in nobis, Paris 1933.

– L'habitation en nous des trois Personnes, Rom 1949.

GARRIGOU-LAGRANGE, R., Der Sinn für das Geheimnis. Natur und Übernatur, Bonn 2004 (reprographischer Nachdruck der Ausgabe von 1937).

GNILKA, J., Das Matthäusevanglium (HThK I / 1), Freiburg 1986.

– Jesus von Nazaret (HThK.S 3), Freiburg 1990.

– Theologie des Neuen Testaments (HThKNT.S 5), Freiburg 1994.

GRESHAKE, G., Gnade als konkrete Freiheit. Eine Untersuchung zur Gnadenlehre des Pelagius, Mainz 1972.

HACKER, P., Das Ich im Glauben bei Martin Luther, Graz / Wien / Köln 1966.

HARRISON, R., Paul's Language of Grace in its Graeco-Roman Context (WUNT 2,172), Tübingen 2003.

HAUCK, W., Calvin und die Rechtfertigung, Gütersloh 1936.

HAUKE, M., Die Antwort des Konzils von Trient auf die Reformatoren, in: A. Ziegenaus (Hg.), Der Mensch zwischen Sünde und Gnade, Buttenwiesen 2000, 75–109.

– Heilsverlust in Adam. Stationen griechischer Erbsündenlehre: Irenäus, Origenes, Kappadozier, Paderborn 1993.

– Urstand, Fall und Erbsünde. In der nachaugustinischen Ära bis zum Beginn der Scholastik. Die griechische Theologie (HDG II, 3a [2. Teil]), Freiburg 2007.

HENGEL, M., Judentum und Hellenismus. Studien zu ihrer Begegnung unter besonderer Berücksichtigung Palästinas bis zur Mitte des zweiten Jahrhunderts vor Christus (WUNT 10), Würzburg [2]1973.

ILDEFONS VON TOLEDO, De cognitione baptismi (PL 96,111–172).

IRENÄUS VON LYON, Adversus haereses (FC 8).

JAVELET, R., Image et ressemblance au douzième siècle. De saint Anselme à Alain de Lille, 2 Bde., Paris 1967.

JOHANNES CHRYSOSTOMOS, Ad Demetrium (PG 47,345–407).

JOHANNES PAUL II., Enzyklika „Dominum et vivificantem" (VApS 71), Bonn 1986.

JÜNGEL, E., Das Evangelium von der Rechtfertigung des Gottlosen als Zentrum des christlichen Glaubens. Eine theologische Studie in ökumenischer Absicht, Tübingen 1998.

KANT, I., Die Religion innerhalb der Grenzen der bloßen Vernunft (Werke in 10 Bde., hrsg. v. W. Weischedel, Bd. 7), Darmstadt 1956.

KAUFMANN, A., Die ontologische Struktur des Rechts, in: ders., Rechtsphilosophie im Wandel, Köln 1984, 104–124.

KÖSTER, H., Urstand, Fall und Erbsünde. In der Scholastik (HDG II, 3b), Freiburg 1979.

LANDGRAF, A. M., Dogmengeschichte der Frühscholastik, I 1: Die Gnadenlehre, Regensburg 1952.

LONERGAN, B. J. F., The Ontological and Psychological Constitution of Christ, übers. von M. G. Shields, hrsg. von F. E. Crowe / R. M. Doran (Collected Works of Bernard Lonergan, Bd. 7), Toronto 2002.

– The Triune God. Part 2: Systematics, übers. von M. G. Shields, hrsg. von R. M. Doran / H. D. Mansour, (Collected Works of Bernard Lonergan, Bd. 12), Toronto 2007.

LEINER, H. (Hg.), Allein durch den Glauben: kein Konsens in der Rechtfertigung, Neuendettelsau 1998.

LUBAC DE, H., Die Freiheit der Gnade (übertr. von H.-U. von Balthasar) Bd. 1: Das Erbe Augustins, Einsiedeln1971, 256ff.; Bd. 2: Das Paradox des Menschen, Einsiedeln 1971.

– Die Tragödie des Humanismus ohne Gott (dt.: Über Gott hinaus) Feuerbach-Nietzsche-Comte und Dostojewskij als Prophet (übertr. von E. Steinacker), Einsiedeln [8]1984.

LUIS LORDA, J., La Gracia de Dios, Madrid [2]2004.

LUTHER, M., Werke. Kritische Gesamtausgabe, Weimar 1883–2009.

MARTIN-PALMA, J., Gnadenlehre. Von der Reformation bis zur Gegenwart (HDG III, 5b), Freiburg 1980

MAXIMUS CONFESSOR, Ad Thalassimum (PG 91,619–622).

– Ambigua (PG 91,1031–1417).

– Epistulae (PG 91,363–649).

– Opuscula Theologica et Polemica (PG 91,9–215).

MAYER, B., Prädestination I. Biblisch-theologisch, in: LThK[3], Bd. 8, 467f.

MELANCHTHON, Ph., Commentarii in Epistolam Pauli ad Romanos (StA V 99).

– Confessio Augustana (CR 26 [hrsg. von J. Lortz, Studienausgabe]).

– Loci praecipui (CR 21).

MENKE, K.-H., Das Kriterium des Christseins. Grundriss der Gnadenlehre, Regensburg 2003.

– Jesus Christus: Das Absolute in der Geschichte? Die Frage nach der universalen Bedeutung eines geschichtlichen Faktums, in: Einzigkeit und Universalität Christi im Dialog mit den Religionen, hrsg. v. G. L. Müller u. Massimo Serretti (Sammlung Horizonte NF 35), Einsiedeln / Freiburg 2001, 229–265.

– Sakramentalität. Wesen und Wunde des Katholizismus, Regensburg ²2012.

MODALSKI, O., Gericht nach den Werken. Ein Beitrag zu Luthers Lehre vom Gesetz, Göttingen 1963.

MOREROD, Ch., Ecumenism and Philosophy. Philosophical Questions for a Renewal of Dialogue, Ann Arbor 2006.

MÜLLER, G. L., Katholische Dogmatik, Freiburg 1998.

– Semipelagianismus, in: LThK³, Bd. 9 (2000) 451–453.

MUSSNER, F., Die neutestamentliche Gnadentheologie in Grundzügen, in: MySal Bd. IV/2, 611–630.

NICOLAS, J. H., Les rapports entre la nature et le surnaturel dans les debats contemporains, in: RevThom. 95 (1995) 399–416.

ORIGENES, Comm. In Mt 14,7 (GCS 40, 289).

– Contra Celsum (FC 50/2).

ORMEROD, N. J., Two Points or Four? – Rahner and Lonergan on Trinity, Incarnation, Grace and Beatic Vision, in: Theological Studies 68 (2007) 661–673.

PAUL VI., Das Credo des Gottesvolkes (AAS 60 [1968], 433–445).

PESCH, O. H., Frei sein aus Gnade. Theologische Anthropologie, Freiburg 1983.

– Hinführung zu Luther, Mainz 1982.

– Simul iustus et peccator. Sinn und Stellenwert einer Formel Martin Luthers. Thesen und Kurzkommentare, in: Th. Schneider / G. Wenz (Hgg.), Gerecht und Sünder zugleich. Ökumenische Erklärungen, Freiburg / Göttingen 2001, 146–167.

PÖHLMANN, H. G., Rechtfertigung: die gegenwärtige kontroverstheologische Problematik der Rechtfertigungslehre zwischen der evangelisch-lutherischen und der römisch-katholischen Kirche, Gütersloh 1971.

PRZYWARA, E., Analogia Entis.Metaphysik.Ur-Struktur und All-Rhythmus (Schriften III), Einsiedeln 1962.

QUELL, G., Der Rechtsgedanke im AT, in: THWNT Bd. 2 (1935) 176–180.

RAHNER, K., Grundkurs des Glaubens. Einführung in den Begriff des Christentums, Freiburg ⁵1976.

– „Zur scholastischen Begrifflichkeit der ungeschaffenen Gnade", in: ZKTh 63 (1939) 137–157; wieder abgedruckt in: Schriften zur Theologie Bd. I, 1960, 347–375.

RATZINGER, J., Das neue Volk Gottes. Entwürfe zur Ekklesiologie, Düsseldorf ²1970.

– Primat Petri und Einheit der Kirche, in: Joseph Ratzinger, Kirche – Zeichen unter den Völkern. Schriften zur Ekklesiologie und Ökumene. Erster Teilband (Joseph Ratzinger Gesammelte Schriften, Bd. 8/1), Freiburg 2010, 610–628, hier: 625.

– Theologische Prinzipienlehre. Bausteine zur Fundamentaltheologie, Donauwörth ²2005.

RENCES, P. G., Agir de Dieu et liberté de l'homme. Recherches sur l'antropologie théologique de saint Maxime le Confesseur, Paris 2003.

RONDET, H., „Pelagianismus", in: SM, Bd. 4 (1969) 1101–1105.

ROTH, U., Gnadenlehre, Paderborn 2013.

SALA, G., Die „gratia creata" – ein philosophisches Argument zum Beweis ihrer Existenz, in: FKTh 17 (2001) 241–269.

SAVVIDIS, K., Die Lehre von der Vergöttlichung des Menschen bei Maximus dem Bekenner und ihre Rezeption durch Gregor Palamas, St. Ottilien 1997.

SCHAUF, H., „Einwohnung", in: LThK², Bd. 3, 769–772.

SCHEEBEN, M. J., Die Mysterien des Christentums, hrsg. von J. Höfer, Freiburg 1941.

– Katholische Dogmatik, Bd. 2: Gotteslehre, hrsg. von M. Schmaus, Freiburg 1948.

SCHEFFCZYK, L., Die Heilsverwirklichung in der Gnade. Gnadenlehre (KD, 6), Aachen 1998.

– Schöpfung als Heilseröffnung. Schöpfungslehre (KD, 3), Aachen 1997.

– „Ungeschaffene" und „geschaffene" Gnade. Zur Vertiefung des Gnadenverständnisses, in: FKTh 15 (1999) 81–97.

SCHENK, R., Die Gnade vollendeter Endlichkeit: zur transzendentaltheologischen Auslegung der thomanischen Anthropologie (FThS 135), Freiburg 1989.

SCHILLEBEECKX, E., Erfahrung und Glaube, in: F. Böckle / F.-X. Kaufmann / K. Rahner / B. Welte, Christlicher Glaube in moderner Gesellschaft, Bd. 25, Freiburg 1980, 73–116.

SCHMAUS, M., Katholische Dogmatik, Bd. 3/2: Die göttliche Gnade, München [5]1956.

SCHMIDT, A., Natur und Geheimnis. Kritik des Naturalismus durch moderne Physik und scotische Metaphysik, Freiburg / München 2003.

SCHNACKENBURG, R., Die Person Jesu Christi im Spiegel der vier Evangelien (HThK.S 4) Freiburg 1993.

SCHREITER, R. J. (Hg.), Edward-Schillebeeckx-Lesebuch, Freiburg 1984.

SCHÜRMANN, H., Gottes Reich – Jesu Geschick, Freiburg 1983.

SCHWÖBEL, C., Konsens in Grundwahrheiten? Kritische Anfragen an die „Gemeinsame Erklärung", in: B. J. Hilberath / W. Pannenberg (Hg.), Zur Zukunft der Ökumene. Die „Gemeinsame Erklärung zur Rechtfertigungslehre", Regensburg 1999, 100–128

SERTILLANGES, A. D., L'idée de création et ses retentissements en philosophie, Paris 1945.

– Le problème du mal, 2 Bde., Paris 1948–1952.

STEMBERGER, G., Gnade (III. Judentum), in: LThK[3], Bd. 4, 765f.

STICKELBROECK, M., Christologie im Horizont der Seinsfrage. Über die epistemologischen und metaphysischen Voraussetzungen des Bekenntnisses zur universalen Heilsmittlerschaft Jesu Christi (MThSt 59), St. Ottilien 2002.

– Urstand, Fall und Erbsünde. In der nachaugustinischen Ära bis zum Beginn der Scholastik. Die lateinische Theologie (HDG II, 3b [2. Teil]), Freiburg 2007.

STREBBINS, J. M., The Divine Initiative: Grace, World-Order, and Human Freedom in the Early Writings of Bernard Lonergan, Toronto 1995.

TAILLE DE LA , M., „Actuation créé par acte incréé", in: Recherches de Sciences Religieuses 18 (1928) 253–268.

THEOBALD, M., Die überströmende Gnade (FzB 22), Würzburg 1982.

– Gnade (IV. Neues Testament), in: LThK[3], Bd. 4, 766–771.

THOMAS VON AQUIN, Opera Omnia, Turin (Marietti) 1948ff.

TÜCK, J.-H., Die Angst zu vergessen. Versuch über Ulla Berkéwicz' Überlebnis, in: IKaZ 39 (2010). 314–327.

VANSTEENBERGHE, E., „Molina, L. – Molinisme", in: DTC, Bd. 10, 1929, 2094–2187.

WALSER, M., Über Rechtfertigung. Eine Versuchung, Hamburg [4]2012.

WEIMER, L., Die Lust an Gott und seiner Sache. Oder: Lassen sich Gnade und Freiheit, Glaube und Vernunft, Erlösung und Befreiung vereinbaren? Freiburg [2]1982.

WENDEBOURG, D., Zu früh gefreut: doch keine Übereinstimmung in der Rechtfertigungslehre, in: Evangelische Kommentare 32 (9/1999) 28–30.

WILCKENS, U., σοφία, in: ThWbNT, Bd. 7, 498–503.

WITTGENSTEIN, L, Philosophische Untersuchungen, Frankfurt a. M. 2001.

Personenregister